故事思维

人工智能时代影响他人、解决问题的关键技能

THE STORY FACTOR

［美］安妮特·西蒙斯 著
ANNETTE SIMMONS

俞沈彧 独孤轻云 译

九州出版社
JIUZHOUPRESS

本书谨献给詹姆斯·诺布尔·法尔博士
"想要与众不同,必须创造不同。"

本书谨献给格里塔·桑伯格

"我们必须让前人为他们制造的混乱负责……并且告诉他们,你们不能继续这样威胁我们的未来。"

目 录

序 言 i

导 言 v

第1章 每个人都应该学会讲的6个故事 1

"相信我"的故事 5

三倍提升你的可信任度 8

"我是谁"的故事 12

"我为何而来"的故事 16

"愿景"的故事 19

"授人以渔"的故事 22

"通过行动体现价值观"的故事 25

"我知道你们在想什么"的故事 30

第2章 何谓故事 35

直白的真相令人畏惧 39

故事可以创造力量　　41
人们之所以追随你，是因为你"讲真话"　　43
有时间、地点、人物为背景，事实才能成为真理　　46
意义建构　　48
改变别人的人生，从修改别人的故事开始　　51
规章是死的，故事是活的　　53
在别人的大脑里装一个软件　　56
换位思考，换个角度讲故事　　60

第 3 章　答案授人以鱼，故事授人以渔　　65

没有好故事，宁可不说话　　72
人们总是坚持理性，这本身就是不理性的　　74
故事胜于事实的 10 种状况　　76
故事给事实以生命　　99
模糊的智慧　　101

第 4 章　如何讲好一个故事　　103

口头语言只能起到 15% 的作用　　109
手势可以作画，可以说话　　110
用表情传达情感　　112
善用身体语言，就是做好你自己　　115
让人们听到、闻到、尝到你的故事　　117
细节决定成败　　119

　　　　创造虚拟现实　　120
　　　　沉默是情绪和感觉的扩音器　　125
　　　　你的语气出卖你的真情实感　　127

第 5 章　故事的心理影响　131
　　　　以不影响的姿态去影响　　137
　　　　故事之饵　　138
　　　　触动我，看着我，感受我　　140
　　　　你的故事有"人情味"吗？　　142
　　　　好故事让人悲喜交集　　144
　　　　欲说服，先说通　　146
　　　　转变想法的心理过程　　149
　　　　如何在别人的脑海里烙印　　152
　　　　催眠、通灵、故事　　156
　　　　植入记忆的方法　　160

第 6 章　万能金句还是宏大史诗？　163
　　　　对错不重要，情感才重要　　169
　　　　情感不是用来分析的　　172
　　　　未被说服的人将发起革命　　174
　　　　永无结尾的故事　　176
　　　　他们为什么会反对你　　178
　　　　重新定义"第一天"　　179

你眼中的自己和别人眼中的你　　182

　　　激发"正能量"　　184

　　　让听众的自尊沉睡　　186

　　　投入感情才能获取影响力　　187

　　　一切故事都是个人的　　188

　　　坚持一下　　190

第 7 章　影响不情愿、不关心和不积极人群　　193

　　　你不是英雄，别人也不是反派　　199

　　　恐吓、羞辱于事无补　　200

　　　把"他们"变成"我们"　　203

　　　讲故事永远不会失败　　204

　　　用故事搞定 6 种难缠的人　　206

第 8 章　聆听的力量　　223

　　　只有聆听才能得到真相　　228

　　　用聆听争夺话语权　　231

　　　聆听让你们亲如兄弟　　233

　　　"关注"是现代社会最宝贵的资源　　236

　　　聆听未来的故事　　238

　　　聆听不是博弈，允许他人的故事"毫无道理"　　239

　　　聆听让你更聪明　　241

第 9 章　讲故事者该做的和不该做的　245

　　慎用故事的魔力　249

　　不要自视高人一等　251

　　不要让听众觉得无趣　254

　　不要吓唬听众，也不要让他们有负罪感　259

　　引诱你的听众　261

　　利用人性与听众沟通　263

　　让听众感受到希望　266

第 10 章　讲故事的人的日常　271

　　一个好故事足以改造一个组织　276

　　问责故事悄然瓦解组织的团结　278

　　所谓真相就是你相信的故事　282

　　歪曲故事是一种艺术　283

　　故事家和恶棍之间就隔着一层窗户纸　285

　　一个故事家日常的练习　287

　　活出你的故事　292

第 11 章　故事和科技的双重力量　295

　　道德关注圈：谁的人生重要　299

　　故事的社会影响　300

　　数字时代讲故事的道德　301

　　故事仍然是文化和背景的基础　303

定义故事：重要情感经历　　305

故事模板　　306

用户体验故事：作为（角色），我想（如何），以便（原因）　　315

把心放在故事中　　318

保留矛盾　　318

质疑指标　　321

保护想象　　323

第 12 章　故事的寓意　　327

意义创造者　　331

作为竞争优势的诚信　　333

品牌故事：基于可靠行为的信任　　335

建立信任的蓝图　　336

狮子、稻草人和铁皮人的道德难题　　339

讲故事的真理　　340

故事讲述者的魔法学校　　344

讲故事大行动　　346

致　谢　　347

序　言

　　当时，一切如常。在苍翠的山间，我正在参加一个会议，当然是在讲故事。弗吉尼亚温和的天气令受够了波士顿冬日凛冽的我倍感舒适。讲故事爱好者汇聚一堂，给予我巨大的鼓励。

　　在人群里，我注意到一张闪耀着光辉的面孔。

　　这事时有发生：一位听众的脸庞似乎汇集了一个故事的所有力量，并且透射出来，就像一面金色的镜子。当有这样的脸庞出现，我就知道那个人一定理解了我的故事甚至我的想法。我们实现了一次思想上的交流。

　　当时我并不知道这次思想上的交流会给我带来什么。

　　那天以前，我是常驻"故事世界"的居民，在大学课堂、会议上和节日里——在任何对故事有兴趣的角落表演、指导别人讲故事。自从1973年第一届全国讲故事节以来，美国陆续涌现了数百名职业讲故事人。

　　另外，在成千上万兼职和业余讲故事人及单纯听众的支持下，我们正在开创一个"故事复兴"的时代。

回到那张熠熠生辉的脸庞上，在那场表演之后，我找到了她。我立即意识到她和其他老师、牧师、宗教学者和讲故事的粉丝不同：安妮特·西蒙斯和她的朋友谢莉尔·德·赛昂迪斯来自商界。不仅如此，她们对讲故事能带给商界的益处非常着迷。

凭我25年来对经济体系的粗浅认识，我对此深表怀疑。她们如何让高管、经理和销售人员——这些谋取利益的阶层——对故事感兴趣，并从故事中获利？在更广阔的世界里，讲故事的技能真的需要吗？

如果还有人可以说服我，那就是安妮特了。当时，她是一位全职企业培训师，特长是"化解棘手局面"，常常需要面对一屋子强硬的高管，教他们如何"解决"所有他们遇到的问题员工。安妮特有本事把他们从蛮干、强硬的莽汉，变成从容不迫、刚柔并济的武林高手。

更不可思议的是，安妮特能够顾全大局，既能抓住故事的主线，又能把握故事的细枝末节。她感受到了这种间接但神奇的交流方式所带来的奇迹。她广告传媒业的从业背景也颇有帮助，她知道如何提炼一个想法的精华部分，并且用强有力的手段传达给大家。

我很快意识到她既是我的学生，又是我的导师。我帮助她完善她业已成熟的讲故事技巧，她帮助我成为将故事技巧推广到商界的使者。现在她完成了一本书，就像所有伟大的书籍一样，指出了逐渐呈现出来的真相，让人无法忽视。

《故事思维》为什么如此特别？它将三个始终关联的趋势结合在一起。第一个趋势：发达国家讲故事艺术的复兴，说明人们开始重新审视精神和情感。第二个趋势：商界逐渐意识到欣欣向荣的企业需要身心健全的员工——做不到这一点就意味着同时欺骗个人和公司。最后一个趋势：实践心理学家通过互相尊重的良好关系，成功地帮助我们赢得长期的影响。

安妮特的书把我们带进她的故事世界。她尊重读者，将重点放在伟大的领导者已知的事物上：讲故事的关键在于，能够激励、说服，最终达成积极合作。她第一次清晰而又富有激情地描述这个道理，使得整本书充满智慧，对各行各业的人都有用。

当你阅读这本书，或许能看到安妮特闪烁的智慧之光。如果你看到了，注意！你将学到影响他人的一千个秘密。你也会像我一样，发现自己脱胎换骨了。

道格·李普曼

doug@storydynamics.com

导　言

1992年10月，凉爽的清风拂面，我和其他400多人坐在田纳西琼·伯勒的一个帐篷里，等待下一位讲故事的人。

听众来自各个阶层、各行各业，有穷人也有富人，有城里人也有乡下人，有教授也有小学生。我身边坐着一位留着灰白胡须的人，看起来像个农民，他戴着一顶帽子，帽子上面别着一枚印有"NRA（全国步枪协会）"字样的徽章。

一位非裔美国人站起来演讲，这个农民转向他妻子，用恼怒的语气轻声地说着些什么，我听到有"黑鬼"这个词。我想要激他再说一遍，然而他却自顾自地合拢手臂开始检查帐篷顶部的结构。

非裔美国人开始讲他的故事。20世纪60年代，在密西西比河谷的深处，他和其他6名活动策划者经历了一个漆黑孤独的夜晚。他们心怀恐惧，不知天亮后的前行将面临什么样的危险。他们盯着篝火跳动的火苗，心事重重。这时他们中的一个开始唱歌，歌声平息了他们的恐惧。

他的故事如此真实，以至我们似乎能够身临其境地感受到恐惧，看到篝火的亮光。然后他让我们和他一起唱这首歌，全场的人都开始唱起来。"轻轻摇晃的可爱马车，载我回故乡……"歌声从我们的喉咙中传出，就好像有一架大型管风琴在伴奏。我身旁的农民也跟着唱起来。我看到一滴眼泪从他粗糙的、暗红色的面颊滚落。就在此时，我目睹了故事的力量。如果一位非裔美国激进分子能够打动一个过分保守且有种族歧视的农民的内心——我想知道他是如何做到的。

本书将毫无保留地呈现，在过去28年间，我所见识过的故事的力量，以及故事带来的影响和说服力。我个人的故事告诉我，要去学习和分享所有东西，然后继续没有止境的学习旅程。你将在本书中看到我使用故事影响他人的所有技巧。

我发现我无法将自己所学到的东西通过传统的"实用手册"的形式分享给大家。为了提高影响力，我们必须摒弃模板、线性叙事和一步一步手把手教等捷径。

影响力的魅力并不在于我们说了什么，而在于我们如何去说以及我们是谁。这个"如何/谁"的问题拒绝分类、定义和理性分析。影响力由别人对你和你的目的的感受决定。在感觉和情感领域（被定义为：非理性的），想法并不是传统意义上"组织"出来的。努力"组织"沟通和影响他人的想法只能创造出亦步亦趋、通用的模板，听上去不错但是效果堪虞。这些模板不够有弹性，在倍感紧张焦虑之际，人们很难想起它来。

解释讲故事的方法就好像解释一只喵星人的可爱。我们所有人都知道喵星人。对于喵星人，我们有着美好的回忆——孩子抱着喵星人，看它玩耍，宠它。我们的回忆是一个有意义的整体，试图把它们肢解分析就好像将一只喵星人切成两半来理解它为什么可爱。半只喵星人可没有一半的可爱。将讲故事分解成小片段，拆解分析，再区分优先顺序，就相当于毁了故事。有一些真理，我们没法证明它，但是我们就是知道它是对的。讲故事把我们带到一个地方，在这里我们相信我们所了解到的，即使我们无法测量、包装或者用经验验证它的存在。

本书大部分内容是说给你的右脑听的，因此，你理性的左脑可以稍事休息。讲故事和影响力的奥秘存在于你富有创造力的一面，右脑让你理解喵星人、故事和影响力的模糊事实。这一富有创造性的一面可能被一些错误的假定压制，例如：你不能解释你所知道的东西，那么你肯定不知道它。这并不正确。事实上，人类有一种智慧，你根本不知道你知道些什么。一旦你开始相信你的智慧，你便能够使用它影响他人去寻找他们的智慧。

你的智慧和影响力在等待着你，就像一袋被你放进抽屉里遗忘了的魔法豆。本书的用意就是帮助你发现这袋魔法豆，重新发现人类历史上最古老的影响力工具——一个好故事。

讲故事并不局限在神话或者民间传说。说一个好故事，就像将你所看到的事物制作成迷你纪录片，展示给听众，这样他们也能感同身受。通过一个故事，你可以直抵最有心机、最强硬、最具敌对心理的人们的内心深处，触动他们最柔软的所在，此前，这些人正是你前进道路上的障碍。

如果你不相信邪恶之人也有心，那么你的第一个作业就是回去再看一遍《圣诞怪杰》吧。每个人都有心（反社会者并不如你想象的这么多）；每个人的内心深处都希望对自己的人生感到自豪，感觉到自己很重要——这就是你能通过故事来获取力量和影响的根源。

在本书中，我经常使用自己的故事，或以我自己举例。我已经尽可能少地使用"我"字，但是，讲故事确实是很主观的。我希望通过讲述我的故事，可以让你思考你自己的故事。你会发现，最好的故事就是你自己的故事。

所有的选择最终都是个人的选择。如果你想影响他人的选择，你会发现最有效的影响永远是主观的。不要相信别人说的，所谓你的事"并非自己的"。如果它重要，那它一定是个人的。你不需要先将你灵魂中的情感隐藏，再去寻求影响力，事实上，你的灵魂讲了最感人的故事。

去说你自己的故事，世界需要故事！

第1章 每个人都应该学会讲的6个故事

每个人都拥有自己的故事。

——伊萨克·迪内森

斯基普望着在场的股东们怀疑的脸，思索该如何让他们听从自己的领导。他35岁——看上去却像个13岁的毛孩子，是一名富三代。看得出来，他作为领导对于股东们来说不啻为一场灾难。他决定给他们讲一个故事。

"我的第一份工作是为一家造船厂画电气工程平面图。我必须努力画到完美，因为在玻璃纤维框架浇筑之前，如果没能精确放置电线，一个小过失极有可能造成上百万美元的损失。没关系，25岁时我就获得了双硕士学位。我自小在船上长大，坦白地说，我觉得画这些平面图几乎有一点儿……不需要动脑子。

"一天早晨，我在家接到一通电话，一名每小时报酬仅有6美元的工人问我：'你确定这是正确的吗？'我生气了。当然我很确定：'你就老实去浇筑那些该死的玩意儿吧！'当他的上司一个小时之后和我打电话，再一次叫醒我说：'你确定这是正确的吗？'我更加没有耐心了：'我一个小时之前

就说过我确定，我现在仍旧很确定！'

"公司的董事长打来的电话最终把我从被窝里赶了出来，我迅速赶到工地。如果我必须亲自和这些家伙握手，那就做吧。我找到那个一开始打电话给我的工人。他坐在那儿，歪着脑袋盯着我画的图纸。我耐着性子解释我的图。但是说了几句话之后我的声音低下去了，我的脑袋也开始歪到一边。我是左撇子，是我把右舷和左舷的位置画颠倒了，以至于现在的平面图是正确的图的镜像。谢天谢地，这位时薪6美元的工人在失误还能挽救时提醒了我。

"第二天我发现自己的桌子上放着一个盒子。工作小组给我买了一双网球鞋，作为警示，以防我再一次弄错——左边是红色的鞋子，代表左舷；右边绿色，代表右舷。这双鞋不仅让我记住了左舷和右舷，还时时告诫我，即使我成竹在胸，也要懂得倾听别人的声音。"

当他举起那个装有一只红鞋和一只绿鞋的鞋盒，在场的人都笑了，股东大会的氛围顿时轻松了许多。如果这位职场菜鸟已经吸取了傲慢的教训，那么他也可能学到了一些管理公司的知识。

"相信我"的故事

人们不需要更多信息，他们通过眼球选择他们想看到的信息。他们需要信仰——对你、你的目标、你的成功和你讲的故事的信仰。能够移动大山是信仰而不是事实的力量。事实无法形成信任，信任需要故事维系它——一个有意义的故事能激发人们对你的信任，重新燃起对你的想法确实能实现承诺的希望。

真正的影响力比起让人们做你想要他们做的事情更加深刻。这意味着人们因为信任而延续你的故事。信任能够克服任何障碍，实现任何目标。

金钱、权力、权威、政治优势和蛮力早晚都会被信任征服。讲故事是获取信任的捷径。一个有意义的故事可以激发你的听众——同事、领导、下属、家人或一群陌生人——得出和你一样的结论，继而相信你的话，做你想让他们做的事。人们更重视他们自己得到的结论,他们只会相信真实发生在他们身边的故事。人们一旦将你的故事当成他们自己的故事,你就挖掘出了信任的强大力量。接下来你无须再做多大努力,人们每次和别人回忆、复述你的故事,都是在扩大你的影响力。

无论你是通过你的生活方式还是语言来讲故事,确定人们是否被影响的首要因素都是:他们是否相信你?上述例子说明,即便是亿万富豪,也不能轻易赢得人们的信任。如果影响力仅仅是权力或金钱的产物,斯基普早就成功了,毕竟他拥有金钱和权力。但是有时这确实也是一个不利条件。他的故事是一种操纵术吗?可能是。如果是单纯的操纵术,那么当斯基普停止说话,结果就会发生变化。当操纵者没有持续维系他影响力的网络时,网络就分崩离析了。操纵术(让人们相信一个不真实的故事)需要持久的力量维系欺骗,而且道德的缺失会成为新的规范。坦白地说,就长期结果而言,操纵术是影响力较为低级的方法。有一种更为有效的提升影响力的方法,任何有经验的人都可以使用——讲一个富有真情实感、具有说服力的故事。

有 6 种类型的故事能有效地提升你的影响力:

1. "我是谁"的故事
2. "我为何而来"的故事
3. "愿景"的故事
4. "授人以渔"的故事

5. "通过行动体现价值观"的故事

6. "我知道你们在想什么"的故事

那些你希望影响的对象，一开始都有这两个问题：你是谁？为什么你在这里？在回答这两个问题之前，谁会相信你的话呢？

斯基普希望影响的股东在愿意听他讲话之前，首先想知道他到底是谁。他们中的大多数人事先将他视为和其他富二代、富三代一样的纨绔子弟，对于这些纨绔子弟来说，公司只是一个新鲜玩意儿。斯基普必须用一个好故事，消除听众脑中已经不断重播的"我们不能相信他"的想法。

斯基普本来可以说："是的，我年轻富有，我刚刚买下你们公司的股份，但是别担心……我并不是万事通。你们完全可以信任我。"虽然这些话语和故事所传递的信息是一样的，但是，故事的影响力与"你们可以信任我"的单纯承诺所获得的效果天差地别。如果一幅图片可以传递千言万语，那么一个故事就能够传递千万个承诺。

在你努力去影响他人之前，你需要赢得足够的信任才能够成功传递你的信息。他们越是相信"你是谁"，你的信息就越能赢得他们的信任。

宣称"我是一个好人（聪明、思想道德品质优秀、出身名门、见多识广、悟性高、成功——任何他们相信的品质）"，这更可能引起怀疑而不是信任，人们希望自己做决定。在通常情况下，你没有时间基于个人经历创造信任，你最好的做法是模拟一段你值得信任的经历并且告诉他们你的故事。

听到你的故事，是给人们机会，让人们亲眼看到你的所作所为，而不是仅仅听听而已。用一个故事帮他们做决定，这是获得真正影响力的秘诀之一。影响的其他方法——说服、贿赂或者操纵——是主动式推动策略，而故事是拉动策略。如果你的故事足够好，那么人们会自愿得出结论——你和你所传达的信息是值得信任的。

三倍提升你的可信任度

在任何人允许你影响他们之前，他们希望知道：你是谁？为什么你在这里？如果你不花时间给出这两个问题的积极答复，那么他们会编造他们自己的答案——通常是消极的。

人们认为任何试图影响他人的人都想从中获利，这是人之常情。大多数人潜意识下断定，你的获利就意味着他们的损失，这也是人之常情。我们总是本能地对外界树立屏障，用怀疑保护自己。

由于信任此时处于较低水平，因此你需要讲一个可靠的故事证明你正是他们能够信任的人，不同的场合需要不同的故事。举个极端的例子，假设一个新员工想加入办公室霸凌团伙，于是讲他从"某个失败者"身上抢到工作机会的故事。这样一来，霸凌团伙可能更愿意相信他。不过，这本书当然不是为霸凌者写的。我的目的是帮助你找到能证明你的品格，并且能说明你赚取利润的能力的故事。不管是什么故事，只要能立竿见影地让你的听众对于有意义的价值观产生共鸣，与你建立某种关联，能让别人了解你是个什么样的人，为什么会出现在这里，这样的故事就是最有效的。

想想你和试图影响你的人——你的上司、同事、销售人员、志愿者、传教士和顾问——在一起的经历，找出一个成功和一个失败的案例。你和他们之间的关系如何？你是因为这个人影响了你才与他关系亲密的，还是因为你感到和这个人关系亲密才被其影响？为什么你相信这个人而不是另一个人？

你应该首先了解对方是什么人，他们能从与你的合作中获取什么。当然，你潜在的收益很重要，但是你对于对方可信度的判断，极大地影响了你是否相信他们可以给你带来潜在的收益。

因此，无论你如何强调"对你来说意味着什么"、能获得潜在的收益，或者合乎逻辑的理由和推断，作为听众，他们会分析你所说的每一个字，判断你是谁、你的目的，最终评价你的可信度。

如果一个"销售"理念的咨询师，一开始没能和对象建立牢固的联系，那么他们无论如何赞美这个理念的好处和逻辑过程，都是在浪费时间。如果当时人们普遍认为，绝大多数咨询师更关心自己的时薪而不是顾客的收益，那么只有当他们相信"这个咨询师与众不同",他们才会去相信这个咨询师。

在董事听证会上,志愿者委员会主席的发言,只有让董事们确信他不是只会空喊口号或只想飞黄腾达的官迷,不是会议室控制狂,才有可能得到董事们的关注。一个不被人认为具有良善之心的牧师,是不能成功传递爱和宽恕的信息的。一个充满激情的品控经理,如果被员工们认为是"没有人性的机器",他渴望提升客服水平的雄心壮志也只能付之东流。

想象一下我们的口头语,"他人不错,我了解他"或"不是因为我不信任他,我只是不了解他"。在人类历史的大多数时段,当你产生"我对某人足够了解,可以信任他"的主观感觉时,你一定看到了对方和你拥有相同意图和价值观的行为。多年来,希望知道哪个邻居值得信任,我们需要透过窗户向外观察。没有人能确定过去 20 年数字交流的增加和面对面交流的减少是否影响了信任。不过,信任显然受到了影响。研究表明,科技降低了人们的亲密度,数字设备的出现降低了人们的同情心。不过,反对科技的立场本身就是一种分裂倾向,会分散人们的注意力。不难理解,没有最低限度的熟悉感,信任是不可能出现的。当面对面交流频率下降时,你必须讲述证明自己值得信赖的故事,以提升交流质量,弥补交流次数的减少。体现团结、共同目标和共同价值观的经历和故事可以为简单的联系赋予深度。需要注意的是,这种神奇方法应该基于建立信任的日常行为。只有讲述真实故事的个体和品牌才会获得信任。

如果我们隐藏个人身份的重要信息，人们如何会信任我们，并且受到我们的影响呢？布琳·布朗（Brene Brown）关于示弱力量的研究表明，承担不确定性和情感暴露是开启双方信任过程的第一步（参考布朗的 TED 演讲）。必须要有人迈出第一步。如果你想让受众相信你，你最好迈出第一步，主动相信他们。如果你选择跳过对故事真实性进行自我检查这一重要步骤，只想编造故事，你就是在侵蚀整个社会对于故事的信任基础。如果你用虚伪的故事打造人际关系，你就会打造出不值得信任的人际关系。类似地，当我们花费太多的时间和某人的理性大脑交谈时，我们就会忽略对方感性的大脑。感性的大脑对于被忽视非常敏感。没有值得信赖的证据，感性的大脑更愿意保持谨慎，而不是后悔，它往往会认为你是一个需要继续考察的对象。

另外，如果你通过故事引发共同的愤怒，以打造表面上的信任，追求暂时的成功，你就会破坏双方未来对于共同目标的合作。这种基于指责和蔑视的信任会带来短期回报，但是长期来看，它会带来严重后果。对于相互信任、信心和希望进行投资需要更多才能，但它会促进互惠（符合道德的行为），远比同仇敌忾高效。如果我们用心设计没有"胁迫"的真实故事，展示人们的"正确"行为，受众就会学着对对方的意图产生良好预期，更好地坚持核心原则，避免推卸责任并最终导致内讧。基于指责和愤怒的故事会破坏信任，对于实现基于合作的长期目标来说非常低效。的确，好的"指责故事"可能摧毁你的对手，但它也会摧毁你的潜在合作者。如果你投入时间和资源，讲述拥有共同积极意图和最佳设想的故事，你就可以打造良好的信任，为未来的合作方案提供更多机会。

"我是谁"的故事

当人们意识到你想影响他们时，他们首先会问自己一个问题："你是谁？"讲一个故事，给他们看你想让他们看到的那个你。

训练有素的演说家总是会以一个非常有趣的笑话开场，或是回答一个可以轻而易举预判答案的问题："这家伙无聊吗？"一旦你使我大笑，我会认为你至少不是一个无趣的人，并放松身心聆听。然而，如果你一开始就突兀地说："我是一个很有趣的人。"那我准会立马退场。如果你证明了你是谁，而不是告诉我你是谁，那么这更可信。一个故事可以用我们的原始虚拟现实工具——想象力——证明你是谁。

演说家每次站在人群前面时，都面临挑战。我最近有幸听了罗伯特·K.库伯博士（著有《情商执行力：领导和组织集体的情商》）在一间可以容纳900人的会堂里的演讲。一开始，听众们认为他不过是写了一本书，和其他咨询师无异——他们交叉双臂，流露出讽刺的眼神，认为他的主题只是"无聊的情感理论"，甚至认为他不过是一个蹭情商热度的家伙罢了。然而，他只用了 10 分钟就解决了这个问题,他讲了一个故事,证明了他真诚的态度,并且让在场的 900 名听众深切地认识到他是谁、他的信仰和为什么他在这里。

他通过讲一个他祖父的故事来告诉我们"他是谁"。他的祖父在他 16 岁时过世,死于第 5 次心脏病发作。在养病期间,他非常关注罗伯特的成长,经常与罗伯特谈心。随着罗伯特的娓娓讲述,我们能够切身体会到他对祖父深沉的爱。他说:"如果我们能通过一个人的眼神衡量其智商,那么祖父很有可能是一个天才。"

祖父的身体每况愈下,每次心脏病发作之后都会把罗伯特叫到床边,用尽力气,向孙子讲述自己与死神对决的体会。罗伯特的故事吸引着我们不自觉地挺直腰杆坐在椅子前端,每当他复述祖父的叮嘱"我一直在思考人的生命中最重要的东西,它是……"时,我们都聚精会神地准备聆听一个长者的真知灼见。罗伯特的话让我们又一次,也就是第 4 次笑起来,笑他祖父一次又一次地修改关于生命意义的答案,笑他祖父努力回忆最近"最重要的事情"时的样子。

当我们满面笑容地等着又一个令人莞尔的答案时,他话锋一转,道出了祖父最终的叮咛:"我的爷爷对我说,'投之以桃,报之以李,你奉献越多,获得的回报也越多。我曾经问我自己:假如我没有拒绝尽全力奉献那将会怎样?会回报给我、你爸爸和你更多吗?或许会吧,但我没有做到。对我来说为时已晚,但你还来得及'。"我和其他听众一同屏住呼吸，聆听这个老人临终前的遗憾："这对我来说为时已晚。"所有人难免一死，这是人类的共性。在场的所有人都仿佛不由自主地想象，当自己走到生命尽头时，会有何种憾事。

这个故事并没有什么豪言壮语，罗伯特并没有隐藏人性的瑕疵，但这个故事却充满了力量。只有愤世嫉俗、尖酸刻薄的人才会在听完这个故事之后依然怀疑罗伯特是否可信。

亲身经历比起其他形式的交流更能让别人了解"你是谁"。客观数据不足以产生信任。人们最终根据主观证据相信你的意见和你的话。

你可以用亲身经历说明你不为人知的另一面。除此之外，你还可以用许多其他方式告诉人们，你是谁。

你不一定要讲亲身经历。这本书中不乏神话、历史故事、经由朋友复述的故事、热门时事和寓言，如果你讲故事的方式确实能够从个人角度揭示一部分"你是谁"，那么任何形式的故事都能变成一个"我是谁"的故事。

如果一个人讲了有关特蕾莎修女的故事，那就表明他懂得感恩和虚心向他人学习。我们可以下结论他并没有囿于小我，值得信任，我们可以和他分享我们的故事。如果他选择讲的故事表明他懂得自我牺牲，我们便相信，他在谋求私利的同时也会考虑别人的利益。当我们看穿故事，知道讲故事的人已经意识到自己的缺点，没有否认事实、隐藏真相，我们确实可以相信他，与他共同直面棘手的问题,而不是假装一切"都非常不错"。

我曾经看到过很多领导者用故事来描述自己的不足,心理学家将这个现象称为自我剖析。这个理论的原理之一是,如果我足够信任你,愿意向你袒露我的缺点,那么你也应该相信我,向我说明你的不足。倘若一个人能够毫无保留地批判自己,那么我们就会觉得,不仅是他的话可以相信,他的其他方面也值得信任。

例如,一位经理刚刚上任,他给员工们开会讲述了这样一个故事:当他刚走上管理岗位时,对员工的管理过于严苛,员工们愤而反抗,指责他独断专行,最终他被解雇。当听到新来的老板讲述自己被解雇的故事,你一定会非常震惊。不过我们也应该知道,真正的力量并非源于完美,而是来自认识到自己的不足之处。一个领导敢于正视自身的不足,同样也是展示了自己的力量。

一个"我是谁"的故事,能够通过正面反驳打破任何负面评论。巧妙地把这个故事融入你需要讲的下一类故事之中(并非所有故事都是同一类型的),即"我为何而来"的故事。

即使你的听众认为你是一位可信的人,他们仍然想知道你与他们合作的目的。就算他们得到一个善意的答复,他们仍然会认为你想从他们身上得到什么——否则你为什么要花时间影响他们呢?你能够假装真情实意吗?你可以试试,可是我不推荐这么做。虽然数字平台暂时增强了在线操纵信任的能力,但随之而来的全球信任下降表明,误导的信任无法持续太久。大多数人闭着眼睛也能在面对面交流中识别骗子，我们也在努力识别数字骗子。所以，为什么不为真实的事情投资呢？

"我为何而来"的故事

当人们从你的身上嗅出了欺诈的味道，他们会远远地避开你。我们天生都有警惕心，会怀疑他人的动机。即使你用意良善，如不及早向人们做出可信的解释，他们就会猜测你的意图，心生警觉。在对人讲他们将怎样受益之前，最好先明确告诉对方自己将得到何种好处。如果你劝我买某项产品、捐一笔钱、改变我的某种行为，或者接受你的某项建议，我自然会想先知道你的企图。幸运的是，我们不需要隐藏符合道德的自私目标——我们可以将其融入故事中。不必隐藏对自己有利的目标。只要这种目标不会危及别人，人们通常是不会在意的。不过，通过讲故事隐藏不道德的自私目标的人会背叛所有人。

如果你在交流中一直在讲述对方可能获得的利益，对方会认为你在隐藏自己的目的，他会觉得你的说法不协调、不真诚，甚至具有欺骗性。如果人们发现你在个人合作收益方面隐藏信息或者说谎，他们对你的信任就会直线下降。

故事最适合真正拥有良好意图和合理个人目标的人。"我为何而来"的故事通常可以透露足够多的信息，可以使人判断出你的目的是健康的抱负还是居心叵测的利用。如果你的目标是自私的，只要你说明情况，并且指出对方的收益，让他们理解你的目标，对方是不会介意的。

我认识的一位商人经常跟人讲为什么他会很想成为富人。他13岁时，从黎巴嫩来到美国，当时他不会说英语，囊中羞涩，在一家饭店当外卖司机。他每天都会学几个英语单词。他很羡慕那些穿着豪华服装、开着名牌车还拥有幸福美满家庭的人，并且期望有一天自己会变得成熟稳重，能够跟那些人一样事业生活皆得意。

最后，他成功地实现了自己的梦想，取得了超乎想象的成功。接着，他会对任何愿意倾听他的人说，他现在又有了新的、更远大的梦想，说话时眼睛都泛着光。在场的顾客、商业人士以及潜在的合作伙伴在听完他的致富故事后，再听他讲他的未来规划时，心情是很轻松的，因为他们知道这个人是个什么样的人，以及他为什么会出现在这里。

没错，这个人是在为自己谋利，但是他谋利的方式是人们可以接受的，而且他没有任何隐瞒。他讲的故事为自己赢得了信任。

一位薪酬是其下属300倍以上的首席执行官，要是在公司讨论将面临的收购议题的会议上，发表类似"我们进行并购是为了你们好"的讲话，那他就是个十足的蠢货。我认为大多数重组项目之所以失败，是由负责并购的那些高管团队不尊重人所致，他们自认为那些中层管理人员以下的员工都很愚蠢。可是谁愿意听那些把自己当蠢人对待的人说的话呢？不管对方是工厂工人、无家可归的流浪汉还是社会精英，你跟他们谈话时，要是轻视他们，认为他们不如自己聪明，都会产生消极影响，使效果不如预期。

永远，永远，永远都不要对你不尊重的人讲故事。那样做只会让对方知道你不尊重他，不管你认为自己编的故事多么完美。你最好先找一个对他们表示尊重的故事，然后再和他们交流。

你想通过讲故事对他人施加影响的动机既可能包含个人目的，比如追求权力和财富，或者好的名声；也可能出于无私的奉献精神，比如想帮助某个组织、团体或者特定的人群。如果你讲故事的动机是谋求私利，那么最好对听众坦诚一点，以免影响你的可信度。

人们是愿意相信你的——你得帮他们一把。

也有可能你只是想通过帮助别人获得精神上的满足，没有其他私心，也就是说你的目标完全是利他的。即使这样，除非你像佛教高僧一样面带纯洁的笑容、心无尘埃，否则人们不大可能无条件地相信你真的没有任何私心。

如果你在为某个教育项目募捐，那么你讲的故事必须能够有力地证明这个项目的公益性。比如，告诉人们你本来有份年薪10万美元的工作，可你把它辞掉了，回到母校担任年薪只有3万美元的教师。你之所以来到这里请求听众为自己的教育项目进行捐款，是因为在课堂上给孩子们上课让你觉得快乐、幸福，此时必须让听众从你的眼神中感受到你的真诚。

我曾遇到过一个成功的商业人士，他来自一个大城市，而且经常为一家艾滋病非营利组织和市里的芭蕾舞团做志愿工作。他给我讲了一个故事，这个故事在他拜访其他商业人士，请他们捐款或者帮忙时经常会提及。

故事是这样的，他曾到过圣城，有当地人向他解释过为什么死海和加利利海不一样，原因在于死海没有出水口。虽然两者水源相同，但是死海的水只进不出。死海的流出通道受阻，造成海水的盐分不断增多，让死海最终失去生机。而加利利海仍然生命力旺盛，因为有水不断流进流出。

这位商人讲的故事中蕴含着他的人生体悟：对他而言，要使生命保持活力，让生活有意义，帮助他人是不可或缺的。他讲的故事不仅让他拜访的人明白他的"来意"，还让我们了解到他获得的启迪——获得财富的同时又懂得施舍，会让我们的生活更有生机。

"愿景"的故事

当听你说故事的人（不管对方是一个人还是一群人）已经了解你是个什么样的人，以及你讲故事的目的，那么，他们接下来最想听到的是，你究竟能给他们带来什么好处。

我相信任何人在讲故事之前，都会考虑到听众的收获。然而，许多人在生动形象地描述将会给对方带来的利益时表现得非常糟糕。有时演讲者过于注重如何将数据翻译成听众听得懂的语言，或者如同报流水账一样描述了一个平铺直叙、苍白乏味的事实，这就像，当人们准备听你描述寿司的滋味时，你没有讲述一个活色生香的吃寿司的故事，只是干巴巴地说："生鱼片味道还不错。"

假设，某个首席执行官梦想他的公司"5年内发展成拥有20亿美元资产的公司"。这个愿景可能会让他每天都充满了干劲，但这不意味着那些在大厅里听他描绘宏图的区域经理、推销员或者行政助理也会跟他一样，他们甚至可能对他描绘的宏图不屑一顾。

他可能已经迷失在自己的幻想中了——把公司变成"拥有20亿美元资产的公司"所能带来的好处，完全没有意识到其他人跟他的感受不一样。作为公司的首席执行官，他面临的情况将更加糟糕，因为在大厅里听他高谈阔论的人只会假装拥有和他一样的愿景。我看到过不少首席执行官听到员工说"我们没有什么愿景"时发怒的神情，他们会大吼："怎么会没有呢？——你们难道不想让公司价值几十亿美元吗？"老兄，要是你的员工没有看到你的愿景，你的愿景就是失败的。

你必须想方设法让员工们与你的愿景产生共鸣——让他们和你拥有一样的愿景。一个人只是口头上讲"我有一个梦想"和临场感受马丁·路德·金说这几个字的体验是有很大区别的。

同样，我现在举的这些愿景故事的例子，也受到书面文字平面、缺乏立体感的限制。这一点很重要，因为在我要介绍的6类故事中，这类故事在书面上陈述最容易变得乏味，但是却最能让你获得听众热烈的掌声，只要你讲的故事的确是亲身经历而且内容真实可信。讲述关于愿景的故事很容易被人片面理解。讲真实可信的这类故事会遇到很多困难，其中之一就是有心人会刻意曲解故事的内容，让它们听起来很廉价——谈愿景是需要勇气的。

一个小型初创公司的首席执行官把自己比作现代版的梵高，用他的故事向员工描绘自己对公司未来的憧憬。梵高的故事很契合他手下的20多个员工的形象，他们就是一群"疯狂怪异的软件艺术家"。

有些人把梵高看作疯子，但他对艺术的执着和天赋让他创造出了在当今价值数亿美元的作品。这个故事要传递但没有明言的信息就是他们所有的牺牲和奉献，以及默默无闻都是值得的，最终都将会得到回报（而且相当可观）。虽然，有一点他没有讲——梵高的作品受到世人认可的时候，他本人已经去世多年了。不过这并不是重点。

这个故事打动了他的团队，激发了他们的工作热情。它让员工们真切地感受到了原本抽象的东西，这就实现了预期。他们在公司里挂满了梵高的作品。许多员工都有一幅自己心仪的作品，这些作品能在他们觉得快要撑不住的时候鼓励他们，让他们继续战斗下去。好的愿景故事应该能激发人们对未来的憧憬，从而克

第1章 每个人都应该学会讲的6个故事

服当下的挫折和沮丧,振作起来。

一个经典的愿景故事是这样的。有个人来到一个建筑工地,那里有三个人正在工作,他先问第一个人:"你在干什么?"那人说:"我在砌砖啊。"他接着问第二个人:"你呢?"得到的回答是:"我在修一堵墙。"然后他又走到第三个人那里,问他:"你又在干什么呢?"那人正一边哼着小曲一边干活,对他说:"我呀,我在修一座教堂。"

倘若你想最大限度地影响别人,就应该给他们讲愿景故事,并使之成为他们心中的大教堂。在愿景故事里,你要把点点滴滴编织在一起,特别是那些艰难抗争和让人倍感沮丧的细节,这样才真实可信。

在这个世界上,要让生活有意义和目标,我们必须对未来有一些憧憬,这样我们的努力才会有价值。在下一章,你将会看到,一个人如何找到拯救自己心灵的愿景故事,并在无意中成为身边人的灯塔。

"授人以渔"的故事

不管你是干什么的,你肯定有某些希望能传授给别人的技能。你要传授的技能可能是教人如何写信、设计一款软件、接电话、推销产品,或者如何管理一群志愿者,无论是哪种,学会用故事启发他们,会让你事半功倍。

许多"老师"会被他们的"学生"气得抓狂,因为"他们就是学不会"。与其干生气,拿头撞墙,不如讲个故事,让他们明白你希望他们学会的东西。大多数时候,你希望他们不仅学会某些东西,更希望他们掌握学习的本领。讲这类故事时,最好把"授人以鱼"和"授人以渔"结合起来。

例如,指导新来的接待员,只告诉他们控制台上各个功能键的位置是不够的。仅仅如此,他们成不了优秀的接待员。你可以跟他们讲讲你所认识的接待员中最了不起的一位——雅迪女士,她来自孟加拉国,她能一边安抚盛怒的顾客,一边定位到你那位走丢了的首席执行官,同时帮你找寻拿着你的包裹的服务员。

这样讲,新人就清楚地了解了他们需要掌握的东西是什么。下次他们即使面对压力,也能处理复杂的局面。他们会问自己:"在这种情况下,雅迪女士会怎么做呢?"

传授别人技能的故事,应该能让人明白他们学这些东西会有什么用处。你不会无缘无故去教人做某件事情。

比如,20世纪80年代,当我需要教老板怎么使用电子表格时,我不会只讲那些单元格、公式和菜单选项。我会先跟他讲如何为装满电子通信设备的配电室定价。如果使用铅笔和计算器,我需要花费数小时为每一项顾客需求计算价格——顾客们询问的每款产品的价格都不一样,我经常犯错——听到有顾客打算改变产品规格时,我简直欲哭无泪,因为我又得重头再报一次产品的价格。一天下午,4点左右,我开始琢磨这个叫作电子表格软件的新事物（是的，我暴露年龄了）。我花了连续 8 个小时编程，让它为我计算价格。我开始使用电子表格。两天后，另一个销售人员注意到了我报价的速度，要看看我写的程序。他非常喜欢我写的代码，这让我很自豪。

请注意，我的故事中有一段让我倍感煎熬的经历——费了整整 8 个小时才学会写一段应用代码。不过，考虑到这段代码让我在每次向顾客报价时都节省了时间，减少了犯错误的次数，还让我因为出色的工作表现而受到肯定，我的付出还是值得的。讲完了上面的故事，再讲授表格和公式就显得意义非凡了。当技能被表达成故事的一部分时，感知记忆、运动记忆、认知记忆和视觉记忆构成了一个稳定的框架，每一种线索都能激活整个记忆。

我们知道，柏拉图很会说教。他经常通过讲故事启发人们思考（这种技能仍有进步的空间）。其中有个故事是告诉人们民主制度是有其局限性的。

故事发生在一艘在海洋中行驶的船上，船长和船员都遵循少数服从多数的原则。

船上有个非常熟悉航海技术的导航员，他懂得如何用星象术指引航向。但这个导航员和其他人相处得不怎么好，而且性格很内向，不善交际。当他们在海上迷失了方向，众人陷入惶恐时，船长和其他船员决定采纳他们当中最受欢迎、声音最大且最让人信服的那个人的意见，而那个内向导航员的意见则被大家嘲笑和挖苦。最终，一船人都饿死在了海上。

柏拉图爱讲那些能引导人们思考的故事，我喜欢这种方式，故事应该含有某种深刻的道理。我们在教育方面有一种倾向，就是喜欢简单明了，可这种所谓的简单明了会导致意想不到的后果——把复杂的事情看得过于简单化。

如果有人只明白你让他们做的是什么，而不了解你为什么要让他们那样做，他的表现是永远不会让你满意的。在教育方面，技术清晰性有时被滥用了，尤其是在线教育。在学习沟通技巧的原理时，如果没有现实生活应用的真实故事和练习的机会，你几乎无法提高沟通能力。好的故事强调整洁的"技能组模块"背后的复杂性，使学生既能学习技能，又能知道如何将其应用到无法预测的环境和持续变化的场景中。

在教学时，你应该思考学生如何应用新技能，而不是如何将这种技能简化成模块。柏拉图讲的故事把"你该如何思考这个问题"和"你该从这个问题中得到什么样的启发"两方面结合起来。讲故事的美妙之处在于，它可以培养学生的感知敏捷性（在不同观点之间转换的能力），使他们能够探索将价值观、技能和原则应用到未来场景中的各种方式。

"通过行动体现价值观"的故事

毫无疑问，讲自己的亲身经历是最有效的传达价值观的方式。没有的话也无妨，可以退而求其次，讲别人的故事。经验是最好的老师，故事是第二好的老师。你可以用故事传递价值观，使人们将其与自己相联系。光说"我们重视为人正直的品质"是没有意义的。举个例子，说有个雇员隐瞒了错误，给公司造成了几千美元的损失；或者某个销售员坦承了自己的错误，结果他的顾客反而将订单增加了一倍，这样才会让员工真正明白"做个正直的人"的意义。

我曾经听过盖尔·克里斯托弗博士的一个演讲，她负责设在哈佛大学肯尼迪学院的美国政府奖励项目——创新项目。她讲的故事表明，备受推崇的"多劳少取"的工作原则，导致许多机构重组失败（公共机构和私营领域都有这种现象）。

很少有人愿意公开挑战这种工作理念，也很少有人会坦言：少取就少干。因为大家都不愿意言明这一不受欢迎的真相，许多机构的内部资源都因此被严重蚕食。人们都喜欢空谈"减少行政干预"，但要向他们宣扬"负责制管理制度"这一理念却不容易，因为他们压根儿就不愿意去弄清楚这一价值体系。

可她还是讲出来了，她用一个故事说明了自己的建议。

她讲的故事发生在她担任"改革行政管理协会"联席主席时，她负责重组工作。

她的一位下属面试了一位45岁的男子，这位男子一辈子都在政府部门工作。那位下属非常高兴有这样一位对工作有奉献精神的政府雇员前来面试，由于他是个黑人，他的加入会让自己的团队显得更加多元化。

这位男子讲述了自己长期以来如何加班加点地工作,并取得了令人瞩目的成绩。

面试是在离克里斯托弗博士的办公室不远的地方进行的。面试过程中,那位男子突然按住了自己的胸膛,疑似心脏病发作。在场的人当即呼叫了"911"。办公室的全部人员都惊呆了。克里斯托弗博士说她相信当急救中心医护人员赶到时,那位男子"已经不行了"。这名男子,一位奉行"用较少的人办更多的事"的政府雇员,却死于应聘现场,而他应聘的职位,比他之前从事的工作压力还要大很多。(再一次提醒,光用文字无法原汁原味呈现这个故事的原貌,也不能完全展示它对听众产生的震撼。像这样缺乏真实性的讲述形式会招致讥讽和挖苦。但既然是出自克里斯托弗博士,其真实性不容置疑。)

听众无不为之震惊。她的故事,让人们不得不反思"一切以效率为先"的理念是否正确,我们实践这一理念时是否有点盲目,并且重新审视其他更加重要的价值观念。

毫无疑问,她想告诉人们,我们应该给予员工们更多的关怀,只是没有明说。但已让我们明白,不断要求员工加班加点地工作其实是在变相杀死他们。要是她没有讲那个故事,她的想法是不会给人留下深刻印象的。我记住了她说的故事,而且还在这里告诉了你们,我相信其他人也会跟我一样。这是一个拥有生命力的故事。

我们所宣传的价值观,最终往往出现在公司网站上,或者张贴在某处的墙壁上。你的网站上可能会说,你们信仰道德、诚信和团队合作。不过,如果这些价值观没有体现在日常行动中,它们就没有任何意义。而且,关于诚信这类价值观的有效地"通过行动体现价值观"的故事是非常真实的,一定会体现在有意义地牺牲了超出最低法律标准的时间、金钱和便利上。要想做到诚信并不容易。严格地说,做"正确的事情"通常是低效、昂贵而困难的。我们正在意识到,不是所有"颠覆性"行业带来的高效在道德上都是可持续的。"通过行动体现价值观"的故事——尤其是诚信故事——有助于恢复我们的集体信仰:道德、诚信和团队合作实现的目标比金钱更有意义。

如果你想让某个人接受你的某个主张,并且在生活中实践它,就讲个能打动他的故事吧。马蒂·斯迈是《现在还来得及跑去参加马戏团吗?——如何开始第二人生》一书的作者,她通过一个非常好的故事,阐明了一个不言自明却常常被忽视的观念——在工作中享受乐趣。一次演讲时,她向我们谈到了她的父亲马蒂,和她的哥哥——名字也叫马蒂,虽然她没有明说,但她的父亲肯定有点儿特立独行。而她的母亲道里斯则是个非常现实的人,除了一点——她坚信自己的两个孩子最终都能学会弹钢琴。

钢琴就摆在后院。她和哥哥都讨厌练习钢琴。哥哥练琴时甚至戴着打橄榄球时用的头盔,弹的时候也三心二意,以表示对被迫练习钢琴的无声抗议。兄妹俩经受了几个月的煎熬,直到有一天,哥哥尖叫了一声:"妈,快来看,快来看呀!"

马蒂当时正和母亲在厨房里,她们跑到后院,一眼瞧见一团大火正烧得猛烈,火焰直冲天空,继而发现起火的竟然是那架钢琴。当他们三人一脸震惊地望向父亲,她的父亲完全一副若无其事的样子,只跟他们说:"既然你们弹得不开心,还要这鬼玩意儿干吗?"

马蒂讲的精彩故事为我们描绘了一幅栩栩如生的画面,燃烧的钢琴像篝火一样有趣,我们是绝不会忘记的。她父亲的那句"既然你们弹得不开心,还要这鬼玩意儿干吗?"肯定会一直留在我们心里。她的故事既有父爱、趣味,又不乏刺激,在场听她演讲的 800 多名听众无不为之所动。爱弹钢琴的人可能会被吓坏了,但他们也一定被这个故事打动了。

任何价值观念,如果不能在人们的生活中体现出来,不能为我们所实践,那它就没有意义。讲述亲身经历的故事,最能打动人心。

上面的例子有点儿极端,但它听起来很有趣、很亲切,效果自然会不错。你的家人都有值得讲述的故事,你自己的生活也不乏好故事可讲,它们能帮你讲清楚道理。你不妨试试,看看自己能想出多少个故事,用它们宣传"行动中体现的价值观"。

要想有效影响别人的观念跟想法,从而改变他们的行动,你得不断收集这类故事。

"我知道你们在想什么"的故事

若你讲的故事,让听众感觉你读懂了他们的心思,他们就会喜欢上你的故事。要做到这一点并不难。只要你做了必要的准备工作,事先了解你打算施加影响的对象,就能提前发现他们可能会在哪些方面对你不满意。一旦找到可能对你不利的因素,要打消对方的戒心就不是难事了。

有的人没有明确表示他们的意见,可能更容易放弃他们的反对意见;有些人会非常欣赏你能开诚布公地提出他们的不同观点,这样就省去了他们的麻烦;还有的人看到你肯花时间从听众的角度思考问题,他们会对你心生敬意。也或者……你给人感觉,像个算命先生,上知天文,下通地理。

我经常在不同场合讲一个发生在某个首席执行官身上的故事,这个首席执行官不想让他的老板即董事长雇用我为刚刚合并的组织协调开放式对话。当我察觉有人明里寻求合作,实际上却在暗中搞破坏时,就会用到这个故事。我讲这个故事的用意是让对方明白"我知道你们在想什么",而不需要挑明了跟他们说。

在最近一个并购项目中,我受雇于一家公司的董事长。新任的首席执行官口头上赞同高级管理部门对我的介绍。可我心里明白,他的言行并不一致。他在介绍我时,称我为"南方来的年轻女士,卡洛琳娜"(这在硅谷的公司圈里可不是一个体面的介绍),他还问我:"你给我们带来什么样的心理学小游戏呢?抱歉，我是说安排，你今天给我们安排了什么呢？"他就这么暗里排斥我。许多人没有意识到他们的担忧和怀疑在周围人眼里多么明显。不过，由于他没有公开质疑我对公司的价值，因而我也不能直接跟他过招。许多人意识不到他们周围的人其实非常清楚他们的担忧和疑虑。

我采取的策略是将计就计，用他的原话就是"心理学小游戏"，并且解释了游戏的每个步骤和它们背后的心理动机，以及参与者在游戏中进行对话时会体验什么样的情感波动。我对他们解释说，我在实验过程中会"操纵"他们，但是实验的方式会尽可能透明，并且充分尊重他们的常识和判断力。

我耐心地向那些经理解释这个游戏，还推荐他们自己也试试用类似的心理游戏操控他们自己，但是必须确保公开和坦诚。慢慢地，大家对"心理学小游戏"开始有了完全不同的理解。最后，当我们在游戏的过程中应用这些小游戏时，竟然对着对方快意地笑了起来。现在，它已象征着我们成功地试探出对方的意图，以及我们之间建立起来的信任。

每当察觉到有人试图质疑开放式对话的价值和可能性时，我就会讲这个故事。这会让要对我不利的人适可而止，让我抢在人们打定主意排斥我之前赢取他们的信任。作为有影响力的人物，你的听众中注定会有人质疑你，可别错误认为自己在面对一群虔诚的信众进行布道。

当你面对一帮人或某个群体讲话时，总会有一两个人要质疑你，使你看起来不可信，而且他们使用的方式通常都是隐蔽的。你最好的回应方式同样应该是隐蔽的。讲个类似"我知道你们在想什么"的故事，不仅可以打消听众的顾虑，还可避免正面冲突。当我知道我的听众中有人怀疑我的心理学培训，质疑我的意图，我会时不时讲讲这样的故事。而我之所以在这里提到它，是因为我预计你们当中有的人可能会觉得使用"我知道你们在想什么"的故事进行防御像在操纵和欺骗别人。

人与人之间的信任当然重要。但是，就像锤子一样，你可以用来建房子，也可以用来拆房子。使用"我知道你们在想什么"之类的故事，其结果的好与坏完全取决于你的用意为何，它可以让你赢得尊重，也可以让你颜面扫地。说到底，故事只是个工具，请确保你的目的是善良的。

这类故事的最大用途就是可以打消他人的担忧。在为即将开始的管理层会议暖场时，你可以跟与会者说你曾开过的一个会，"那个会就像在地狱，大家跟玩彩弹游戏一样，完全没有一点团队意识"。再详细地说说那些与会者的具体特征和个性。比如那个长得像拿破仑又老爱插话的不靠谱的家伙；或者那位南方来的可爱小女士，她外表迷人，却不能掩盖她的虚伪。尽管内容不尽相同，但是我们每个人肯定都有许多自己的故事。你讲的故事会让人明白你也希望和他们一样避免同样的事情发生。一旦他们听懂了，就会放松下来，仔细听你讲。

我最近遇到的一个演讲者，在讲话时是这样开头的："我是个数据员,下面的一小时会是你们这辈子最难熬的经历。"接下来,他开始讲他上次带领的团队在进行数据恢复过程中出现的各种引人发笑的蠢事。我们非常喜欢他讲的故事。他知道我们担心什么,并且想出了解决办法——"接下来你们会觉得很无聊哦"——就这样用一个可笑的故事打消了我们的顾虑。

现在,你已经了解了全部 6 种故事类型,你可能会产生疑问:我是个讲故事的能手吗?很有可能你觉得你不是。这就像问一群成年人他们会不会画画。如果你年纪尚轻,你可能不假思索地回答"会";不过你已经是成人了,可能不会如此肯定。不要灰心,有办法可以让你弥补缺憾。

讲故事是一种非常有意义的本领,值得我们去学习掌握,它可以帮助我们影响别人。你没有任何理由学不会。某种意义上,你的生活本身就是一个故事,你每天都在讲述故事。

本书的余下部分将详细介绍那些你已经掌握了的技能,以及你可能还有哪些短板需要补上。讲故事不像高科技那样复杂。练习讲故事会得到惊人的回报,分享真实的故事可以使我们持续检验自己对于真假的感知。

第 2 章　何谓故事

诉说，犹如呼吸，也似血液循环，乃人之天性。

——A. S. 拜厄特

真相，直接又冰冷，曾被村庄里的每个人拒之门外。她的直白吓到了人们。

当真相被寓言发现时，她又冷又饿，蜷缩在角落里。寓言可怜她，把她带回家。在家里，寓言用故事为真相装扮，给予真相温暖并再次送她出门。

身着故事的外衣，当真相再次敲响村民的家门时，受到了热情的欢迎，被迎进了村民家。村民们给她烤火并邀请她在他们的桌子边吃饭。

犹太教育故事

直白的真相令人畏惧

自 11 世纪以来，前面这个故事被讲了一遍又一遍。如果一个故事被讲了上千年，那么其中必定包含着某些有价值的东西。这个寓言可以使你牢牢记住，只有当听众愿意时，他们才会向你敞开心灵之门，并接受你所讲述的事实。

想一想你自己过去接受、传递和回避直白真相的经历。要想成为"真相"，你的信息不仅要准确，而且需要考虑到责任、义务和公平。阿巴拉契亚幽默作家芬利·彼得·邓恩（Finley Peter Dunne）将 20 世纪初的新闻业描述为"安慰痛苦者、折磨快乐者"的行当。正如格洛丽亚·斯泰纳姆（Gloria Steinem）所说，直白的真相"会使你获得自由，但它首先……会令你恶心"。你最想跟同事、政客、领导、爱人或者孩子直接讲述的真相很可能会使他们难以接受。一般来说，直白地讲述真相会让你处处碰壁。如果你径直对老板说："你这么做是行不通的！"老板通常会这样回应你："管好你自己，少管闲事！"这时，你就知道讲故事的重要性了。故事不那么直接，它更亲切，不易招来抵触。

假如，一群固执的领导同处一室，讨论陷入僵局，这对于一个喜欢陈述真相的人来说是很危险的——除非你知道如何讲一个好故事。

在这样的状况下，我会讲一个关于拉里的故事。

拉里是我养的一条狗。我牵着拉里出去散步，途中有一根电线杆，拉里从电线杆的一侧走过，而我从另一侧走过，于是绳子便被电线杆挡住了。这时拉里就会扭过头来看着我，想知道为什么我们走不动了。我就算用一整天的时间告诉它往后退，它却只有在我往后退时才会跟着后退。而且，只有这样我们才能解决问题，然后继续往前走。

当我对一屋子的领导讲这个小故事时，他们知道我并不是真的在讲我的狗。醉翁之意不在酒，我的意思是显而易见的。真相就在其中，而且因为真相被包含在故事里，他们便接受了真相。他们没有当着我的面拒绝，他们会听我的故事，也常常会在他们的位置上做出让步，而这也让他们从僵局中走出来，继续向前走。

这就是故事的力量。当你想让别人看到你所看到的事情时，故事便是最有力的工具。耶稣、穆罕默德、鲁米（Rumi）和其他宗教导师用故事改变了人们的感知方向，使他们更好地平衡个体和集体利益。穴居人用图片故事获得地位，分享重要技能。《天方夜谭》中聪明的妃子谢赫拉沙德用故事吸引执掌生死的国王，从而无限期地推迟了她的死刑。神话中天神跟仙女打斗，和凡人相爱，或者将凡人变成牲畜，这里反映的是人间的秩序，劝诫人们应遵守社会规则。

故事可以创造力量

故事不会夺取力量，故事会创造力量。当你懂得了故事的力量，就不需要领导职位了。就像亚瑟王的圣剑，故事不需要世俗的权威就可以产生神奇的力量，它会创造出另一种属于自身的地位和力量。

作为一个故事讲述者，你借用故事的力量，把你和听故事的人联系起来，让他们通过故事，去了解什么是重要的，什么是有意义的。而他们将会把从故事中得到智慧和才智归功于你。

就像亚瑟王持着被称为"王者之剑"的圣剑，所向披靡，你讲述着故事，传播着真理。然而，如果你滥用这种力量，忘记初衷，你也会如亚瑟王一样沉沦……之后，人人皆知的故事，便不再赘述。

故事是思想的烙印，故事可以对观念产生影响，故事可以触及心灵最深处。你可以将它用于你自己身上，也可以用于别人身上。当你的故事触及灵魂，那么，你对心灵的影响可能是一生的。曾经听过的故事，你或许还会不时想起，你的思想和观点也会被它左右。

有一次，我在参加培训时，有个人和我分享了他祖父讲过的故事。

他祖父说："当人们知道你有多么在乎一件事之后，才会在乎你所知多少。"在此后的40多年里，这句话一直影响着他，指导着他为人处世。它会继续在以后的40年里影响他，而他会不断用这句话去影响别人。

一个好的故事，能够让这个世界简单易懂。

一个基督徒在日常生活中给自己讲述耶稣的故事，让自己心怀感激地度过每一天；一个母亲用老一辈传下来的故事，提醒自己教育孩子要刚柔并济，要重视孩子的内心世界。

故事是如此有力量，实际上，它时刻让我们提醒自己——我们总是不愿接受已经被告知的某些"答案"，而是想通过自己的思考找到真正属于自己的答案，这便是我们人类共同的弱点。

有的人急切地希望理解自己的命运，一旦他们发现了答案，却会用一个神奇的故事解释生活的现实，而非直接地讲述。例如，1997年，海尔-波普彗星只是一种有趣的天文现象而已，然而，"天堂之门"信徒的故事里它却被视为一种外星暗示。得到这个暗示，人们会穿上跑鞋，脸上罩一块紫色的布，饮下毒药，最终走向绝路。

故事的力量，可以削弱世俗的权威。与其将故事视为一种革命，不如说是一种可供选择的工具。一个充满希望、令人信服的故事可以唤醒麻木的人们，可以给予他们捍卫尊严的勇气。

如果你所在的企业死气沉沉、毫无生气，一个包含希望和复兴的新故事或许可以改变现状。不要忘了，作为专制国家受益者的国王和女王也有一些自己的故事。自从本书第一版出版以来，大量被作为武器的故事和假新闻表明，讲述"好故事"的技巧也可以用于制造"坏故事"。不同之处在于，恶意故事对事实进行了有意的组织，以煽动愤怒、恐惧、轻蔑、指责和资源囤积。古老的故事讲述者路加（Luke）指出，"你可以通过果实了解每棵树木"（《路加福音》6：44）。本书最后两章（新版）将会研究恶意故事和善意故事的区别。现在，在继续探索故事讲述方法时，我们默认你不是恶意的故事讲述者，你讲故事是为了取得同情、友好、公平、互利的结果。

人们之所以追随你，是因为你"讲真话"

故事其实是在讲述一件或者几件具有感染力的重要事情，以展示关联性事实。举例子和讲故事的区别在于，故事构造了想象的场景，描绘了一段时间内人们选择的后果和机会。一些人相信绝对真理。也许绝对真理的确存在，但是只有上帝才能知道什么是绝对真理。我们凡人只能将故事编织在一起，将我们眼中最重要的事实以不完美的方式联系起来。故事将细节、人物和事件整合在一起，从而构成一个整体，这个整体要强于其各个部分的简单叠加。例如，毕加索的画《格尔尼卡》不只是一幅由人和马组成的画，它也是一个故事，代表了战争的后果；说"贪婪导致了国王的麻烦不断"是一个简单的例子，而说"国王迈达斯的手可以点石成金，触手所及的所有东西都变成金子，直到他杀死自己的女儿"，是一个故事。

有的人觉得，应该对隐喻、类比和故事加以区别。我们更在意的是如何去影响他人，而不是做学术上的区分，所以我们可以把它们都看作故事。好听的、能打动人的故事，无论是来源于你的经历、想象、文字资料，还是口口相传的故事，都可以作为我们第 1 章中提到的 6 类故事的素材。

不管是不是事实，好的故事总让人感觉是真实的。从《贝奥武甫》到一个两岁孩子父亲所讲述的逸闻趣事，所有好的故事描述的都是我们觉得真实的事情。诸如神话故事中恶龙、战争和最终取得胜利的故事，与我们生活中经历的此类故事，道理都是相通的。正如作家厄休拉·勒古恩（Ursula Le Guin）所说："否认恶龙存在的人常常被体内的恶龙吞噬。"

《贝奥武甫》大约写于 7 世纪，不过，包括 2007 年版电影在内的现代解读版本讲述的真理并没有发生改变：当你解决小问题时，你会发现，真正的问题正在向你袭来。因为，真相是永恒的。

就像一位父亲讲述的关于他小女儿的故事。一天，小女儿坐在他们那辆破旧的本田思域车后座上，说："爸爸，我希望每个人都会像我们一样富有。"

不管我们开着什么样的车，不管我们是否有孩子，我们都能认识到事情的"真相"。

真相即使没有任何佐证，我们也能够辨认并且理解它。我们在初恋中感受到美好，却在相爱中体会到伤害。怨恨让人无法入眠，只有敢于承担责任，才能让我们得到心理安慰。任何有足够影响力的故事最终展示的都会是真相的脉络。

当你讲述一个蕴含着真理的故事，它就像一个调音叉，会令你的听众回忆起自己的经历，并进入你所说的故事中，对你描述的"真相"产生共鸣。

一个恰当的故事，可以改变一个粗鲁野蛮、毫无善意的人，甚至会让他时刻准备着在周末的晚上为孤儿捐赠毛毯；可以让你帮助懦弱的领导激发出足够的勇气面对一切风险；可以让你赢得最挑剔的设计工程师的信任；或者让你能够将办公室里的"护士长拉契特"（用规则紧紧束缚别人的管理者）变成优雅的公主（或者至少变成一个让人可以忍受的人）。

故事中的过去、现在和未来的重叠可以影响到极度吝啬的人，让他们重新评估自己的一生。就像卡夫卡曾经说过的，好故事应该像好书一样——"必须是凿破我们心中冰封海洋的一把

第 2 章 何谓故事

斧子"。

　　回想一下你曾经听到过的感动你的故事——一部让你记忆深刻的电影、一本重塑你人生观的小说，或者是一个已经融入你的生命之中的家庭故事。细想一下，那些感动你的故事是不是都是你认为真实的故事。人们之所以追随某人，是因为他讲的都是真话。

有时间、地点、人物为背景，事实才能成为真理

　　故事比事实"更真实"，因为故事是多维度的。就如公正、诚实和真理同样具有复杂性和多层次性，很难在单一的法律、统计数字或者事实中被表达出来。

　　事实需要有时间、人物和地点为背景才能变成真理。故事囊括了时间和人物——短则几分钟，长则几代人，涉及一个事件或者一系列事件，事件中还有人物、行为和后果。而故事中的地点告诉了我们它在哪里发生。

　　即使一个故事并非字字真理，但它也可以体现一种真实。因为故事里的时间、地点和思想全部被编织成了一个整体。

　　故事可以兼容复杂的冲突和矛盾。

　　保罗·哈维主持一档广播节目30多年，他的立足点就是向听众讲述"故事的背面"。今天的许多播客节目致力于调查真相，添加背景，还原事情的真实顺序，以揭示数千个故事的真实

情况，使我们对于决定真相的时间、地点、因素和人物形成新的感知。

如果，你对一个经理说"不要训斥员工"，他可能会反问你："那我要怎样才能让他们认识到错误呢？"可见，你直白的提醒太明显，虽然准确但却没有上下文支撑。你这种就事论事的方式，显得不太尊重对方。然而，如果你告诉他："上周，在华盛顿哥伦比亚特区，我遇到一个海地出租车司机，他跟我分享了他祖父最喜欢的名言——'虐待马儿的人终将自己走路。'"这样一来，你就可以吸引他的注意力，然后给他讲一个只有一个句子，却有着更大、更深内涵的故事。因为包含了时间、地点、人物、行为和结果等元素，这个故事就有了其独特的魅力，能够深入我们都会遇到，并且我们都能注意到的复杂情形中。

这个仅有一句话的故事，不仅是"我是谁"的故事、"授人以渔"的故事，还是"通过行动体现价值观"的故事。相信海地司机的话可以让人们知道，你是那种乐于接受好的建议的人。不管别人的地位怎么样，你都会尊重他们。当直接的提醒毫无作用时，故事就起作用了。

其他形式的影响，如奖励、优惠、贿赂、花言巧语、威压和耍花招仅仅是以讲述者的理想结果衡量的。而这些技巧实际上也会招致抵抗，因为它们没有给人们足够的回旋余地，无法使人得出自己的结论。故事是更具动态性和合作性的影响工具。故事给人提供了足够的思考空间。故事能在听众的思想中发展并成长。

如果是一个好故事，你就没有必要纠结于如何维持其生命力。它自然会在你的听众的脑海中重述和回响。

无论你是想让你的员工、同事、老板、配偶、孩子，还是社会大众，去开始、停止或者只是思考某件事，故事都可以帮助你触及听众的内心。而当你的听众看到了你故事中的真理，他们就会想看到更为深远的目标，就会随之采取正确的行动去实现它。

意义建构

我们现在的生活比以前更为复杂。人们需要引领者，当有人为他们指引方向时，他们会悉心聆听，积极配合，甚至愿意投入金钱。

繁杂的信息和事务，包括全球化视角、智能手机、继子女、衰老的父母、无数关于提高自我修养的书籍和使人不得安宁的催促，在有意义的生活中成为直接的压力。

我们常常觉得时间紧迫，根本没工夫浏览我们认为重要的书籍、杂志文章和媒体网站。大多数人就算列了一个任务清单，最终能完成其中的一小半就不错了。最近的公司重组本意是通过良好运作取得长期回报，但是这种希望很可能会化为泡影。一种自卑和困惑的感觉埋伏在那些围墙后面，那座我们自己修建的、横亘在心灵之上的围墙。对于那些当为而不为、不应为却为之的事情，我们都不想听到别人的议论。我们已经在困惑和过重的负担中苦苦挣扎，别人的话只会让我们感到更加糟糕。

抑郁已经成为一种传染病，这不足为奇。沮丧和冷漠演变成愤怒，成瘾现象数不胜数。就个人来讲，许多人已经不在乎是否要去做正确的事情，而是默认去做那些看起来最简单的，或者在他们看来是正确的事情。照顾自身利益已经令人非常疲惫，因此人们很少有精力跨出英勇的一步，去了解他们在"大局"中所扮演的角色。不过，这才是意义的核心——理解自己为更大目标服务的地点、方式和原因。

所以，你要努力改变那些只着眼于眼前利益的人。他们对自己的小世界很满意，对世界很冷漠，如果你要劝说他们，他们会在私底下对你冷嘲热讽。隔离现在成了一个关乎生死的医学问题。作为社会动物，我们渴望那些我们称之为"意义"的联系。所以，当你讲的故事让他们再次感受到好奇和关联，解决了他们的困惑，他们很可能会听你的故事。如果你能帮人们更好地理解事情的真相及其原因，以及他们在全局中扮演的角色，他们就会跟随你。一旦他们在你的故事中发现意义，他们甚至可能会成为这条路上的先锋。一个故事可以将无力和无望的人转变成一群准备在全世界传道的布道者，如此你就明白为什么宗教总是伴随着故事了吧。

在《伊索寓言》中，蚱蜢和蚂蚁可以将辛苦的劳动从沉重的负担转变成远见和智慧。我的一个牧师朋友（也是一个蹒跚学步的孩子的妈妈），有一段时间充满压力，她想起《玛丽和玛莎》

的故事,这个圣经故事让她说服了她的丈夫,帮她分担了沉重的家务。

故事里,玛莎洗衣、做饭、打扫房间,还要准备好迎接耶稣的到来,这样一来,她根本没有时间坐下来和耶稣交谈。她很看不惯她的妹妹玛丽的做法,光顾着陪耶稣,不去洗碗洗盘子,不去做那些女人分内的事。这位母亲通过故事向她的丈夫寻求帮助,这比直接跟他说"自己的事情自己做"有效得多。

一个简单的例子,"亲爱的,今天我像是玛莎",以一种非常委婉的语气就表达了她的疲倦和烦恼。借助这个故事,解决了一个长期没能解决的生活矛盾,即家庭和谐和个人负担之间的矛盾。

复杂世界中,谁说的话有道理,谁的故事好听,人们就选择听谁的。如果你只想用线性分析和事实说服其他人,对方是不会理解你的想法的。幽默风趣的人一句玩笑话就可能胜过千百句的说教。为了在复杂的世界中清晰表达自己,理性的线性沟通者只能对情况做出可笑的过度简化,或者说出令人费解的话语,比如:"通过授权员工在新型团队范式中工作的战略业务计划,我们提高了股东价值。"(真绕口)

我们常常制订工作计划,但是计划总是没有变化快。原因之一是,任何线性分析所反映的现实,往好了说,是反映了暂时的情况;往坏了说,就是纯粹没道理。虽然现在是信息年代,但我们仍然需要通过之前有意义的经历总结出来的感知经验,将事实解读成非线性经历。以前,人们的生活节奏比较慢,所以,我们可以设想我们是生活在一个直线的、可预见的现实世界里。未来最容易预测的事情是仍然对人类有意义的重要事实。传统意义上的战略计划已经过时。今天的战略来自故事、场景和叙事,它们足够灵活,既能转变策略,又不会改变值得努力的未来愿景。今天,许多公司通过深刻的比喻和叙事理解我们生活着的不可预知的、高度复杂的和一直改变着的世界。换句话说,我们需要有意义的故事,用令人信服的想象中的未来代替旧的战略性的计划/目标/任务/战略类型。

改变别人的人生,从修改别人的故事开始

在复杂的现实王国,故事就是国王。故事能厘清混乱,给人以方向。故事可以影响人的原因之一,就是它可以将挫折、苦难和多余的劳动变得有意义。一个故事可以帮人们理解绝望的意义所在,而有意义的挫折比起无谓的挫折更容易被人接受。

假设,有一个生产规模庞大的制造部门,生产线上的产品要被淘汰,部门要在一年内转型生产一款全新的产品,人们都慌了。他们知道失业将会是改组的一部分,他们眼睁睁看着自己一生积累的专业知识化为乌有,而摆在眼前的是年复一年的尝试和"重新开始"。如果此时让他们再以加倍的劲头,加快结束他们一直喜欢的这份工作,没人会去做的。

一个中层领导决定改变人们的想法。他设想了一个愿景故事，让这最后一搏变得有价值。刚开始时，他只是为了让自己头脑清醒一下，但是当他在一个更大的会议上分享这个故事时，这个故事就如一盏希望之灯，照亮了绝望和困惑的人们。

他说，他知道公司砍掉了不止一条生产线，生产同类产品的其他几家工厂也要关门大吉了。他是这样看待这件事情的：那些即将关闭的工厂的工人，还在加紧工作，他们是在加速终结自己的工作。相比之下，我们的工厂还有前途，我们要生产新的产品。一个故事结束了，而另一个故事刚刚开始。他看到了一个充满希望的新的开始：这个开始可以解决印染部门的陈年旧疾；可以重新梳理工厂的结构，以便有足够的地方开设托儿所；可以采用新的程序控制系统。他的新故事是一个开始而不是结束——相同的事实，不同的背景。

这就足够了，他的新故事告诉他的团队，他们所面临的繁重的劳动并不是没有意义的。一旦挫折和繁重的工作有了意义，工人就不会介意加班和更加辛苦的工作。事实上，他的故事影响了所有人，一些从来不曾努力工作的人，现在，反倒干得比别人都要多。听了这个故事，人们从三心二意变成了全心全意。

人们需要故事让自己清醒。实际上，任何你想影响的人都有自己的故事，当事人或许无意识，但是故事一直都在他们心里。

有的人，他的故事可以让他坚强；有的人，则用故事让自己伤神，并为自己开脱；有的人，他的故事只会让他更焦躁、沮丧。

如果你的故事让他们感觉更有意义，你就可以重塑他们的思维方式，让他们重新发现生活的意义，最后重新规划人生。如果你能让人们将他们自己看作高于自己的事物的一部分，他们可能会将障碍看作挑战，选择实现社会和个人双赢的行为。

帮助人们修改人生故事，你就能改变他们的生活。

规章是死的，故事是活的

故事具有支持现实生活中矛盾双方而不指出某一方存在错误的独特能力。大部分生活问题的解决需要（比如）在个体和集体目标、数量和质量、安全和自由之间做出平衡。希望在不站队的情况下说明双方的观点，你需要讲故事。许多人受雇编造虚假的新闻故事，将平衡的问题描述成片面的谴责故事，以挑拨潜在合作者，这一现象令人沮丧。不过，对于假新闻的深恶痛绝揭示了一件重要的事情。我们的集体求生本能正在驱动对于恶意谴责故事的制裁。就连最近流行的桌面游戏也开始从不成熟的输赢游戏转向更加复杂的合作式桌面游戏，这种游戏鼓励合作，适合线下场景。

即使事实看起来自相矛盾，故事也可以让我们保持公平一致。通过故事，我们能解决一些日常生活中或者职场上，看似无法调和的冲突，权衡矛盾双方的利益。以一个在贸易中常有的矛盾为例。大多数公司都表示，他们希望实现两个相互矛盾的目标:"顾客就是上帝"和"员工是我们最大的财富"。实际上,这两个目标有时是完全矛盾的。有时,顾客对待店员的态度很差,"顾客总是正确的"的目标就不再有意义。

指导方针和规章制度不能处理相互矛盾的事实,但故事可以。

一个好故事可以使员工看到双方观点,提出调和矛盾和冲突的方法。故事可以将多种观点结合起来,它不是让倾听者在不了解背景的情况下遵守规则,而是鼓励他们根据情况进行创新。规章制度让人产生排斥心理,拒绝参与,自我封闭;可是好的故事能调动积极性,让人富有创意地去解决问题。

前一节里,经理所讲的重组他的工厂的故事,从某种意义上来说,表达了两种截然相反的情感:"这则新闻是让人沮丧的"和"这件事带来的机遇令人振奋"。这两种看似截然不同的反应,其实都是合理的。

单凭理性的方式分析这件事,会让你局限于表达一方面的情感——事情是糟糕的或者机会是不错的。而在故事中,这两方的观点可以兼顾。

真实的生活总是悲喜交集。线性的思考者采取一个单方面的立场时很难产生影响(他们通常只会说:"这事并不糟糕,应该高兴。打起精神来,你们这些懒虫!"),这些话,对于心情糟糕的人来说,只能是雪上加霜。如果你的话,没有顾及甚至伤害了你想影响的人的情感,你所否定的人可能会将你看作敌人。具有鲜明立场的帖子下面的评论区反复证明了这一点。

一些清晰的指导方针和规章制度在对有限资源进行系统化分配时会拒绝向某些人提供关注、选项和便利，这种制度对于遭到拒绝的人和负责拒绝他们的员工都是很不人性化的。例如，在预订机票超额的航班上，每家航空公司都有某种事先确定的系统，通过常客状态、票价类别和其他追求利润最大化的统计量优先安排旅客。分配资源的问题在技术上得到了解决，但航空公司的员工很难用足够的同情心认可乘客讲述的故事，使愤怒的顾客冷静下来。为避免感官和情绪上的后果，他们往往只会重复这些话："很抱歉，但这是规定，我也没有办法。"让员工关注顾客说法的用户故事可以用创造性思想认可顾客的说法，展示同情，维持双方的体面，更好地缓和公司拒绝服务的做法。他们可能会讨论一个故事，这个故事讲的是一个聪明的售票柜台员工的事情。一个男人恐吓说："你知道我是谁吗？"这个员工听到后通过话筒广播："我们这里有一个乘客不知道他自己是谁，如果有人可以帮这名旅客确认他的身份，请到柜台来。"

这个故事告诉员工们，在这种情况下，不妨考虑用一种幽默的方式解决问题，这样既能维持自己的尊严又能解决冲突，保证乘客的利益。在这个故事中，那个愤怒的乘客笑了，他明白了自己的做法是错误的。

这个故事也可能会有一个完全不同的结果——乘客可能会变得更加愤怒。但是他没有。诸如此类的故事，鼓励职员们在出现问题时，可以用幽默化解矛盾，或者仅仅通过倾听认可顾客讲述的故事，而不是明哲保身，无动于衷地冷眼旁观。将线性解决方案应用于非线性局面的规则限制了职员们灵活应变的能力，让人们产生距离，也让职员和乘客产生距离。而故事，却能让他们把想法和感受很好地传达，然后和对方在一个平等的水平上交流。

我们无法制定出一条规定，告诉我们如何在困难局面下做出正确决定。不过，故事可以引导人们理解和改变困难局面的意义。面对无法解决的冲突，故事可以在不对双方做出裁决的情况下邀请双方提出解决当前问题的创造性方案。

在别人的大脑里装一个软件

一般情况下，我们试图说服的对象，很难当即接受我们的建议。我们没有权利要求别人如何做，也不可能预料到，他们回去后将会遇到什么样的局面。那么，如何才能让人们听从我们的建议呢？

故事像你提供给他人的一款思维软件，他们回去以后，再遇到类似的情况，自然就会启动这款软件。

如果你的孩子在过马路时不会看路，给他讲一个小鸡过马路时不会左右看的悲剧故事，那么，孩子下次过马路时，脑袋里自然会播放这个故事，认真地左右看看，然后再过马路。你给人们提供思维软件,一旦安装了,好的故事会使人们参照情节处理新的经历,根据他们塑造的情节的持久感知来引导未来的经历。

一个叫大卫的朋友曾经说过,在过去 30 年的时间里,他爸爸的故事不断地在他的头脑里回放,指引他做出明智的选择。他也给他的销售人员讲了这个故事,以期帮助他们做出更加成功的选择。

他父亲的第一份工作,是在富勒牙刷公司做一名销售人员。说到这里,还是让他来讲吧。他是一个很会讲故事的人。在这个故事里,他会告诉我们,一些离奇古怪的细枝末节是如何充实一个故事的。

我想要分享一个故事,一个我父亲从前总是给我讲的故事。

直到现在,我还能记起父亲讲这个故事时的样子(目光看着远方),他曾经重复过这个故事不下百遍。他总是说:"儿子,你能闭上嘴巴回到汽车后座上去吗?"(停顿了一下)

等等,他还说了别的。嗯,对。他说过,在他挨家挨户地推销商品的时候,他不理解为什么其他销售人员会用"得设法进入顾客的家门"这样的句子,他说这是进入顾客家门的最笨的方式。如果来开门的是一位女性,他不会急着迈进去,而是会后退一步并保持安静。这既表示了尊重,也消除

第 2 章 何谓故事

了女主人的疑虑，这样就为他带来了更好的效果。

她会邀请他进入屋子。被邀请就确立起了一种更为和谐自然的关系，这对于销售来说是很有利的。

我的父亲就是这样的销售人员。即使当他成为一家市值4亿美元的企业的首席执行官，他仍会用他挨家挨户销售时获得的这些技巧。他总会让对方主动邀请他进门，然后他才理所当然地踏入别人的空间。

影响别人，使他们更好地影响更多的人，这是一个大的产业——他们称之为销售培训。大卫是一个出色的销售人员。他的销售团队也是优秀的——业绩可以证明。大卫说他喜欢这个故事的一点是，当他在给"看起来不喜欢我"的人做培训时，讲故事会起到很好的效果。

这个例子证明，故事比政策和制度灵活得多。这个故事既能让亢奋的宣传人员冷静下来，又能让固执己见的销售人员转变原有的风格，变得更加谦恭和内敛。故事不会告诉人们该如何做，但是当人们在做选择时，故事可以有力地影响人们的想法。

大多数政策都会让我忍俊不禁。如果你想代替他人思考——这也是一般政策制定的目的，至少故事敞开了一扇门，邀请听者也参与这一思考的过程。强制性的规则禁止人的参与，而且倾向于让人们不假思考地顺从，或者虚情假意地顺从，这实际上让事情变得更加糟糕。

英格丽德是一位艺术家，在20世纪80年代，她和我一起在一家广告机构工作。她长得很迷人，除了她更瘦而且金色的头发是天生的以外，她看起来就像玛丽莲·梦露。在她上气不接下气地说话时，习惯用她的大眼睛注视着你，并喜欢用舌头舔舔嘴唇。她从不穿内衣，所以，当她在桌子前面俯下身，那完全张开的领口，可以令正在进行会议的人们顿时鸦雀无声。

公司的着装准则上没有规定，"不要让我们的顾客在会议上脸红"——即使说了，我确定英格丽德也会忽略掉的。

规章制度不会对像英格丽德这样的人起作用。清晰的界定，反而会激发他们越发张扬的个性。故事却会让他们服帖。我在此不重复我讲给英格丽德的故事了，但是确实奏效。从那时起，英格丽德参加会议时所穿的衣服，即使不够端庄但也会盖住不该暴露的地方。

我无法告诉英格丽德该如何想，但是我可以给她讲一个故事，让她明白，这样我至少影响了她早上选择衣服时的决定。想要让你的意愿在今后合适的时候，按照你的说法，在听者的头脑里回放，故事是最隐蔽舒服的方式。

当然，无法保证所有的事情都会按照我们的预想进行。但是出卖倾听者的强迫性故事最终会让讲述者自食其果。故事，在多数时候，比起告诉人们"事情就应该这样做"有用得多。故事，就像你在一个人的心里安装的计算机软件一样，它可以根据自己的输入，选择如何运行这软件。好的故事会一次又一次地发挥作用，并可以带来很好的结果，既符合你的目标，又符合你想影响的人（不在你面前时）的目标。

换位思考，换个角度讲故事

当故事以某个独特视角得到讲述时，这说明还有其他视角。聆听一个故事，就是短暂地间接与描述者分享他的视角。同一个故事，如果视角不同，意思也会完全不同。

以《三只小猪》的故事为例，无论是让建造稻草房子的猪、建造木头房子的猪还是建造石头房子的猪，又或者是狼来讲，都是一个不同的故事（道格·李普曼在他的书《增强你讲故事的能力》里指出了这一点）。

理论上说，如果你从建造稻草房子的猪的角度，给狼讲了一个足够好的故事，狼可能会理解这只猪是怎么想的，知道从这间稻草盖的房子里能看到什么。如果这个故事并不比填饱肚子更有价值，无论如何，狼还是会"吹倒它的房子"。如果故事比填饱肚子更有价值——比如说这只猪的妈妈和狼的妈妈是一起在博伊西长大的（我扯得有点远，是吧），狼就可能会被影响到，让住在稻草屋里的小猪多活上一段时间。叙述的过程，其实是叙述者和倾听者选择并交流一个特定观点的过程。当你想让人们去"看"他们看不到的东西，一个故事就可以将他们从一个视角带到另一个视角。开阔听众的视野，给他们一个新的看问题的角度，就可以改变他们的想法。

一个财务经理可能只会看到，由于回访客户增多，相关费用水涨船高。对于一个销售经理来说，一个好的故事可以拓宽财务经理的视野，从而让他赞成这些花费。一旦财务经理"看到"一次回访挽救了大量的订单——嗯，这就带来了不一样的效果，不是吗？用不同的视角看问题，会引起截然不同的行动。故事就是这样，让别人穿上你的鞋子出门走一遭，可能会起到出人意料的效果（反之亦然）。

人们没有意识到决定其行为的许多故事。如果你问他为何要做某事，他们会给你一个好的理由，一个听起来很理性的理由，却与真正的原因毫无关系。原因在于，人们通常没有意识到自己在做决定，更不要说做决定的原因了。

我们之所以那么做，原因很简单，我们从来都是这么做的。或许很久以前，有人告诉过我们要这么做，也可能是我们的文化认为这么做是"正确"的，长此以往，我们便跟着感觉走了。一旦养成了习惯，很少再回头反思。一个好的故事，可以让你带领倾听者审视无意识的选择，检验那些未经检验的思考。

道格·李普曼经常讲的一个哈西德派的故事，是我最喜欢的故事之一。故事讲述了一个虔诚的犹太人，他对于自己拥有的财富怀有感激之心，每当有经过他所在的村庄的旅客，他都会邀请其到家中做客。他让旅人在他的桌子上吃饭，在他的房间里睡觉。他甚至派一个人守在村口，不等旅人开口，就带回家来。在一个安息日（在这个日子里旅行是违反犹太人的法律的），一个旅人敲了他的门。当时，他和家人正准备坐下来享用安息日餐。作为一个虔诚的犹太教教徒，他竟然为那个冒失的旅人打开了门，这让他的妻儿感到震惊。更匪夷所思的是，他还邀请那个陌生人共进晚餐。这人吃完了自己的那一份，还不断给自己添饭，这家的女主人和孩子们都面色凝重。更过分的是，这个粗鲁的旅人公然嘲笑男主人"愚蠢"，旁若无人地大讲特讲，还当着大家的面打嗝。当这个粗鲁的旅行者终于准备离开时，男主人礼貌地将其送到门口，说："祝你的旅途超过你的想象。"然后挥手告别。当门关上的那一刻，家里顿时炸开了锅，孩子们急切地想知道，为什么他们的父亲会允许这个粗鲁、不敬神的人来辜负他们的招待。他们智慧的父亲是这样回答的："能被听进去的批评是一定会被传达的，但听不进去的批评，在上帝面前是不会被传达的。"

人们常常轻易进行批判，不管对方能否接受，最终还无法理解沟通的失败。他们不仅浪费了自己的时间和精力，还牺牲了在未来影响别人的机会。如果你曾经匆忙地发表了一个不会被接受的批评，且未来也不可能被接受，这个故事就会给你带来启发。

这个故事可以给你一个新的视角，在下一次你有批评的冲动时，你就可以同时站在两个角度考虑。一个是想"让他们立刻明白道理"的你；另一个是记住了这个故事的你，你会在心里询问自己："现在是提出批评的时候吗？"

一个故事给你的听众增加了一个新的角度，帮助他们在面对新问题时可以多一种选择。既然选择是无意识的，一个故事可以提供一个新鲜的、更客观和明智的选择，一般来说，自我意识就足以改变行为了。

例如，如果你有纠正你配偶的语法错误的习惯，这可能是因为你那当英语教授的父亲在你小时候就爱纠正你的语法错误，它已经成了你无意识的选择。在你看来，有语法错误，当然就要纠正。然而，如果你的配偶对你说，她在上三年级的时候，老师在全班同学面前纠正她的语法错误，让她出丑，让她感到自己愚蠢无比。听了她的故事，你就能换个视角，从她的角度来看你的行为。

如果她简单地要求你"停止批判"，就不会让你明白为什么不要批判。这个故事让你"看到另外一个视角"，这个视角会掩盖"必须纠正语法错误"的故事，而代之以"老婆，我爱你"的故事。

第3章　答案授人以鱼，故事授人以渔

事实就像一个口袋，空空的口袋是立不住的；若要立住，必先装入产生事实的缘由和情感。

——路伊吉·皮兰德娄

纳斯鲁丁，博学多识，大智若愚。一次，村里的老人请他去清真寺讲经三周。纳斯鲁丁向来谨慎，这次却大意了，忘记准备布道词。

第一周，讲经的早上，在清真寺的门口，他长吁了一口气，准备开讲。忽然，他对着人群问："我亲爱的同胞，你们有谁知道我要讲什么吗？"人们低着头，说："我们都是没有见识的乡下人，并不知道您要讲什么。"纳斯鲁丁猛地把袍袖甩到另一边的肩膀上，说："既然如此，我说什么也没有用了。"说完，扬长而去。

纳斯鲁丁的行为吊起了人们的胃口，人们更期待他下次的讲经了。

第二周，得到纳斯鲁丁要来讲经的消息，来听讲的人更多了。这一次，纳斯鲁丁依然没有准备好布道词。只见他三步并作两步跨到众人前面，问人们："我亲爱的同胞，你们有谁知道我要讲什么吗？"

这一次，人们吸取教训，说："知道！我们知道您要讲什么！"纳斯鲁丁一甩衣袖，说："既然如此，我就没有什么好说的了。"然后，又扬长而去。

第三周，纳斯鲁丁依然没做准备，不过他已经成竹在胸，问："我亲爱的人们，你们当中谁知道我今天要讲什么？"人们早已想好了对策。一半的人说："我们都是没有见识的乡下人，不知道您要讲什么！"另一半人站起来说："我们知道！我们知道您要讲什么！"

纳斯鲁丁稍停片刻，说："那么，知道的人就讲给不知道的人听吧，你们并不需要我！"

说完，甩了甩袖子，离开了清真寺。

苏菲教导故事

知识可以转化为智慧，事实亦可转化为故事。当你试图影响人们做明智的决定，而不是"准确"的决定时，人们将会出现微妙却强有力的转变。当你决定唤醒沉睡的共同智慧，而不是证明你是房间里最聪明的人时，你们将创建共赢的局面。倘若你在演讲会场发现了某种智慧，就把智慧放飞，让它在听众的心头飞扬。没错，会场里就有智慧，一个人或者一个团体，可以通过多种渠道获得智慧。

　　生活中，每天都从四面八方涌来大量的信息，人们不可能全面地消化这些信息。因此，人们需要的不是更多的信息，而是获取智慧的方法。我们常常认为，之所以做出错误的决定，是因为没有掌握足够的事实根据。其实不然，我们只是没有理解事实，或者没有给予某些事实足够的重视。为什么会这样呢？究其根源，是诸如焦虑、贪婪、埋怨、冷漠或者恐惧等人类的负面情感占据了大脑，引导人们往"阻力最小"的道路上去，致使人们做出"安全"或者"于己最有利"的选择。因此，更多的事实无助于帮助人们获取新知,只有故事可以做到这一点。故事可以帮助人们理解他们所做选择的长期意义。

好故事帮助人们理解事实的意义。事实只有具备了意义,才能产生影响力。

故事创建了一个平台,事实借由这个平台进入听众的头脑,头脑再给事实开辟出一个存储空间。倘若你所讲述的是一个老故事,听众便会在头脑中搜索那个早已存在的存储空间,把新的事实装入老故事。人们早已具备足够多的故事,面对新的事实时,总会给自己讲个故事,从而赋予事实以意义。无论你试图传递什么信息,人们都会本能地搜索头脑中的存储空间,找到适合自己的故事。最终搜寻到的故事,往往最能解释他们现在的所作所为或者不作为,而这些行为正是你所期待的改变。

假如,人们头脑里固有的故事认定"咨询师都是贪得无厌的""IT从业者都是呆子""穷人就是不愿工作",这时如果你想传达相反的事实——咨询师并不贪婪、IT从业者也能善解人意、有个穷人迫切希望工作,一个老故事帮不了你,哪怕你使尽浑身解数,最终也会收效甚微,人们通常会歪曲你的事实,使之符合自己头脑中的故事。只有当你讲了一个新故事后,人们才能真正接受你所陈述的事实。如果你奢望事实自己说话,十有八九你会失望。

我认识一个人,他心中的故事是这样的——生活艰难,处处皆苦,好人难做,做好人是一件痛苦的事。

这个人是我一个朋友的父亲。有一年复活节，我和朋友们围坐桌边，我讲了一个叫作"天国是一个大派对"的故事，这是我最喜欢的故事，是从艾迪·史蒂文德那里听来的。这个故事有点儿搞笑，说，人们在进入天堂之前需要排队等候，就像在曼哈顿的Studio54俱乐部门口排队一样。圣徒彼得站在天堂的门口，你必须向他证明自己不是一个乏味的、让人扫兴的人，才能进入天堂，而且天堂里有一个10米高的大屏幕，大屏幕里回顾着你一生的经历，供所有人观赏。在这个故事里，无趣的人是不能进入天堂的，因为上帝只欢迎那些懂得享受生命礼物的人，而不是只会唉声叹气的人。

这个故事冒犯了朋友的父亲。他立马站起来，斥道："天国可不是什么派对！"我问他："那天国是什么样的？"他含糊不清地嘟囔了几句。朋友赶紧过来岔开话题，问我是否可以去把咖啡拿来。

这个故事的反响出乎意料。它直击某人的内心，考问生活的真谛。倘若我没有讲故事，只是一味地强调"我认识很多快乐的好人"，我相信，朋友的父亲绝不会有如此大的反应。他甚至会对我的话充耳不闻，或者嗤之以鼻。这样一来，我们或许会度过一个和谐却无聊的复活节。而天堂的故事，无疑会震撼他的内心，迫使他重新评估自己的人生观。当某人最重要的故事遭遇挑战,他通常会愤怒反击,这是人的防御本能使然。

我们深知自己的缺点和不足,本能地"为自己的缺点而战"。当你讲了一个阳光励志的故事,便会刺激到那些悲观、消极的人,甚至会让他们愤怒。当你的故事挑战了某人的重要价值观,你就要学会理解愤怒。当你的故事倡导勇气、奋斗,号召人们摒弃不良习惯,通常也会激发对方的防御心理(这一点我们留在第7章详细讲述)。

那个复活节过后6个月,朋友的父亲便因心脏病发作而去世了。他的一生都没有摆脱一个故事的影响,在那个故事里,快乐是毫无意义的,更有甚者,快乐是麻烦,是罪过,根本就不是好东西。为了给自己的悲观主义寻找佐证,他的一生都在收集那些负面的事例。

没有好故事,宁可不说话

人们常常会根据自己的人生经历解读事实的意义。譬如,在认为生活的本质是痛苦的人眼里,快乐是虚幻的,是不合时宜的。

再如,有个老资格推销员,他心中的故事是,要想拿到订单,你就必须捏造和操纵。与之相反,一个年轻的推销员信奉"诚实促使成交"。年轻的业务员取得了卓越的业绩,而在老推销员眼里,这个年轻人只是"运气好"而已。

还有人认为，如今再谈环境保护为时已晚，如何倡导回收废料再利用也于事无补了，不如索性不要保护环境。（实际上，在我写下这句话之后的 20 年间，似乎有更多的人相信，碳排放是安全的，关于天气变化和热带雨林消失的事实也是虚假宣传。）对于这些人，再多的事实也不足以改变他们心中的故事——尤其是某些群体已经学会如何故意用存在矛盾的故事"制造"不确定性。作为有影响力的人，你的目标是讲述智慧故事（不是制造出来的真相），将他们的故事融入更大的、有意义的故事框架中。

事实是客观的，但人们并非依据事实本身做决定，而是往往根据自己对事实的主观诠释进行抉择。而对事实的主观诠释，又取决于其头脑中固有的故事。头脑中固有的故事是如此牢不可破，哪怕事实与故事相违，人们也会通过歪曲事实而使之符合故事。因此，简单地罗列事实并不足以影响别人。人们需要的是新的故事，而不是更多的事实数据。

倘若寄希望于通过列举事实影响他人，结果必然劳而无功。不如先讲个故事，再把事实加入，即先让事实具备意义，再分享给他人，而非任由听众用他们心中固有的故事歪曲事实。如果你搞错了顺序，先列举了事实，听众便会自行用他们心中的故事解释这些事实，这样一来就难免歪曲你的事实，你若再想通过这些事实影响他们，就非常困难了。

切记，顺序非常重要。如果没有好的故事，宁可先把事实留着，等到你确信找到了最恰当的解释时，再把事实抛出来。

人们总是坚持理性，这本身就是不理性的

事实的卫道士们不会喜欢这一节，在他们眼里，"事实就是事实"。他们相信的故事将使用道德和理性权衡的人看作天真、优柔寡断或者过度情绪化的人。善于用故事讲道理的人则深信，人是非理性的，他会对他所掌握的关于故事、情绪和视角的知识加以利用。他知道，我们的选择主要是由情感驱动的。因此，讲故事的人在抛出事实数据之前，会根据实际情况寻找能影响人们感受的故事。而最近的一项研究显示，情感因素可以引导人脑，干扰人的思维，乃至决定我们对客观事实的解释。

即便是以理性、客观自诩的人，他们的头脑中也固有一个"我很理性"的故事，这个故事会引导他们解释事实。凡是涉及道德情感之类的事情，他们本能地予以贬斥，认为其与事实无关。然而，这些人以百分之百的理性做出的决定，往往冷酷无情，甚至给他人带来灾难般的后果。受到他们伤害的人们，难免给出负面的情绪反应，如情绪失控、消极抵抗等，他们认为这些反应佐证了自己的故事，放言"如果人人都如我一般，理性，客观，那么事情就会简单得多"。

事实上，人们从来都不是理性的，将来也不会是理性的。这个事实，会从他们那看起来完美的故事中展现出来。

越来越多的科学研究证明，情感是人们做决策的决定性因素，而非理性和逻辑。譬如，人们喜欢一件艺术品，原因就在于

他们认同的某个人喜欢这一作品。他们喜欢一个人的作品，往往是因为经常看这个人的作品，或许他们与这个人从未谋面，感觉上却神交已久。他们会从 10 件相同的作品中挑出 1 件，并故作理性地给出选择理由，实际上这 10 件作品根本就毫无差别。调查显示，每一次凭感觉做出选择之后，人们往往愿意编造出看似理性的理由，自欺欺人。人们总是坚持自己是理性的，这本身就是不理性的。

事实必须依托于故事。假设人的大脑像一个倾斜的沙盘，如果你只是简单地罗列事实，就像随手往沙盘里丢一颗颗碎石。听众将来的思想就像一杯水，这杯水倾倒在沙盘上随意流淌，可能会错过那些被碎石砸出的沙坑，即听众可能会忽略你所罗列的某些事实。

倘若你讲了一个故事，这个故事就像一根小木棒，在沙盘上划出一道沟渠，将每一块碎石都串了起来。当水倒进沙盘时，便会顺着沟渠，流经每一块碎石。（这个比喻出自《我是对的，你是错的》，作者爱德华·德·波诺。）

在人的头脑中，以情感为线索串起一系列的事实，这便是故事；听众沿着这个线索，形成了自己未来的思想，这就是你影响别人思想的过程。

一位日本商人，在一份备忘录里这样告诫美国女性合作伙伴："若来日本公干，不要穿红色、紧身，或者短款的上衣；不要穿颜色鲜艳或者图案醒目的针织衫；不要化浓妆，喷香水；不要佩戴长耳坠,也不要穿鞋跟超过两寸的高跟鞋。"这番言辞激怒了那位女性合作伙伴,她的心中固有一个美国版的故事,这个故事告诉她,日本商人的这种告诫意味着不尊重。

这位日本商人的好意就这样被曲解了,其实,他完全可以先讲个故事。比如,一位美国女士第一次来到日本公司的办公室,她穿着红色的衣服,佩戴着长长的耳环,引得许多日本男士纷纷过来搭讪。她的这副装扮在美国是最正常不过的了,但是在日本却意味着轻佻、诱惑。可以想象,这位女士是多么尴尬了。

倘若日本商人先讲了这个故事,然后再交代诸多注意事项,那位女士就不会感觉受到挑衅,反而会认为日本商人考虑周到、热情好客。

如果你没有先讲个故事,没有有意识地引导他们,你的用意往往会被曲解。接下来,我将列举10种状况,面对这10种状况,你很难进行有效沟通,或者不能有效地利用事实交流,而讲故事则能圆满地解决问题。

故事胜于事实的10种状况

诚然,你可以对家人、朋友、顾客、上级、小贩、团队讲故事,甚至可以对你遇到的每个人都讲一个故事。根据我之前做培训的经验,困扰你的首要问题就是,生活节奏那么快,哪有时间讲故事?这是一个误区!故事并不意味着多说废话,它可以很短,甚至短到只有一句话。

你每天都会遇到无数的情境,你并不能预测哪种情境能帮你赢得影响力,而讲故事会增加你获得影响力的概率。下面列举的例子,或可打开你的脑洞,帮助你找到扩大你的影响力的好故事。

○ 从平面到立体

其实他们并不了解你。如果你在他们眼里是平面的,说明他们认为你呆板、平庸,没有有趣的经历,不值得关注。若要让人们更加重视你说的话,你就要用一个故事弥补自己的苍白平淡,在人们的脑海里留下一个立体的形象。

说到工程技术人员,给人留下的通常都是刻板的印象。有这么一位科学家,我目睹了他从平面到立体的转变。他成功塑造了一个有点幻想、颇具热情,又带点科学家气质的形象,这个立体的形象一下子就抓住了听众的注意力。

作为一个农业系的教授,他夹着厚厚一摞幻灯片举办讲座,听众只能预想这是个非常枯燥的讲座,充斥着乏味的数据和事实。为了活跃气氛,开讲之前,他讲了个故事。

一次,有朋友问我,你怎么成了一个研究杂草的科学家?我回答,这是我从小就有的梦想。小时候,我生活在一个小农场。入学之前,每天早上都和妹妹一起随着父亲去田间拔草,一拔就是一两个小时。我恨死了这个活儿,总是找各种借口开溜。比如,我总说自己口渴,然后晃晃悠悠地走回家,倒上一杯水,再慢腾腾地喝完,再起身慢慢往回挪。

有一次,我找个借口跑回家,实在不想再回去了。当时我六七岁,就像个老鼠一样钻到床底,躲着。后来,我听到爸爸在喊我,接着妈妈也喊起来,最后还听到了邻居的声音。我听到他们在厨房说话,而我只能躲在床底,大气都不敢出。到了11点钟左右,我饿得受不了了,房间里也没有声音,大概他们都出去找我了吧。于是,我便偷偷溜进厨房,拿了一个苹果。我转过头,差点吓死,我看见邻居正坐在桌边。我顿时愣在那儿了。邻居问:"孩子,你跑到哪里去了?"我愣了片刻,决定实话实说:"就待在床底下。"邻居听了开怀大笑。

大人们被陆续叫了回来。父亲看到我坐在邻居的腿上,悠闲地在房门前的阳台上晒太阳,气不打一处来,准备狠狠教训我一顿。邻居拦住了他,不让任何人动我一下。

许多年过去了,直到今天,我还记得当时坐在他腿上的情景。当时,他还给了我一枚硬币,价值2角5分。从那之后,我就开始想办法对付讨厌的杂草了。

这个短短几分钟的小故事,给听众描绘了一幅有声有色的画面,通过这个故事,人们看到了一个有血有肉的鲜活生动的人,而不仅是一个夹着一摞幻灯片的科学家。现在，他看起来有趣多了，听众都津津有味地等着他接着往下讲呢。

一个亲身经历的故事，可以让你以及你所要讲的道理，变得更加立体、更加生动有趣。

试想，帮共事了10多年的工程师中，若有一个人率先向大家讲述自己私生活中的一件事，他的同事们会多么感兴趣啊。当时，这个团队的工作陷入了僵局，迟迟不能统一意见，也不能明确各自的责任和分工。一位名叫斯科特的工程师，脑海中突然划过了一个故事：

> 当我年幼时，我们家并不富裕，不过我的母亲有十三个兄弟姐妹，我的父亲也有五六个兄妹，他们合力在山间建造了一座木屋，这座木屋可以用来度假。每逢假期，我们全家常去这座木屋度假。建造木屋是件辛苦活，人们总是争论不休，不过其间也不乏乐趣，大家最终还是拧成一股绳，同心协力完成了工作。建造木屋的过程告诉我，我们可以争论，但是最后我们要解决问题。

同事们听完了这个故事，第一个反应就是，十三个兄弟姐妹?！他们对斯科特刮目相看，脑海里出现了一大群姨妈、舅舅，还有许许多多的表兄弟姐妹。有人站出来说："你应该深谙团队合作之道，毕竟你从小就生活在一个大家庭里。"

这个故事让大家考虑问题多了一个维度，从平面扩展到了立体，团队工作并非仅有分工和职责，或者项目管理软件，还应该有其他的东西。此外，这个故事还改变了斯科特作为一个工程师的形象。有同事这样对斯科特说："谢谢你讲了这个故事，现在我更了解你了。"

○ 警惕空头陷阱

每个人都有自尊，当你试图影响他人时，要注意维护他人的尊严。否则，他们很可能回赠你一个空头陷阱的问题，让你下不来台。如果你回答不好，你便中了他的计了。

空头陷阱并不新鲜，墨守成规的法利赛人就用这一招对付过耶稣，但是耶稣用一个故事轻松化解了。当时，法利赛人问耶稣，那些在安息日工作的人值不值得被救治，这就是一个空头陷阱问题。耶稣没有正面回答，转而讲了一个故事，一个牧羊人发现一只羊坠落井中，他未做任何考虑，立即下去把它救了出来。这个故事蕴含深刻的道理，让人无从反驳。

所谓空头陷阱，通常是一个被刻意简化的、模棱两可的问题，让人左右为难，陷入困境。当你试图影响别人时，你几乎必然会遇到空头陷阱问题。

例如，我倡导开诚布公，因为讲真话能提高团队的工作效率。这时，便有人将了我一军："这样说来，我们就应该一直讲真话了？"我无法简单地回答"是"或者"不是"，答"是"就显得我很幼稚，答"不是"则说明我认可撒谎这一行为。如何用一个故事代为作答？故事一方面避免了过分简化，另一方面也让应答变得机智而巧妙。

我讲了这样一个故事。

当我在广告公司工作时，我们需要做很多演示和讲座。每一次做讲座都要小心翼翼，一旦搞砸了就会损失大量的金钱。有一位新上任的经理，名字叫安德鲁，他即将发表一次重要的演说，这对他来说还是头一回，他并不是我们之中最好的，而且准备欠佳。临上台之际，他转头问我，他是不是能行。此时，如果我诚实回答，我会说："不行，我觉得你不行。"我当然不会说这么不合时宜的话，我只能对他微笑着说："当然，你很棒！"

通过这个故事，我让人们认识到，问题的答案从来都不是那么简单的。讲真话通常是承认矛盾，接纳多种观点，而不是选择一边。应对复杂的问题，故事可以游刃有余地解决。当问题似是而非、模棱两可时，故事可以帮你解围，而且你的答案也不会模糊不清。

其实，为你设置空头陷阱的人，并不是真想从你口中得到什么好的答案。他们只是想看你出糗，控制住你而已。如果你发现自己已经掉入陷阱，唯一能救你的只有故事。故事不仅可以让你不伤害别人的自尊，还能帮你回到自己的主题上来。

○ 超越隧道视觉

摄影师伯克·巴克斯特是我一个朋友的父亲。他曾对我说，摄影师可以通过构图，让你看到从前没有注意到的东西，或发现独特的观察角度。当你试图影响他人时，你就是在引导他们去看他们从未看过的世界，给他们整个森林，而非一棵树；就是在引导他们看墙外的世界，或者引导他们用不同的视角观察熟悉的事物——你和摄影师是一样的。

伯克·巴克斯特还说："我的目标是让作品表现出更广阔的'极端事实'，迫使人们聚精会神地关注，甚至会看到眼睛疼。"同理，故事也要能描绘出一种极端现实（如第1章讲到的烧钢琴的故事），以强大的震撼力把人们从狭窄的隧道视觉里"震"出来。

所谓隧道视觉，其实是一种否定。在情绪驱动下，事实在这种否定中无立锥之地。譬如，制造业的人不愿接触市场，化学公司的管理人员不愿听取环境保护者的意见，你的孩子也不愿听你唠叨交通安全。人们只愿看到自己想看到的事情，这是人性使然。面对这种现实，即便你讲事实讲上整整一天，恐怕也是收效甚微。你应该讲述一个生动的故事，开拓人们的视野，促使其跳出隧道，跨越地平线。你需要先动之以情，再晓之以理，才能把他们从隧道视觉中拖出来。

市场部门的主管可以和制造业的人讲讲"灾难故事"，例如一次宛如噩梦的送货经历、一次艰难拉锯的谈判等；环保主义者可以和化学公司的管理人员讲一个孩子的故事，这个孩子和管理人员的子女年龄相仿，长大后只能面对备受污染的环境；为人父母者可以给孩子讲，一位14岁的花季少女因车祸失去了双腿，余生只能坐在轮椅上，或者她高中时期爱慕的那个男孩不幸死于车祸。无论你讲什么故事，切忌编造，只有真实才能赢得人们的认同。光讲事实起不到这种效果，只有讲故事才能做到。

有一个朋友，给两个儿子讲了自己童年时的一个故事，这个荒唐的故事起源于一个糟糕的主意。孩提时代的她，着迷于父亲的轿车，9岁时的一天，她爬进了轿车的驾驶室，开着车慌里慌张地撞进了祖父的仓库。这个故事滑稽、可笑，又不乏悬念。两个孩子通过这个故事，看到了一个更加宽广的现实世界，这个世界既有孩童对快乐的向往，也有对后果的反思。

作为一个母亲，她没有直接教孩子注意安全，而是用故事启发他们思考，寓教于乐，使孩子们在做某件事之前能先考虑到后果。

如果你期待自己能影响别人走出自己的小世界，去见识他们身处的现实之外的现实，那就用故事带他们上路吧，让他们在更宽广的世界中徜徉，最终把这大世界变成他们心中真实的世界。

○ 什么都说了，又似乎什么都没说

有时，你如鲠在喉不吐不快，却又担心说出来太鲁莽。你可能会选择先说说看，如果对方不介意，就接着说下去；如果对方反应很大，那就停下来向人家道歉。有时候，你知道了一个秘密，想找个人分享，但是秘密不好直接讲出来。你可以讲个故事，隐晦地把自己想表达的意思表达出来，不用把事实说出来，却把真实的意思说出来了。

如今，公司内部的运作并非是非分明，大多数事情处于灰色状态。一个经理，如果过分直率诚实，他或许会对自己的职责感到困扰，搞不清自己的行为对公司是否忠诚。公司内部早已不是等级分明了，权力级别有时也相互矛盾，这和从前大不一样。在如此混沌的环境中，讲故事正好派上用场。用故事说话，用不着直来直去，当与道德观念发生冲突的时候，你尽可以退回安全的灰色区域。

有位跨国电信公司的经理，发现自己在亚洲市场的工作被美国本部的规章制度束缚了手脚。他的上司只能对他表示同情，对本部的规章制度却无能为力。要想和亚洲客户搭建良好的合作关系，他必须适当地款待客户。而本部的规章制度中有一条对支出的限制比较严格，严重制约了他对亚洲客户的招待。

这位经理在前往亚洲之前，给上级讲了一个其他公司某个员工的故事：这个人在拿到订单之后，再把招待客户的账单报销，从而巧妙地绕过了美国本部的规章制度。上级听后说"这个人还挺聪明的"，言外之意就是，如果拿到了订单，即便违反了公司的规章，也是可以原谅的。

另有一个部门经理，通过内部消息得知一位女同事有可能被开除，因为她和另一位同事关系暧昧。这位经理无法将消息直接传达给这位同事，因为涉及公司机密，会连累自己的上级。思虑再三，他决定给这位同事讲个故事，故事的主角是某个公司的某一个人，那个人和同事关系暧昧，把事情弄得一团糟。

他耐心地解释说，那个人在同事中信誉尽失，他的事早已尽人皆知，他自己却一再矢口否认，人们或可理解他撒谎，却在无形中对他言论的真实性打了个折扣，人们把对他的怀疑带到了日常工作中，势必给他造成更大的麻烦。最后，这个部门经理给出自己的解决方法，希望那个人能尽快诚实地面对问题，把握时机，尽早处理好这件事。

故事讲完了，讲故事的和听故事的好像什么都没说，也没有相互指责，彼此却都心知肚明。后来，那位女同事主动找到了老板，坦白了自己的问题。

生活中的事，鲜有黑白分明的答案。当事关道德，讲个故事，让自己置身灰色区域，不啻为一个好的选择。

○ 不要再来问我！

作为下属，难免对领导产生依赖感。如果你是领导，你会发现，即便是可以自行得到正确答案的聪明下属，也会习惯于向你求取答案。你若径直告知答案（事实），就是默认了他们的依赖；你若置之不理，一些下属就能做出荒唐的决定。此时，不妨给下属讲个故事，引导他们自己寻找解决方案。

与我曾有业务往来的一位首席执行官,对他办公室的"转轴门"深恶痛绝,因为不断有人进来找他,问他这个怎么办,那个怎么办。他不胜其烦,试图让下属们明白自己的问题要自己解决。他说,如果没有可行性方案,就不要来烦我。然而,还是不断有人来请他协调部门之间的问题,并振振有词地说,若无领导支持,工作根本无法继续。有一段时间,他觉得不如直接批示来得方便,可时间长了,他意识到这只会滋长下属对他的依赖。若想让公司的10亿利润在5年内翻倍(他成功了),他就必须培养下属自己解决问题的能力。

一天,产品部和市场部的经理请求开会,这两个人正为客服部门归谁管辖而争执不下。这个问题由来已久,因为客服部接到的反馈信息对产品部和市场部都非常重要。首席执行官对此心知肚明,这一次,他准备讲一个楼房着火的故事。

  一幢大楼着火了,困了很多人。有三条路可以逃生,两侧各有一条,还有一条在大楼的后面。

  消防员赶来救火,发现只能救援楼前面的人,对楼后面的人则鞭长莫及。困在楼前面的人看到消防员奋不顾身地救援自己,而困在楼后面的人却几乎没有看到消防员的身影,只听到一两个消防员的喊话,还听不清喊话的内容。幸运的是,最终所有被困人员都安然脱身。

  事后,人们议论起消防员的做法,困在楼后的人义愤填膺，说消防队根本毫无作为，上至领队下至队员统统该解雇；困在楼前的人听了大惊失色，质问道："你们简直丧心病狂！他们冒着生命危险救我们，他们是英雄！"

说到这里，首席执行官转头问两位经理："这两拨人，谁说的话是对的？"两位经理异口同声地回答："都对。"

"没错，"首席执行官说，"你们俩的要求都有道理，但是你们也只看到了硬币的一面。无论我怎么调解你们的纠纷，都无法帮助你们看到硬币的另一面。我或许可以简单地表态，你们一个片面地认为自己'赢了'，另一个则认为自己'输了'。我希望你们两个探讨这个问题，帮助彼此看到'楼的另一面'，共同商量，做出决定，这样才会令双方都满意。如果每次遇到问题都求助于我，你们就失去了深入了解对方的机会。当然，对你们而言，由我拍板，自然最为便捷。然而，如果你们能坐在一起，齐心协力突破僵局，通过这个水火不容的问题，你们会了解到对方的意见其实不乏道理。再遇到问题，你们便懂得通过协商来解决，这样就能学到新的东西，你们对公司也就更有价值了。"

这位首席执行官给下属讲了个故事，引导他们解决问题，而不是直接给出一个答案。若想影响他人，必先让他人独立决策。随着你的影响力越来越大，你的职位自然越升越高，与下属的距离也越来越远，想让他们按照你设计的路线走下去，你就必须让他们记住你讲过的故事。如果你从未讲过有意义的故事，下属便无法得到长期的指示，久而久之，就自行寻找道路前行。反之，如果你像上述首席执行官一样，给下属讲一个精彩的故事，听过这个故事的人便能振作精神，永远按照你的指示前行。

答案授人以鱼，故事则授人以渔。

○ 演示

众所周知，演示产品可促进销量。譬如，吸尘器和电话设备的推销员总是不断地演示产品，他们深知其中关键，再好的促销方法都不如演示来得直观生动。然而，你所推销的不是实物，乃是一种理念，无法演示，怎么办？无妨，讲个故事，许多情况下，故事就能起到演示的效果。

简是我的健身教练，深知故事三昧。她推销的产品是"健身"，这东西看不见摸不着，一般人也不喜欢。有太多的事实可以告诉人们健身的重要性，然而这并没有什么用，如果有用，健身房早就人满为患了。这个事实再次说明，人们往往是不理性的。如何推销"健身"？简做出了表率，讲了一个具有"演示"效果的故事。我们常能看到这样的广告，一些消费者在使用某种减肥产品之前和之后的照片对比，在之后的照片上，消费者总是身材苗条、笑容满面，推销着一个动人的故事。这其实就是有演示效果的故事，它激发人们想象照片之外的故事。乐观者会想象："她看起来真高兴，没准又交了个男朋友。"悲观者会想象："没用的，体重还会反弹回来，没准比以前还胖。"

我们总是担心固有的故事会影响人们接受新故事（第7章会重点讲到这一点），这完全多虑了，人们不会这么极端，他们通常还是想听听关于新事物的好处的故事。

简的故事是关于一个接受康复训练的人。

汤姆从事制造业，有4个子女。现在他退休了，正处于和妻子享受美好退休生活的时光。天有不测风云，汤姆中风了，右半身瘫痪，丧失了说话能力。

简是专业人士，可以帮汤姆恢复身体机能，却不知如何应对他无法说话的痛苦。简只能专注于身体方面的训练，确保自己发出的指令是清晰明确的。但是汤姆另有想法，他开始给简出难题。

一次，简要求汤姆在健身房来回走动，汤姆不听，转着圈儿走，还让简也跟着自己转圈。简无可奈何之际，发现他正在偷笑，才意识到自己被耍了。还有一次，汤姆在做捏球训练时，手里的球不停地掉下来，每当简弯腰捡球的时候，他都冲着身旁的人窃笑。

这些事一度让简感到困扰，然而时间长了，她却开始期待周二和周四了，因为那两天汤姆会来。简还注意到，汤姆的康复速度比其他的病人快两倍。

这个故事说明了什么？你瞧，这就是故事的奇妙之处，它说明了很多事情，每个人都能找到自己能够接受的启发。以我为例，我看到一项枯燥的康复训练演变成了一个游戏，这对康复大有助益。那么，作为教练、康复师或者一个领导者，你会将调皮的行为视作麻烦，还是视作快乐和活力的源泉呢？

别的演示活动更为直观。假如你是某款软件的推销员，你可以讲讲客户的故事，别忘了故事发生的具体日期和逸事，这将帮助听者自己看到这款软件如何帮助前人解决问题，从而相信它也能帮助自己解决问题。反之，如果你只是一再强调产品功能强大、见效快，就很难打动人心。

一个软件推销员经常讲一个关于詹姆斯的故事。

詹姆斯是一位技术支持人员，在他安装新软件之前，他的工作颇不顺遂，有些客户总是给他出难题，让他难以应对。他把这些客户称为"恐怖分子"，每当"恐怖分子"打来电话，他都听而不闻，干脆回避。久而久之，他与这些客户之间的关系日益疏远。

在詹姆斯的内心深处，这些客户就是来找碴儿的，无论安装什么样的软件，都无法缓和他与"恐怖分子"之间的关系。因为"恐怖分子"又蠢又顽固，根本不懂得妥协。虽然诸般抵触，詹姆斯最终还是决定安装这款新软件试试。令人惊喜的转折出现了，安装新软件6个月后，詹姆斯竟然收到了一些小礼物，如一瓶威士忌、几块糖果等，这些都是用来表示感谢的礼物,而且都是那些"恐怖分子"送的!

推销员用这个故事,成功地演示了产品。那些做技术支持的客户势必会想,如果安装这套软件,也能帮助自己维护客户关系。可见,只要你的产品确实能帮助客户解决问题,你就一定会找到许多好故事,你需要做的就是用心去发现它们。

○ 如何委婉地告诉上级,他错了

有时候,当上司(老板、捐助者或者部门领导)还沉浸在"形势一片大好"的幻觉中,而你警觉地发现了隐患,你该怎么办?要知道,让人接受一个意料之外的负面消息是很困难的,因此直接报告坏消息很危险,唯有故事能帮你渡过难关,帮你巧妙地把坏消息透露给上级,还不会伤害上级的尊严。如若不然,你所报告的坏消息,对上司来说,就是对自己权威的公然挑衅。

有一位装备经理,非常苦恼于上级的做法。

上级对他的要求非常严格,每一个项目都要按月提交表格、示意图,还需要详尽的结果报告。对于他的工作而言,很多东西无法拆开分析,也无法提供一份非常精确的报告。他的工作性质,不适合接受过于精细的管理。长此以往,这位经理发现下属们被各式各样的报表弄得疲于奔命,严重影响了工作效率。由于报告频繁且琐碎,下属们工作起来畏首畏尾,为了保险起见,不敢涉足稍有疑虑的设计,以免被上司责怪。

一个名叫查尔斯的装配工愤而反抗,一再冲撞上级,终于惹恼了上级。这位装备经理虽然极力维护,力证查尔斯工作优异,仍不能熄灭上级的怒火,查尔斯即将被解雇。装备经理需要一个时机,一方面要让上级认识到查尔斯的价值,不要解雇他;另一方面,还要让上级明白,过于精细的管理得不偿失。终于,机会来了,在一次工作午餐时,他给上级讲了一个故事。这是关于他最近参加的一个婚礼的故事,他说,这件事勾起了他16岁时参加的一个婚礼的记忆。

这位经理的父亲有两位叔叔,亨利叔叔是远近闻名的律师,也是他父亲最喜欢的叔叔;贺拉斯叔叔被人们视作疯子,总是穿着一双紫色的球鞋,有时还会冷不丁地冒出一句"海伦是个婊子",这事尽人皆知,但是没有人会说出来。那次婚礼,是他父亲最后一次和两位叔叔同处一室。

贺拉斯叔叔虽然鲁莽冒失,但也不乏可爱之处,他无所畏惧,比大多数人活得更真实。其实,贺拉斯叔叔并非从小就这么"疯狂",年轻的时候,他和亨利叔叔同样优秀,他们俩分别生于1904年和1908年。贺拉斯叔叔18岁的时候就获得了哈佛大学的心理学学位,而亨利叔叔则获得了法学学位。两人比较起来,其实贺拉斯叔叔的学业更优秀。

不幸的是,20世纪50年代,贺拉斯叔叔被诊断患有"脑膜炎",为了治疗这个病症,贺拉斯叔叔接受了脑白质切除手术，从此以后，贺拉斯叔叔就像变了一个人，永远失去了他的才华。

讲到这里，经理停下来对上级说："你看，我们总是犯这样的错误。对于我们不理解的事情，我总想着拆开来，弄个明明白白，结果往往彻底废掉了这个东西。"

他接着说："查尔斯是我的下属，他就像总是穿着紫色球鞋的贺拉斯叔叔，虽然看起来疯狂，却是我手下最好的师傅。我不知道他为什么总是能把工作做得如此优秀，我不想去分解他，我怕我会毁掉他身上的才华。我想，只要他一直为我工作就好了，至于他为什么爱穿紫色球鞋，这有什么关系呢？随他去吧！"

就这样，经理婉转地表达了自己的意思。上级或许不能体会他的良苦用心，但毫无疑问会接收到他的信息，而且丝毫不会觉得受到了冒犯。后来，不仅查尔斯保住了工作，那些无法详细报告的项目——"紫色球鞋"项目，也总能得到上级的理解。

○ 不要告诉我做什么

试图用发号施令的方式打破僵局是最愚蠢的，事实上，无论在何种情况下，发号施令都解决不了任何问题。

发号施令带来的结果往往是恶意服从——阳奉阴违。很多人表面上会服从你的命令，实际上并不会百分之百地配合，你的目标也很难实现。即使你有发号施令的权力，如果过分清楚地告诉别人该如何做，也常常会引起别人的消极反抗，或者沉默的抗议，更有甚者会激起对方的破坏。此时，讲个故事效果会好很多。故事用一种对别人表示尊重的态度，传达的是一种恳请而非命令，可避免权力纠纷。

在技术领域，设计工程师和市场经理之间总会爆发冲突，前者希望能引领科技潮流，后者则希望把资金重点投放在开拓市场上。工程师们探索技术的心情可以理解，但是起步很难，也不会给公司带来利润。市场部经理直面客户，客户不希望技术发展太快，不希望自己才用了两年的系统就落伍了。所以，市场部经理希望设计工程师们能把精力放在现有的产品上，以优化能给公司带来更多利润的产品为目标。

曾经有位老总，用讲故事的方式，委婉地向设计工程师传达了自己的意见。他认为，工程师们在研发新技术方面投入了太多的人力和物力。他发出了指令，但是似乎又什么都没说。他的故事是这样的："俗话说，早起的鸟儿有虫吃，这听起来很有道理，但是还有一句话就不那么流行了，那就是，第二只老鼠能吃到奶酪！因为第一只老鼠被夹子夹死了。我可不想做第一只老鼠，我可以等一会儿。"

接着，他话锋一转，说到了当下的问题："开发前沿技术的人们，其实就是在进行一场豪赌，失败就万劫不复。我希望，我们的公司能做一只聪明的老鼠，善用手中的资源。

第一只老鼠就让别人去做吧，我们做第二只老鼠。"

这个故事没有告诉别人去做什么，而是给了设计工程师们思考问题的新角度。谁会想去做第一只老鼠呢？所以，不如改变做法，把精力放在支持现有产品上，不要在追求新技术上浪费太多时间。

这只是一个小故事，但是在快节奏的现代世界里，一个小故事能起到巨大的作用。

○ "是什么原因"的故事

在很多时候，你必须说"不"。比如，当刚成年的孩子要在晚间把车开出去时，当父母要搬来和你住时，你只能斩钉截铁地说："不。"如果有些下属要求你并购更多的公司，而不是开发更好的产品，你也必须说："不行。"每次当你说"不"时，对方想听到的是"是"。直接拒绝让人难以接受，讲个故事委婉地把"不"说出来，如果故事讲得好，你说的"不"对听者而言甚至比"是"更动听。

有一次，我去南方的庄园游览，导游是当地的一位庄园主，他用故事说"不"的情形至今令我难忘。他的庄园中有一个广受欢迎的景点，一座彩色玻璃装饰的塔楼，只有通过狭窄的环形楼梯上三楼，才能进入塔楼。对于普通游客来说，登楼比较危险，保险公司拒绝提供保险。

当时，有 30 位女士以及两三位被妻子拉来旅游的丈夫，都想登上塔楼。他们跃跃欲试，而且早已付了钱。而庄园主不得不给他们泼一盆冷水，告诉他们"不行"。身为资深的导游，他练就了一身讲故事的本领，驾轻就熟地用几个"是什么原因"的故事，传达了"不行"的意思。

他讲的故事很刺激，篇幅很长，不仅成功地把人群吸引了过来，而且还转移了大家的注意力，没有让他们陷进失望的深渊不能自拔。庄园主用令人愉快的南方口音，讲了下面这个故事。

大家都知道，如果允许一个人上去，就得一视同仁允许所有人都上去，我们要区别来看——尤其是对女士，特别是南方的女士们（转了转眼珠）——这可不是一个好主意。

曾经有一位 97 岁的女士，她也想上去看看。那天我不当班，我们的导游拦住了她。她坚定地说："我要上去。"导游摇摇头："抱歉，您不能上。"突然，她打开了背包，伸手往里面掏，气氛变得很凝重，谁也不知道她会掏出什么来。她掏出了一沓钞票，拿到导游的面前晃了晃，大喊："我付钱了，你得让我上去。"

玛丽把我叫了过来，我说："那就让她上吧。"不出所料，事情还是发生了。（此时，他停了下来，让游客们唏嘘一会儿，然后都摇摇头。）最后，我不得不请一位男士帮忙（他和游客中的一位男士对视了一下），那位男士抱住她的肩膀，我则抬着她的脚踝，我们慢慢把她抬了下来，整整走了37级台阶！天哪，她可真沉啊！

还有一次，我们为另外一位女士叫了救护车……

从此以后，我也懒得再和保险公司辫扯了，索性就禁止人们再上楼了。后来还出现了一件事……

最后，他又补充了两个令人毛骨悚然的故事。讲完后，大家都松了一口气，由衷地感谢他拦住了自己，现在，他们再也不用爬这倒霉的楼梯了。

与把人们拖出隧道视野的故事类似，"是什么原因"的故事也为人们创造了一个场景。通过这个场景，观众们津津有味地看到了负面的结果。仅仅讲事实能起到这个效果吗？比如，一句"保险公司不让上"会让人们心甘情愿地放弃吗？一个故事，让人们身临其境，理解了你所说的"不"的意义，消解了失望的情绪。

这个故事还通过一些细节，如老太太掏包的动作，刺激了人们的神经，制造了紧张的气氛。而这种技巧，恰好能激发听众的感情，这正是你需要的。

○ 死人了吗？

坏心情就像一坨屎。你又不能对其视而不见，否则你的团队工作就会一败涂地。你若想改善心情，事实可帮不了你。"中彩票"可以立即让你兴奋起来，不过，你懂的，概率太小，那只是一个意外。当你无法改善你或者整个团队的心情时，试试故事。这就是电影或者小说能改善心情的原因所在。我认识一个职员，当他的心情很差，差到会影响到同事时，他就会在上班时间偷偷溜出去，去影院看一部喜剧片。当他回来时，虽然环境并没有改变，他的心情和状态却大大改善了。

虽然看电影用去了他两个小时的工作时间，但是如果他没有去，他只会待在办公室怨天尤人、牢骚满腹；观影回来，状态满格的他反而在剩下的时间内做了更多的工作。状态的好坏，对工作效率有决定性的影响。

一个团队，难免会暂时地情绪低落，对现状不满，对上级的支持力度不满。如果你在某次会议上发现所有人的情绪都不对，你就知道，你需要用一个故事改善人们的情绪。第1章讲到的梵高的故事就是一个很好的例子。

假如，你的公司陷入了困境，身为经理的你，就可以用一个故事改变大家对困境的态度。态度转变了，困境也就不难克服了。这时，不妨讲讲与当下情况看似不相关的事。

例如，在一个教师们参加的会议上，大家正在讨论一个令人沮丧的大问题，大伙的心情都比较压抑。一位残疾人女教师突然站出来，说："我想说几句，但我又不想被人贴上'A字'的标签。"

她的话让人摸不着头脑，大家就问："什么A字？"

残疾人女教师笑着说，有一次，班上的一个6岁的小姑娘跑过来喊道:"比利管我叫 A 字!他叫我 A 字!"小姑娘看起来很恐惧。老师就问:"亲爱的,A 字是什么?"女孩睁大了眼睛,说:"这个不能说,反正就是一个不好的词,一个坏词。"老师很无奈,就说:"你趴在我耳边,悄悄告诉我好不好?"小姑娘认真地点点头,把小嘴凑到老师的耳边,说:"婊子。"在场的老师哈哈大笑,笑得眼泪都下来了。你看,我们应该都经历过类似的场景。人们之所以捧腹大笑,原因有三:其一,故事好笑;其二,气氛太沉闷,人们都需要大笑;其三,故事勾起了人们对童真的回忆。大笑之后,心情自然就变好了,工作起来也更有成效了。

注意,那位残疾人老师突然站出来,说了一个莫名其妙的词汇,得到了给大家讲故事的机会。这是个聪明的做法,虽然这个做法有时不会奏效,但是一旦奏效,就会给大家带来无穷的乐趣。

面对现实的情境,人们的反应往往被情绪所左右。情绪可以改变思维,而故事可以改变情绪。倘若你能让一个愤怒的人笑出声来,让一个愤世嫉俗的人感到温暖,你便可以改变整个局面。反之,在需要庄重严肃的场合,一个故事,也可以让人们沉下心来,低头思考。如果只是告诫人们要安静,就不如用一个故事把大家引导到思索的状态中。

故事给事实以生命

上述 10 种情况说明故事可以模拟经历,而且是可以改变人们观念的经历。一般来说，试图影响或者说服人们改变自己的观点，让他们相信自己之前并不相信的东西，非常困难，除非你让他们看到这种必要性。在看到之前，人们绝不会认为自己应该与你合作，也不认为你可以帮助他们，或者应该支持你的目标。事实本身并不会让人们想象到潜在积极后果。唯有通过某种经历，或者是对个人经历的模拟，也就是通过故事才能让人们看到，从而改变自己的信念。如果你成功地让他们看到了，他们会说"对"，你便影响了他们，用故事打开了他们的双眼。事实犹如珍珠，故事的情节便是线索，把事实串成项链。故事给事实以生命。试想，如果市场报告的背后是一张脸、一个名字或者一个故事，冰冷的数据就会立刻生动起来，具有了打动人心的力量。

如果没有故事，事实没有任何意义。

曾有人做过关于年龄、行为和经济状况的统计，除了数字，他还在表格上标注了"婴儿潮"，使之转变成了故事。统计表由冰冷的数据列表变成一个描述"婴儿潮"的故事，其影响力及持续时间因而得到了大大的强化。

由此可见，故事是有生命的。每一代人都会获得自己的名称和故事，即便时移世易，"婴儿潮"的故事依然会流传下去。"婴儿潮"会老去，不会再有与时俱进的变化。"婴儿潮"的故事以事实所不具备的方式适应了现实生活。故事会记录现实生活，事实则不同，它没有生命和呼吸。事实是死的，是对特定时间和地点的真实事物的快照。

故事内含情感，这种情感所能激发的力量，远大于所有事实相加所能激发的力量。故事勾勒了一个场景，蕴含着一种智慧，这种智慧远胜于理性的逻辑。

模糊的智慧

有些人善于归纳总结，假如他有 6 个故事，便会嘀咕："这 6 个故事，分别属于以上 10 种状况中的哪一种呢？"爱钻牛角尖的人，可能会说："哪有 10 种状况，其中有 2 种看着是一样的，所以只有 9 种。"用线性分析进行清晰的分类并不是本书的重点所在。对于具有多样性的人类经历，分类和定义的意义在于比喻，而不是教条。如果对故事进行分类，将其划分成受限的类别和具体的方法，你就会得到不现实的公理、重点和步骤，它们看上去可能很美好，但是无法使你成为优秀的故事讲述者。这就像你见到了一只可爱的小猫，为了弄清楚它为什么可爱而肢解了它一样，大煞风景。划分类别和线性分析，无助于你讲出一个好故事。

况且，把故事分类，就如把人进行分类一样，虽有心却无力，现实生活中并没有严格属于 A 类或者 B 类的人。分门别类有一定的意义，却不太现实。分类是有用的，但我们要记得，分类并不真实。

如果追求事实，你会忽视重要的真理。如果硬要区分类比和故事之间的学术差别，我们不得不耗费大量精力去建构某种理论，最终只是为了说明纳斯鲁丁的故事是故事而不是类比。这真的有必要吗？这可以帮助你讲故事吗？我看未必。

本书涉及的分类，更像影集里的一些照片，每一张照片都讲述了一个故事。这些故事或许相互矛盾，但是一张婴儿照片和一张少年照片之间总会存在这样的问题。这张照片的主角，并非婴儿，也非少年，或许已是中年人了呢。他曾年幼，也曾有过青春期，没必要过分细究他的每一幅照片，也不必对这些照片进行归类。

卓越的故事讲述者，从来不会以故事本身为敌，他们把故事化作一条河流，不仅自己从这条河里汲水，还会召唤别人也来汲水。这条河流流向远方，你可以在沿途的任何地方跳入，可以游到河的对岸，也可以撑一叶扁舟顺流而下。

面对故事的河流，我们无论是横渡还是顺流而下，都要记住，河流是主宰，我们不是。任何试图强行给河流分类的努力，最终都会被河流带走。我们所追求的智慧，是一种模糊的智慧，无法清晰地分类，也很难清楚地解释。

与其纠结于你所说的内容，不如想想你该如何说。

下一章，我们将分析"如何说"的问题，这不仅是语言的问题，还关乎语气、手势和身体姿态等，每一个方面都很重要。

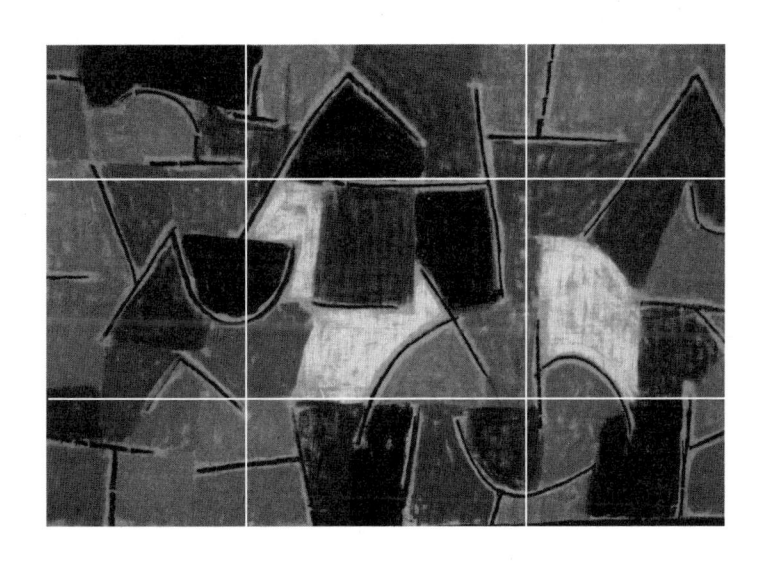

第4章 如何讲好一个故事

答案,在整个故事里,不在片段里。

——吉姆·哈里森

从前有一个优秀的射手,他踏上征程去寻找射手之国。在射手之国,人人都是神箭手,他将遇到名师,磨炼自己的射术,成为更卓越的射手。他穿过茂密的森林,走过宽阔的草原,经过一座座城镇。

数月之后,他看到一棵大树,树干上插着一根箭,箭头正中靶心。再往前走,他又看到了一棵树,树干上也有一根正中靶心的箭。走着走着,他发现了无数的树上都有正中靶心的箭,整个森林都是如此。

走出了森林,来到一片开阔地,他看到了一个谷仓,谷仓的前面有一排排正中靶心的箭。他知道,谷仓的主人就是自己要找的人了。他抓住每一个过往的路人,问去哪里能找到谷仓的主人,人们给他指了一条路。

他如愿找到了谷仓的主人。那个人其貌不扬,说话和行动都慢吞吞的,看起来很笨拙。

他恭敬地问:"你是如何做到箭箭都正中靶心的?"

那个人回答道:"谁都可以做到啊,你先射出一箭,然后再找来涂料,在箭头处画个靶心。"

犹太教育故事

若想讲一个十全十美的故事，让故事完全符合自己的意愿去影响他人，这就像希望每一箭都正中靶心，是根本不可能的。

你最初想学的东西，和最终发现有用的东西通常是不一样的。人人都想学到影响他人的方法，他们总是问："如何才能让人们听我的？"不幸的是，你永远都不能如愿以偿，无论你如何做，是激励、哄骗、迷惑还是激发，人们都不会完全听你的。因此，我们必须先做好心理准备，我们只能去探索我们能做到的事情。

我们能激发别人的兴趣。

我们想吸引人们的注意力——就像那位老师讲"A字故事"赢得同事的注意一样。所谓的影响，是引起别人的注意，勾起别人心中感到重要的事情，然后把这种注意力引导到你希望他们去看或者去感觉的东西上。

不妨用故事开道，根据听众的反馈，再合理使用故事代表的意义。影响通常不会一蹴而就，是一种实时活动。

在讲故事时，你可能需要用到沟通的最基本的技能，也是能用的唯一工具——就是你自己。你的身体和语言就是一个完整的剧场，包括舞台、演员、服装、音乐以及动画，全部融于一体。你要明白，即使是一句话的故事，你所传达给听众的，也绝非只有语言，而是一个集合了视觉、听觉和动态的综合表演。你要保证自己的表演有足够的吸引力，还要保证故事通俗流畅。

假设你要讲一个关于勇气的故事，讲述过程中，你两股战战、结结巴巴，这就不免令人疑惑了；假设你要讲一个关于谦卑的故事，你却是个一身名牌、颐指气使的首席执行官，这个故事恐怕很难让人信服。

要让故事感动听众，首先要保证故事的真实性，否则一切免谈。而保证故事的真实性，起码要做到前后一致，即你的所有表达方式都要全方位地步调一致。要做到这一点，你最好事先做好准备，不要等到讲故事时再去调整。

事实上，在你讲故事时，你很难让身体的各个部位听从你的指挥，去协同一致地完成你想表达的东西（除非你有一个超级脑袋）。这时，你之前所学到的东西就可以派上用场了。

这就像学习打高尔夫球。你最好向高手学习挥杆，服从他的指令，练习如何站立、脚的位置、手肘的位置、挥杆的弧度等。开始总是很艰难，你就像一个傻瓜一样任人摆布。随着练习的深入，艰难的感觉越来越淡，你的身体渐渐记住了挥出好杆的感觉，你的头脑也解放出来，可以去琢磨当下掌握的动作要领了。

要讲好一个故事，你需要学习的东西很多，一开始难免感到煎熬，但是这都是成为一个好的讲故事者必须经历的阶段。你要问我的建议，我会说，不妨先选择其中一个或者两个细节，集中加以练习，直到你可以自如运用。长此以往，你必将掌握所有技巧，那么在以后讲故事时，你就可以忘掉技巧，而专注于听众和故事本身了。

口头语言只能起到 15% 的作用

你在讲述时，听众大约只能听见 15% 的词汇。他们会从其他方面接收足够多的信息，比如你的表情、姿势、手势、着装、眼神、语气、步调等，甚至会从你自己不会注意到的细节上解读到一些信息，比如你所使用的笔、你的发型等。

评头论足是人的天性，你无法改变这一状况。听众总是下意识地分析你是什么样的人，他们从你身上的方方面面分析你，分析你的话外之音。我们都知道，仅凭封面无法判断一本书的好坏，可我们总是忍不住这样进行判断。从某种意义上来说，你之于听众，本身就是一个故事。

"你有什么故事？"这是人们常常挂在嘴边的问题，这个问题本身就反映了人们的需求——需要通过故事认识身边的人。假如你给别人讲了一个"我是谁"的故事，别人不会光听你所说的内容，还会用自己所看到的加以修正。有的人会根据你的衣着判断你的言辞，有的人会根据一个谣言认识你，有的人则认定眼睛是你的心灵窗口，还有的人相信自己对你的直觉。即便你只是打了一通电话，或者发了一封电子邮件，接收者仍然会受到语言之外的因素影响。

不幸的是，你无法决定别人选择何种方式解构你的故事。你所能做的，就是尽可能优化你所发送出去的消息。

本章重点讲述的是如何使用你的身体语言，而非头脑。这部分内容光靠阅读是没有太大用处的，你需要不断练习，从中获取智慧。最好能通过手和手势开始练习，它们能传达非常丰富的信息。

手势可以作画，可以说话

手势可以说话，这并不意味着你要像漫画人物那样张牙舞爪。事实上，一般来说，越细腻的手势，越有说服力。手势运用得好，可为你的故事增加魅力，可强化故事所蕴含的信息，可为你的自我表演创造一个舞台。运用手势，你可以为自己创造一个道具，可以凭空画出一个场景，可以故意传递出一种矛盾的信息，或者仅仅是活跃气氛。

例如，如果在讲故事的过程中，你想描绘一幅画面，不妨借鉴加里·拉尔森《远远的那一边》中的手势。有一次，我苦口婆心地劝人们在对话之前做足准备，但几乎是白费口舌，人们不愿意花半天的时间去做准备，他们就想着立马切入主题，然后开始。为此，我讲了一个搞笑的故事，通过这个故事让人们认识到了做准备工作的重要性。接下来，我就来讲讲我当时借助了什么样的手势，你可以感受一下用手来描绘图画的情景。

这个故事只有两分钟的长度，但是你可以借助手势来加工故事，从而增强故事的力度。要点在于，你要用手势画出一幅画，让听众看到这幅画，而不是只注意你的手势。手势要看上去潇洒自如，否则就会适得其反。

首先，你要发挥自己的想象力，在头脑中形成一幅画面。你想象有一大群牛仔、马匹，还有枪支和马鞍。你要让头脑中的这幅画面尽可能地清晰，这样你在做手势时，就能准确指出你看到的东西，甚至能勾勒出画面的轮廓。从某种意义上来讲，你就像在演哑剧。切记，你头脑中的画面一定要清晰，这样手势才会自然，也才能向听众传递你想象到的各种形象。下面我们来详细分析。如果你希望你的手能下意识地去做你想做的手势，你就需要大量的练习，然后你的大脑才能解脱出来去关注其他方面的问题。

我们现在就来做手的练习。把手掌伸出来，打开，就像你要送给别人一枚戒指。在你的想象中，手掌上放着一个小盒子，盒子里是一枚钻戒；如果你能清楚地看到这枚钻戒，那么别人也会看到。你用另一只手打开盒子，拿出钻戒，作势送给某人。

再做一个练习。这一次，想象你的手上有一只瘦骨嶙峋的丑蛤蟆，这只蛤蟆令人感到恶心。忽然，蛤蟆变成了一枚钻戒。想象一下其中的区别。

如果你的想象力足够发达，你手掌中的东西就会非常清晰，你的手掌和手指也会呈现出不同角度、弯曲度和方位。想象力是这一切的基础，如果没有想象力，你什么都做不到。如果能用手创造出形象，你就能在听众头脑中创造出形象，这个形象深刻呈现在听众的意识深处，可以帮助你阐释故事的意义。

用表情传达情感

据调查，面部表情所传达的情感，比其他任何形式所传达的情感都要深刻。就算是嗷嗷待哺的婴儿，都可以读懂面部表情所蕴含的情感，如喜悦、悲伤、恐惧和爱等，而要听懂语言，则还需要一段时间的学习。可以说，人脸是一种超越语言和文化壁垒的沟通渠道。

如何快速地表达喜悦之情？你可以在故事里面说："我看到他做完报告之后，真的非常高兴。"也可以面带喜悦的表情，说："他做完报告了。"很显然，后者能够更有效且更生动地传递情感。

但是凡事都有两面性，有好处，也有坏处。面部表情的坏处是，它太诚实，会把你不愿意表露的情感都展现出来。例如，你不想让人们看到你生气了，可生气是藏不住的。只要你感到了气愤，你的脸上就会浮现生气的表情。如果你讨厌某人，无论你怎么掩饰，总会流露出厌恶的表情。如果你感到失望，或者绝望，无论你怎么努力激发别人的热情，都会显得虚伪。

以我多年培训影响力的经验来看，对于大多数人而言，讲述一个成功的故事的最大障碍在于，他们自己沮丧和无望的情绪抵消了故事的力量。如果你感到沮丧，你要做的不是给别人讲故事，而是给自己想个故事，让自己相信这个故事，重新焕发激情。如果你无法说服你自己，你也不可能说服别人。一个演员，不会去解剖脸部肌肉，试图弄清楚哪块肌肉能传递快乐，而是会在脑海里想象出快乐的场景，因为只要你真的感到快乐了，你的脸部表情就会真实地闪现快乐的光芒。

假设你要讲述一个关于希望的故事，而你的内心却是绝望和沮丧的，此时，这个本应让人充满希望的故事从你嘴里讲出来，只会给人带去沮丧和绝望。你的本意是给人希望，结果却使人沮丧，适得其反。

如果你真的理解故事的真意，自己也能感觉到故事里蕴含的情感，那么你的面部表情就可以自发地把它传递出去，这个过程充满乐趣。

例如，如果你想传达这样的话——"我没有办法相信他，他就是一个疯子，可是我不能告诉他"，你不用多费口舌，只需挑眉毛和转眼睛就可以了。而要传达"我真是无话可说，我还能怎么做？如果是你，你会怎么做？我真的不知道该说什么了！"，你只需露出惊讶的表情，张开嘴，摊开双手就可以了。

面部表情可以传递的信息是如此丰富，一个表情可以代替三四句话，这可以大大提高你的讲述效率。戏剧表演艺术家乔治·卡林就是这方面的大师。

有人告诉我，有一次，卡林主持一档名为《周六夜现场》的节目，在这个节目里，他展示了惊人的表演才华。一般来说，这类节目通常以主持人5～10分钟的独白开场。卡林也不例外，然而在这段时间里，他一个字都没说，他默默地走上舞台，坐在一个椅子上，只用身体语言和面部表情就牢牢地抓住了观众的眼球，大获成功。

一开始，他无声地表达了"这不，我来了"，叹了一口气，作势要倒下去，引来观众阵阵大笑，他却一脸无辜的表情。观众体会到了他动作中的幽默之处，不时发出会心的笑声。他百无聊赖地整理着袖口，冲观众做一个期待的表情，逗得观众大笑。

如何运用面部表情？不妨以卡林为师。

你可以尝试着把自己讲故事时的样子录下来，回放时关掉声音，这样你就可以看到自己的脸部表情了。然后再对画面中显示的不足之处，加以改进。通过有意识的训练，你的脸部表情将为故事增加感情色彩，你会成为一名更加出色的故事家。

善用身体语言，就是做好你自己

在生活节奏飞快的当下，我们很难有充足的时间去讲一个故事，往往只能见缝插针地塞进去几个词。如果你能给你的故事加上一个画面，势必会加深听众的印象，须知"一幅画胜过千言万语"。

和手势一样，你的身体也可以引导人们看到故事里的人物、场景及物品。有时候，你还可以用不同的姿态，一人分饰两角，让观众看到两者的区别，而不用说"他说""然后他说"这样的话，你的身体姿态就可以表现出谁在说话。

我们来做个练习，尝试着用身体语言表现自己是个颓废的少年、暴躁的电话接线员、好奇的孩童或睿智的老人，在扮演时注意自己背部、前胸、肩膀乃至整个身体的肌肉变化。在讲述故事的过程中，加入身体语言，你将缩短一半的时间。

我们设想一下，在开始讲故事之前，如果你身体往后靠，目光下垂，搓着手，努着嘴，然后望向远方，当你收回目光，准备开讲时，听众们已经准备听一个严肃的故事了。如果你跳上讲台，拍着巴掌，身体前倾，听众们理所当然地认为你会讲一个充满活力和激情的故事。

切记，你的身体姿态表明你的情感状态。哪怕你在台上一动不动，也算一种姿态。所以，在讲故事之前，你一定要进入某个角色，选好一个姿态，务必让你的身体也能说出你的心声。从某种意义上来说,这也是做好你自己。

有些人把身体语言加以细分,并分别赋予意义,你不要相信这些。双臂交叉并不总代表一种意思。演讲培训课堂上总是传授一些教条式的演讲姿态,这些姿态很有可能不适合你,让你看起来很别扭。记住,永远不要让自己变得不像自己,做真实的自己是你的神圣权利。

一个在底特律贫民区长大的孩子,曾给我讲过一个"我是谁"的故事。听到这个故事之前,我看到的是一个做着平凡工作的平凡孩子。他开始讲故事了,两眼盯着地面,双手插在裤兜里。他说,他有十个同母异父的弟弟妹妹,家境贫寒,入不敷出。在他35岁时,两个妹妹和一个弟弟去世了,一个死于自杀,两个死于暴力事件。然后,他仰起头,说自己不仅是家里第一个上过大学和拿到博士学位的人,而且是第一个高中毕业的男人。他的收入不高,但是侄子和侄女们总是叫他"富叔叔(舅舅)",说到这里,他笑了起来。

演讲教练看到这里,会说,这个人的身体语言完全错了,他应该挺胸抬头,盯着人们的眼睛说话。如果照着演讲教练的要求去做,他的故事就不会如此真实。如果我们一定要让他照着教练的要求做,他自己都会感到浑身不自在。

事实上,正是他自己选择的姿态,完美地表现了他的谦卑和不屈的决心。虽然他低眉顺目,但是故事中透露出来的坚强令人印象深刻,没有人会觉得他软弱。有人认为,不敢看着听众的眼睛演讲，就意味着怯懦，这个观点在他身上不成立，他根本无须观察听众的反应。从听众的角度来看，如果他看着我们的眼睛，我们会认为他是在捏造事实。这个故事正是得益于他低调的讲述，才让我们体会了它强大的感染力。

身体语言只要能做到真实可信就好，不必遵守固定的准则。如果在众人面前演讲会让你感到紧张，你要做的是化解紧张的情绪，而不是通过身体语言让自己看起来自信。

身体语言还可以用来放缓或者加快故事的节奏，你可以适时左右移动，可以连续移动一步、两步、三步，这样可以表现出步骤。如果你要讲的故事，包含以前、现在和未来三个阶段，你可以先站在右侧，然后移动到中间，最终移动到左侧。听众自会根据你所处的位置，区别你所说的是现在还是未来。

身体语言还可以调整故事的亲密度，你站得远近、身体倾斜度的大小及身体姿态是放松还是紧张，都能帮助你进行调整。

以上讲到的这些技巧，都需要勤加练习，这样下来，你就能讲出更好的故事了。

让人们听到、闻到、尝到你的故事

讲故事的目的，就是让听众看到、摸到、闻到、尝到故事，这样才能让他们身临其境。杰·奥卡拉汉是个中高手，最善于给故事添加声效。在他的故事里，如果需要刮风，他便鼓起腮帮，撅起嘴，模仿大风吹过的声音。

在身边没人时，你不妨尝试一下。模仿某个夜晚的电闪雷鸣，模仿清晨的一缕微风，模仿俄克拉荷马州广袤而寂静的平原。试一下，一定很有趣。给你的故事加入声音的元素，故事就会变得妙趣横生。

发出几声"嘀嘀"的声音，观众的脑海里自然会浮现卡车倒车的画面，可能还会自行补上码头或者停车场的场景；牙齿上下碰撞，就会让人感到寒冷；吱吱呀呀的开门声，让人害怕；在办公室里，旁边格子间里传来玩游戏的声音，则会让人联想到某种情景或者情绪。

当然，最理想的状况是，听众真的能听到故事里的声响，而不是你制造出来的声音。有时，你无法惟妙惟肖地模仿出某种声音，没关系，你可以想办法勾起听众对这种声音的回忆。譬如，一位洗衣机推销员这样讲述廉价洗衣机的故事："一开始，那洗衣机是'咯嘣咯嘣'的，一个星期后变成了'咯咯吱吱'的，最后在'咯吱咯吱'的声音之上，又加上了类似于雾号一样'呼啦呼啦'的声音，然后洗衣机就这样晃晃悠悠地走开了。"不用多说，凡是听过雾号的声音的人，脑海里自然会响起那熟悉的声响。

至于校车司机踩刹车的声音、警笛声、婴儿的哭声、撞车的声音、狗叫及关电脑的声音，更是大家耳熟能详的声音。只要提到，不用模仿，观众的脑海里自然会响起。

气味和滋味与声音一样重要，它们也能勾起人们的情感记忆，甚至会让人产生生理反应。例如，让你的听众们去想象巧克力饼干出炉时的场景，人们不自觉地张大鼻孔，脸上浮现出享受的神色，那是巧克力饼干的香味带给他们的感受。反之，难闻的味道，会让人皱眉、搓鼻子，心生厌恶。

至于滋味，如果你能把咬一口刚切好的柠檬描述得足够好，听众的嘴里就会口水泛滥。

用声音、气味和滋味，把听众引入你的故事，给他们身临其境的感觉，你就能全方位地调动听众的感官，让他们用全身体会故事。

细节决定成败

只讲故事情节不好吗？为什么一定要提到他还有10个弟弟妹妹，只说他成长在一个大家庭里不行吗？凡是一切以故事情节为重，不及细节者，都不能讲出一个好故事。他们没有耐心，最终也不会得到足够的影响力。这就像以事实为重的人，不关心情感的因素，却忘了情感因素往往比逻辑论证更有影响力。

有些细节，只关乎感觉，似乎与主题没有直接关系，然而正是这些细节往往在日常生活中左右我们的抉择。例如，如果你决定买一辆汽车，新车的气味、推销员的态度及开经济型汽车的自豪感等细节，都可能成为左右你决策的关键因素。

资深的推销员对此心知肚明，他们会以此编出一个既客观又充满感情因素的故事。最近，《快公司》杂志的封面故事就是惠而浦电器销售人员的最新培训方法。在这个培训方法中，8个销售员被安排在一间大房子里，在接下来的一周里，只能使用自己公司的产品，以此加深对公司产品的认知。经验证明，商品使用手册上的技术参数，并不能促进成交，而故事能。

一周以后，一位从未做过饭的20来岁的销售员，居然学会了用微波炉烤制蓝莓脆皮蛋糕。他把这段经历编成了故事，每一个听到这个故事的人都忍不住流口水，甚至他自己在讲述时，都不停地咽口水。他说，刚出炉的蛋糕，表层的脆皮是那么香脆，而经过烘烤的蓝莓更是让人食指大动，吃的时候再加上一勺香草冰激凌，味道更是美不可言。

创造虚拟现实

第一台获得虚拟现实技术专利的机器被恰当地称为"Sensorama"。这是一台机械设备，拥有立体彩色显示器、风扇、气味发射器、立体声系统和移动的椅子。从那以后，虚拟现实取得了很大进步，可以提供完全骗过大脑的全身体验。虽然虚拟现实技术非常发达，但故事仍然是为学习者提供符合直觉想象的角色扮演、刺激内心有意义感官的有效方法，而且便宜得多。例如，影响力是很难教授的。你的影响力主要取决于你的身份，而不是话语。"采取行动"的情绪冲动常常会使人做得太多，草率行事，用力过猛，不给成功留下空间，从而破坏我们真正的影响力。领导者如果不知道如何等待，可能会把所有工作亲手做完。"采取有成效的行动"的冲动会使人失去影响别人的机会。例如，宣传"耐心是美德"是巨人的时间浪费，除非你能模拟生成耐心的内心能力。故事是模拟相关内心和外部感官的唯一途径。《马语者》向读者和电影观众传达了一种观念，这种观念并不是《马语者》原创的，它早已存在了，我的一个朋友曾讲过"自然骑术"的故事，其中就提到了《马语者》的观念。

力克养了六匹马，他是我的朋友。他有一个大小适中的农场，农场被一大片草场环绕，草场的边上有一排排大树。

一天，他邀我去骑马，我喜欢马的味道，欣然前往。到达农场后，他问了我一些骑马的知识，然后告诉我，在这里，他们做事的方式略有不同。他引用另一个教练的话，说："关于骑马，你的爷爷或许教过你三件事——其一，直接跳上去；其二，踢它，它才会走；其三，拽住缰绳，它就会停下。这三件事都是错的，在跳上马背之前，你需要先做地面准备工作。"

他牵来一匹 15 手[①] 高的阿拉伯马，告诉我，它叫米卡。

[①] 1 手约 10 厘米，用来量马的高度。——编者注

看到米卡的第一眼，我顿时充满了敬意，然而米卡并没有把我放在眼里。

现在，再读一遍上面的故事，或者想象马场的画面，最好站起来表演一下脑海中的场景。

当提到"我喜欢马的味道"，我作势探出鼻子，深吸一口气，想象自己埋头在马的脖子处。听众当中，总有一两个人会下意识地跟随我的动作，他们显然记得马的味道。

当说到"你的爷爷或许教过你三件事"，我自然而然地摆出了牛仔的架势。我相信没有人注意到我的动作，就连我也是在写这本书时才意识到自己为何会摆出那个架势。当时，我把手指插在皮带里，上身松垮向后倾斜，我不是在模仿"约翰·韦恩"，我是在学力克。力克的重心比我低，当我无意识地模仿他时，我将重心转到了和他一样的位置。

说到我对米卡充满敬意时，我又回到了自己的身份，我挺直了腰板，像第一次看到米卡一样，表现出敬畏的姿态。然而，在米卡看来，我比一根电线杆强不了多少，我打算往后退退，给它让出一条路。

力克走过来，把缰绳递给了我，告诉我，在马的世界里，当两马相遇，先动的一方被视作认输。如果我想驾驭米卡，我就必须让它知道，我比它更高级。按照力克的指示，我面向米卡站着，慢慢地拉动缰绳，示意米卡往我这边来。力克是个心理学博士，我觉得他用马的心理和我开了一个玩笑。随着时间的流逝，我和米卡一动不动地对望着，像两个白痴，我想自己不会被力克耍了吧。

在讲上面这一段之前，我一直保持背部挺直的姿态，当说到力克递给我缰绳，我开始入戏了。我虚虚地指了指，告诉听众米卡的位置，然后我将身体微微前倾，用手慢慢地拽绳子，我的脸上浮现出不自信和不自在的表情，傻里傻气的我引来一阵大笑。听众们都有过类似的尴尬经历，他们懂我的感受。又过了一会儿，我仍然傻乎乎地站着，听众渐渐失去了耐心。

听众出现急躁和不耐烦的情绪，这正是我想要的。唯有使他们情绪出现波动，才能真正让他们走进我的故事，也才能让他们接受我将要传达的思想——如何应对急躁的情绪。

我和米卡相对而立，一动也不动。许久之后，我准备放弃了，此时米卡却先动了一下。它先迈出了一步，然后又走了一步。力克撇了撇嘴，我则是哈哈大笑。

米卡和我很快就熟络了起来。与强行驯服米卡相比，力克教我的方法让我赢得了米卡更多的信任。经过对峙，米卡决定顺从我的选择。如今，我需要做的，就是给米卡更多的时间，让它按照一匹马的逻辑行事。

饱受急躁情绪煎熬的听众，听到米卡终于让步，都松了一口气。讲到这里，我盯着米卡往前迈出一步的位置，听众们仿佛真的看到一匹马站在那里。我想他们真的明白了我的意思，正因为我没有因不耐烦而放弃，我才赢得了米卡的充分信任。

如果我一味地强调耐心的重要性，没有人能听得进去。只有让他们投入情感和情绪，他们才能从内心深处认同耐心的好处。我绘声绘色地讲了一个故事，让听众们身临其境，他们和我一起征服了米卡，自然也认可我的结论。

回顾整个故事。首先，我先表现出了不自在和急躁，让听众们也感同身受；然后，我的意志出现了动摇，听众们的心里也在打鼓；最后，我成功了，听众们也绽开了笑容。我们一起经历了这件事，我们一起收获了惊喜。接下来，我要和他们说说，我不用马鞍骑米卡是多么舒适。不用说，他们也知道，如果我遵循祖父的"三步走"，我的遭遇恐怕要曲折得多。

在这个故事中，身体语言起到了重要的作用，帮助我再现了一段经历。此外，故事的节奏也是很重要的因素，好的节奏可以制造出情感，扩充人们的心理空间。就这样，人们感受到了自己情绪上的变化。如果你的故事能引起听众的情绪波动，让他们体验到诸如激动、慷慨、热情、肃穆的情感，再辅之以良好的节奏，你就成功了。

沉默是情绪和感觉的扩音器

合理的节奏和适时的停顿,可以让你的故事意味深长。很多时候,停顿犹如空镜头,别有一番感染力。很多时候,千言万语都不如沉默具有力量。而停顿,是给听众回味的余地,让他们参与进来,去细品你的故事。优美的节奏便是一段舞曲,吸引你与听众共舞。

倘若你要讲一个滑稽的故事,不妨一气呵成。听众们在揭晓笑点之前,早已了然于胸,他们就享受这种感觉;如果你要讲自家阁楼上的松鼠,便需欲擒故纵,酝酿一种期待的情绪,可以讲讲你是如何通过一道狭窄的楼梯,如何打开那扇小门,如何听到动静戛然而止,这时可讲讲松鼠的胆小,卖个关子,接着话锋一转,说松鼠突然间出现,它的样子让你大吃一惊。放心,当你讲到推开小门,阁楼里一片漆黑,听众们已经自行脑补了一幅画面,一只前腿抬起、后腿站立的小松鼠,正在离你的脸部 15 厘米的地方,怯生生地看着你。

听众很乐意接受你的邀请,走进你的故事;如果你能带他们经历一段奇妙的旅程,他们更会喜出望外。

杰克·本尼最擅长模仿经典好男人形象,把控故事节奏的能力也属一流。有媒体报道,杰克·本尼的电视节目通常有 40 页的讲稿,相对于节目的长度,他的讲稿比别人少一半。他让"沉默"自己说话,与话语讲出来的故事同样精彩。

沉默是情绪和感觉的扩音器。例如，在麦当劳里排队的时候，你把手插在屁股后的口袋里，这样一声不响地待上1秒钟，你的焦虑感相当于10分贝；一声不响地待上2秒钟，你就把焦虑放大到了70～80分贝。

如果你讲，你不得不让心爱的狗安乐死时，停顿几秒，让沉默去扩展听众的心理空间，他们自然会去咀嚼你内心深处的悲伤，故事的悲剧效果也就被成倍地放大了。

沉默的时间要恰到好处才好，太长太短都不合适。人的情绪呈曲线分布，自低点开始逐渐升高，到达顶峰后再缓缓减退，最终消失。如果你想传达自信、热情、尊重、悲伤之类的情绪，便不宜太早结束，否则就会阻碍情绪影响力的扩张。当然，如果沉默的时间过长，听众已然从情绪中走了出来，而你的沉默还在继续，就会让人感到怪异。之后，听众会将注意力投射在你身上，而非你的故事里，甚至会怀疑你是否故弄玄虚，左右他们的情绪，从而不愿再继续听你讲。

在讲故事时，尝试着运用上面说到的技巧，在你的故事里加上几处沉默。在节奏飞快的会议上，你的沉默效果尤佳。

一位运动员出身的销售经理说："昨天我听到了一个消息，这个消息让我想马上给马丁一个拥抱，一个结结实实的、热烈的拥抱（沉默）……"此处的沉默要远比"马丁又卖出了一套软件"，更能吸引人们的注意。

你的语气出卖你的真情实感

让语气为本章结尾,就是因为语气是口头讲述中最重要的因素。诚然,手势、身体语言和词语都意义非凡,但是语气可以轻易改变它们所传递的信息。无论在何种语言环境下,语气都是交流中所必不可少的工具。

假设,你对着一只小狗说:"嗨,宝贝,想让我从你身上碾过去吗?"如果你的语气极尽温柔,恐怕任何一只小狗都会跑过来,冲你摇尾乞怜。

我的一个好朋友养了一只小猫,唤猫的时候,总是正话反说,"我的小讨厌",每次听到这句话,猫咪总是屁颠屁颠地跑过来,和她亲热一番。如果你对同事说"能把报告给我看一下吗",不同的语气,会传达不同的意思,也会达到不同的效果。有的语气是在暗示——"懒鬼,你早就该给我看了!"有的语气则听起来像是请求——"先生,不介意的话,把报告给我看一下吧?"有的语气代表着不耐烦——"拜托,省点口舌吧,直接给我看你写的报告吧。"

同样一句话,用不同的语气说出来,给人的感觉是天壤之别;别人对这句话的反应自然也是天壤之别。如果是请求的语气,别人自会高高兴兴地把报告给你;如果是不耐烦的语气,别人恐怕会冷面以对,根本不会搭理你。

你的语气可以表达故事的感情色彩,也可以描画故事中的场景。更重要的是,你的语气可以决定你的故事是否可以产生足够的影响力。如果在讲述的过程中,你怒气冲冲、自高自大,对听众缺乏尊重,听众就会弃你而去。切忌,不要让你的语气带有负面的情绪,比如愤怒、沮丧、缺乏自尊或不尊重别人。

因此,在讲故事之前,最好先把自己的情绪调整好。不要本末倒置,只想着改善语气,而不去调整情绪。情绪调整好了,语气自然顺了,须知积极的语气是装不出来的,硬要装出来,就会给人装腔作势的感觉。上帝使我们远离那些编造悲伤故事并流下鳄鱼眼泪的操纵者。大多数时候,为了隐藏真实情绪而专注于语气只会让你显得虚伪。在试图影响别人时,一定不要做得过火,否则结果肯定不堪。这种做法,我们通常称之为"绝望的味道"。如果人们从你的故事里嗅到了"绝望的味道",便会猜测你正急切地想从听众身上得到些什么。这种急切令人警惕。我们都知道,如果一个即将溺水而亡的人向你伸出手去,你就不得不冒着被拖下水的危险。

你的故事里应该散发令人心怡的味道,这种味道只有富有吸引力的情绪才能散发出来。如果你的故事让人感到绝望或者急躁,它就散发着令人厌恶的气味,这会扼杀你的影响力。所以,如果你试图影响别人,就一定要避免给人这种感觉。

此外,你的内心冲突总会通过你的语气表露出来。有时,你表露出来的是一种担心,担心你的故事不为人所重视;有时,你表露出来的是一种成见,认为听众都是贪婪和邪恶的;有时,你表露出来的是傲慢，认为听众根本就听不懂你的意思；有时，你表露出来的是畏缩，认定听众会抓住故事中的每一个漏洞。你所表露出来的东西，势必会影响听众对你故事中心思想的领会。这也从一个方面证明了，真情实感对一个故事的重要性。你的身体语言、声音都会暴露出你的真情实感，所以，一定要在开始讲述之前，就让你的感受是真实和踏实的。

读到这里，你或许会感觉脑子里已经装满了讲故事的技巧，还有各种注意事项，数都数不清。当然需要训练，不过在讲故事时一定要把这些都放在一边，把真情实感投入故事中，自然而然地讲出故事。千万不要被这些条条框框所束缚，不要总是担心接下来该说什么，你要真实地展示自己，真实地做手势，真实地走在你的故事里。听起来很玄、很难？其实并不难做到。你可以一字不差地背诵整篇故事，也可以活灵活现地讲述真事。世事难求尽善尽美，如果容不得瑕疵，也就容不得真实的生活。有缺憾的故事才具有感动人心的力量。

第 5 章 故事的心理影响

你心中向往之地,地图上找不到。

——赫尔曼·梅尔维尔

湿婆和妻子帕瓦蒂是印度的天神和天后,他们有两个儿子,分别是甘尼许和马鲁哈。甘尼许象头大耳,敦实憨厚;马鲁哈风度翩翩,身材修长优雅,俊美的容貌无人可比。他们两人争相向父母邀宠,吵得不可开交。他们轮番逼迫父母表态:"我是不是您最爱的儿子?"

湿婆不堪其扰,终于怒不可遏地喝道:"够了!我会给你答案的,但是你要发誓,以后再也不能问这个问题了!"

两个儿子答应了。

湿婆和帕瓦蒂想了一个绝妙的法子,既可以考验两个儿子,又能够回答他们的问题,还能让他们心服口服,从此没有理由再争斗。他们对儿子们说:"你们两个,就从这里出发,绕世界三圈,谁先回到这里,谁就是我们最喜爱的儿子。比赛从明天开始!"

马鲁哈体态轻盈,成竹在胸,笑呵呵地走开了;甘尼许是个胖墩,不擅长奔跑,垂头丧气地走开了。

第二天一早,甘尼许和马鲁哈各就各位,只见马鲁哈精神抖擞,打扮得利利索索;甘尼许则愁眉不展,不停地往嘴巴里塞糖果,紧张地摸着肚皮。湿婆庄严地站起来,大喝一声:"开始!"说时迟那时快,马鲁哈如离弦的箭一般直冲出去,"嗖"地一下就不见了踪影。甘尼许依然愁眉紧锁,一动不动地坐着,他深知自己不是弟弟的对手。

过了一会儿,甘尼许突然站了起来,扔掉手里的糖果,冲着父母笑了笑。父母疑惑地看着他,不知道他要搞什么鬼。甘尼许不慌不忙地跨上自己的小红老鼠,骑着老鼠绕着父母转了三圈,然后来到父母的面前。

帕瓦蒂问他:"甘尼许,你这么做是什么意思?"

甘尼许回答:"我的世界就是你们啊,你们就是我的世界,我已经绕过我的世界三圈啦!"

甘尼许的话说到了父母的心窝里,他们对甘尼许说:"孩子,你赢了,你就是我们最得意、最喜爱的儿子。"

印度神话,本书作者转述杰·奥加拉班的故事这是个古老的故事，在印度流传了数百年之久。它告诉我们，即便是母子之间，也多少夹带一些私利。自私自利之于影响力，一直是一个重要的因素。人性本善还是人性本恶，或许永远不会有定论，但自私则被公认为人性的一部分。

有人为谋取私利而不懈努力，有人则为获得荣誉和自豪感而慷慨解囊，我们的行为都是为了实现自己的某个愿望。从这一点出发，若想影响别人，就要把你的目标与听众的私利联系起来，这是符合心理学原理的做法。从事广告业的人士深谙这个道理，他们总是向消费者强调："购买我们的产品吧，这就是你想要的。"

人类的心理犹如迷宫，现在的研究还远远不够，对自私自利的分析也谈不上透彻。目前的障碍主要有三个：其一，几乎所有心理问题都涉及"自私自利"，而这个词本身让人产生抵触心理；其二，自私自利一部分在明处（意识中），一部分在暗处（潜意识中）；其三，事情永远不像看上去那样，我们唯一可以确知的只有一点,就是"我们不知道"。如果我们坚信没有永恒的真理,我们便可以大胆假设小心求证,创立一种新的理论,倘若新的理论经受住了检验,那么它就可以成为一种实用的理论。

在继续讨论故事的心理因素之前,我们需要在以下几个观念上达成共识。

第一,判定是非,无助于我们理解影响力。我相信人性本善,只不过人的行为有善恶之别——通常在意识中是善的,潜意识中却是恶的。有些恶人,你或许看到他们做了坏事,但是他们自以为做了好事,至少是必要的事。所以,我们不假设,无论是好人还是坏人,影响的心理都是一样的。

第二,我们重点关注一对一的关系,以简化问题。这样做,不仅更具可行性,还可以提醒我们自己,我们永远无法影响整个群体,只能影响群体中的某个个体。

第三,影响是一个持续的过程,绝不是一劳永逸的行为。从前,人们总是试图首先获取影响力,然后通过练习强化影响力,运气好的话,影响力会不断强化,不走运的话,影响力就会逐渐消失。故事是对这种传统影响方法的优化,它不是直线的影响模式,而是周而复始、循环往复的。换言之,影响力持续的过程中,不断来回强化,开始可以变成结束,结束又是一个起点。

以不影响的姿态去影响

你让某人去做某事的能力叫动力，而动力往往与影响的力量紧密联系。这样说来，我们似乎应该采取一种强推的策略。然而，选择讲故事无异于选择了回拉的策略，回拉的力量就像磁铁的吸引力，与推土机的推力相反。用故事展现影响力，会极大地提高影响力，而影响力正是你改变听众行为的力量之源。

在印度神话的故事中，甘尼许用一个故事重新定义了世界，省去了奔跑的麻烦。面对父母的难题，他没有选择强行解决，也没有埋怨比赛的不公平。他编了一个故事，然后把这个故事套进一个新故事里，这两个故事有一个共同的中心点——兄弟俩都渴望得到父母的宠爱。甘尼许的回答虽然讨巧，但是也恰当得体。为讲好你的故事，不妨把另一个故事拉到你的故事世界中来。

有人认为，影响者与被影响者是在玩一种零和游戏，一方赢了就意味着另一方输了。故事的魅力就在于它绕过了这种非此即彼的较量。一般来说，正面的交锋总要分个输赢，而故事则倡导平等。

正面交锋的影响方式遵循一条物理定律，即"每一种作用力，总有一种与之等量齐观的反作用力"。我们将其称为抗拒。只要有推力，就必然有反推力。故事也会产生一种作用力，即拉力。更稳定的做法是用故事将利益结合起来，而不是在个人利益之间实现不稳定的竞争。

人脑不容易理解非直线性的概念,若放在现实世界中就容易理解得多。现实世界的逻辑就像合气道的原理。合气道是武术的一种,但是它并不崇尚对抗,如果对抗是不可避免的,它就主张以最小的力量取得胜利。合气道认为,你应该借助对手的力量去攻击对手,让对手按照你的发力方向走。切记,你并没有使用自己的力量,而是借助了对手的力量。我们总认为对决就是直线运动,殊不知对决也可以是圆周运动。例如,如果对手抓住了你的胳膊,你不要挣脱,顺着他的力道侵入,接着扰乱他的平衡,最后把他朝着另一个方向扭转(如果他反抗,就把他面朝下压倒在地)。

很多时候,故事就是以不逃脱的姿态逃脱,以不影响的态度影响。

故事里的原理或许与你的直觉相悖,特别是在你急切地想要影响别人时,你的脑海中总有一个声音在回响:"快点做些什么!"如果你遵循自己的直觉,并采取了强推的策略,那么反抗一触即发。

故事的拉力策略,实质就是深入人们的内心,从中汲取动力之源,形成自己的力量,而不是去推进力量。

故事之饵

人类对个人利益孜孜以求,然而,到底什么是个人利益呢?

我们不断制造自己的动力（积极性）。每个人都被一些欲望驱动着，这些欲望反映了我们现在对这个世界的看法及我们的企图。从拾荒者到千万富翁，再到全职的"足球妈妈"，我们都渴望实现理想，这种渴望给予我们动力，促使我们思考，鼓动我们做点什么。

一个有影响力的故事，其目标就是要将别人的动力与你的目标联系起来。我们使用的行话证明了这点——我们试着让他们"上钩"，然后再"钓"上来。这可能听起来有点无礼，但也是最接近事实的了。你的故事就是诱饵。如果鱼不上钩，你要责怪鱼吗？你会说这条鱼动机不明、懒散、贪吃吗？不会，你会去找更好的饵。

那么，什么是好的饵？人们想要什么？哈哈，那才是关键！大部分人都不知道自己想要什么。

在本章开头的故事中，湿婆和帕瓦蒂认为他们想要的是和平、宁静，但聪明的甘尼许抓住了机会，发现完全的顶礼膜拜更能满足他们的私心。人们可能会给你一个清单，清单上列着他们认为自己想要的——听起来非常理性的东西，但他们往往与湿婆和帕瓦蒂半斤八两，都不知道自己究竟想要什么。他们或许知道自己想要某种东西，其实他们更想要的是这个东西能给他们带来的另外一个东西。

举个例子，你说："我想要 100 万美元。"

原因?"我就可以不用再为其他人工作了。"

原因?"我不喜欢别人对我呼来喝去。"

所以,这个人想要的并不是100万美元,而是个人自由!

如果你将所有人的"愿望清单"解剖至核心,它们看起来都差不多。杰出的讲故事者都知道这点。如果你想影响他人,利用别人的动能而不是用你自己的,你最佳的赌注是挖掘我们都想要的东西。如果你的故事能接近我们都有的人类需求的核心之一(归属、安全、爱),你就已经拿到了非常好的鱼饵。

触动我,看着我,感受我

卡尔·拉森在他的《文化堵车》中写道:"世界上最强劲的麻醉药是归属感。"对此,我想补充一下,对于"了解"的感觉——不是理解,甚至不是被重视——仅仅需要被承认、被看到。

现代社会,人们的注意力是新兴的稀缺资源。人们需要它,渴望它,为了得到它愿意付出报酬。可以说,几乎所有人都认为自己缺乏被关注。诚然,我们有自己认为重要的或者我们爱的人,但是这些人花在我们身上的时间远远不够,他们对我们的关注远远不够。

信息大爆炸的时代，数据和事实唾手可得，而沮丧犹如病毒一样蔓延，因为所有的信息都只会让我们觉得无能为力。我们不需要更多的信息。我们需要知道的是它的含义。我们需要一个故事解释它的含义，并且让我们感觉到自己能够融入其中。

当你讲的故事打动我时，你就给我送了一份大礼——关注，是把你我联系在一起的那种关注，这份大礼打动我的内心，让我觉得如获新生。一个简单如蓝莓蛋糕的故事比一堆"产品性能"之类的东西更能打动我，促使我去购买你的微波炉，因为那会让我觉得更生动，因为它更接近我们真实的经历。我们渴望真实的东西或者至少感觉像是真实的东西。

近几十年来，讲故事重新流行起来，这不是偶然的，也不是昙花一现的现象，这是我们社会的重大文化转变的体现。若想成为一个更好的讲故事者，不能寄希望于一些乱七八糟的潮流。要找到好的故事，就要遍寻真实和关键事件——发掘生活的真义。现在，恐惧故事被日益用于保护特殊利益，这常常始于对孤独安全性的寻找。你的故事越有影响力，它们跨越各种文化触及的真义就越深刻。

故事最终将会把你吸入一股超乎想象的动力中去——一些人称它为真相。注意，它可能会完全颠覆、重新定义你对自己的利己主义的看法。

米老鼠在《幻想曲》中发现，使用魔术可以达到出乎意料的结果。这和讲故事是一样的。所以当你开始发挥你的聪明才智，去挖掘人类共同的愿望和需求时，不要惊讶，你在影响别人的同时，也影响了自己。

你的故事有"人情味"吗？

你肤浅还是深刻？风趣还是严肃？慷慨还是吝啬？开心还是忧伤？或者两者都是，或者两者都不是，这就是人性。你是一个矛盾体，而不是单纯的好人或者坏人。当我们试着遵循逻辑，否定歧义时，那么你最终会看起来不像一个活生生的人。

譬如，你理性刻板地说："我对工作百分之百地投入。"这句话听起来平淡无味，然而这中间否定了人的复杂性，显得不可信。反之，如果你说："我百分之百地努力工作……可能在百分之八十的情况下是这样。"这会让我会心一笑，因为这更符合事实，也更可信。

很多时候，过度依赖逻辑，发表理性的言论，注重原因是什么，你就错过了听众最看重的一部分——人性，最终你讲述的故事将起不到任何作用。故事能触动人性的核心，能真实地表达人类普遍的情感和人性的双重特点。连人的表情都捉摸不透的人，不可能是一个好的讲故事者。好的讲故事者是那些被"说不清道不明"的事物吸引的人，而不是害怕那些事情的人。人性本就难测。事实、数据和理性分析，往往是获取影响力的绊脚石。好的故事可以感动你，可以帮助你，但是触动你的东西是无法被清晰描述的，也不能被简化成一个流程图。你无法证明它是真实的或是重要的，但你就知道它是。

当我们发现一个享誉世界的伟大领导者还留着儿时的泰迪熊，他的形象就会变得更有"人情味"，也更容易接近。当我们发现一个邪恶的暴君在他的狗生病的时候彻夜难眠，他也会显得更加有人性。故事让我们触及了神秘之处，善恶混杂——我们共同的人性。在我家乡的教堂里有一对富有的夫妇（每个教堂都有一对），他们是弗赖尔森夫妇，被当作贵族一样供着。每个星期天，他们挺直后背坐在靠背凳上，穿戴得一丝不苟，对我来说，他们就是另一个世界的人。

一天，我回故乡探亲，午饭的时候我凑巧挨着弗赖尔森夫妇坐。我不知道该说点什么。直到弗赖尔森夫人开口说："那就像我挂掉了主日学校的考试。"我跟她说，我都不知道她还会不及格。她笑着说，当她还是个小女孩儿时，父母换了教会，即使在之前的教会学校里她已经是三年级，但由于她的年龄，新教会把她放到了二年级班。她说："我非常羞愧，感觉就像我被留了一级，像挂掉了主日学校的考试一样。"此时，对我来说，弗赖尔森夫人才变成了一个正常人。我仿佛能看到那个脆弱的小女孩仍旧存活在这个威严端庄的女人身体里。我能将那一部分的她与我联系在一起，那部分就像我自己一样。

当一个故事带领我们触及人性时，我们才会意识到，其实彼此更多的是相通而非相悖。一旦你创造出了那种感情，你想要影响的人就更愿意配合你。他们从本质上感觉到:"我们是一样的,你和我……现在你想让我为你做点什么?"

好故事让人悲喜交集

一次培训中,我听到了一个很棒的故事,在座的公务员无不为之动容。听这个故事之前,我们只是这个房间里的人;而之后,我们是被人性的共识联系在一起的集体。

这个故事的讲述者是我故事辅导班里的一个人。他其貌不扬,头发稀疏而且往右边分得过多,大腹便便。总之,在外表上没有什么魅力。我们正在讨论影响的手段,他有点儿无聊。他的故事是一个老故事,大意是说,无论他做什么或是说什么,"当权者"都会猛扑而来并且搞砸掉,而不是给他资源,又或是无时无刻不在阻止他进步。他已经放弃了,抱定"就这么混着,直到退休"的态度。

他的故事维持在人性的一面——令人沮丧的一面。下面是他的故事。

我在部队工作,负责照顾在海外服役的军人的家属。我认为两年前有些事情改变了我。当时我和妻子已经离婚十二年了。我们有一个儿子。那时候他8岁。婚离得并不愉快,她也搬走了。我和儿子史蒂夫在接下来的十年里都断了联系。

四年前，我接到了一个电话，是史蒂夫打来的。他18岁了，他找到了我。（停顿）就好像我们从未分离过。我开车到了他住的地方，和他共处了整整两周。我俩都喜欢摩托车，我们还骑着车到处转悠。天哪，真是段美好的时光。

第二年史蒂夫决定像我一样参军。我没有劝过他，因为那是他的决定。（我们可以看到他脸上骄傲的表情。）穿着军装的他看起来是那么帅。我们没有交谈很多，但是会保持联系，我会为他答疑解惑。

然而，两年前我接到了一个电话。（他的声音已经崩溃了。）史蒂夫出了车祸……他没能撑下去。我又一次失去了他。这次是永远失去了。

（停顿了很久）

但是他在我生命中存在了两年，对此我永远心怀感激。每当我想到他，我对工作的看法就变了。我所关照的这些军人——都是某些人的儿子或者女儿。想到这些，深感自己肩上的担子很重。我变得更加耐心，愿意倾听他们的牢骚，尽自己所能帮助他们摆脱困境。

这是个悲喜交集的故事，生活中的意义和无意义，有关或无关的个人经历都与工作联系起来了。从中，我们看到了他工作态度的转变，之前牢骚满腹，后来尽职尽责。

说到这里，如果依然要在"人们关心工作，人们不关心工作"中做出一个选择，就显得没有人性了。这个故事触及了人性的一部分，即人们有时关心工作，有时则不然。此外，这个故事之所以感人至深，还因为我们对父子之间的亲情都感同身受。

这个故事可以为他的工作争取到支持吗？传统意义来讲，好像不能。听了这个故事，我们是否更愿意去帮助他呢？当然了，毫无疑问。

在讲故事之前，你需要建立一种联系。在你和你想影响的人之间建立联系。这种联系越是广泛和强劲，越是容易引起别人的共鸣。当沟通的渠道被贯通，影响就会变得更加容易。故事经由人类的共性建立联系，例如，我们总是善恶的矛盾共同体，我们都有共同的情感基础。每个人都经历过校园小霸王、失败的恋爱、一些信任我们的人、一只珍爱的宠物、一个糟糕的老板或是一个真正的好朋友。讲一讲你的经历，就可以和听众建立联系。

欲说服，先说通

真正的影响发生在关系融洽的人们之间。人与人之间，无论在金钱、地位、人种、性别、经历、文化等方面有多大的差别，终归都是人类，有一些共识是息息相关的。一个与这些共识相关联的故事，可以将你与其他人联系起来。神话和寓言得以流传千年的原因，就是人们可以从个人层面与它们联系起来。

神话和寓言并不是唯一永恒不朽的故事。如果你去讲生活中的故事，源于家庭或者工作中的故事，它们都会唤起世界上几乎所有人的共鸣。当一个人可以通过你的故事与你相连，他们会把你引为知己。无论你们是心意相通，还是价值观一样，或者有相同的感受，这种相似都足够产生一种信任的情感。当你建立起这个联系，你便赢得了人们的信任，也便更有可能影响、说服他们。

在第 1 章，斯基普谈到好高骛远是年轻人的通病。人都年轻过，也都轻狂过，事后才知当时的轻狂是多么无知，有过这样的心路历程，人才会渐渐成熟。我敢打赌，你年轻时一定吃过骄傲的亏，一定有一个值得讲讲的故事。你或许无法立刻回想起来，但如果你去寻找它，它就在那里。我们人类看起来各不相同，其实相同点更多。我们现在的生活方式似乎在强调不同，但相似点更重要。

找到一个好的故事要花费很大力气。然而，在你试着说服他人之前，你建立联系的努力将会得到回报。太多的人直接跳到影响力的策略，这在还未建立联系之前纯属白费力气。你和你的听众之间没有联系的桥梁，你所有的话语都会陷入你们之间的隔阂中。倘若我们先入为主地认为人们知道我们是谁，或者直接跳到说服的主题，我们实际上是在破坏自己的影响力。

我们大部分人都不会尝试去影响完全陌生的人。你想影响的人也许已经对你的性格和目的有所了解。但是，这并不意味着他们会积极地寻找关于你的信息，并且积极地评价你的意图。多疑是人的天性。就像罗伯特·奥恩斯坦（《右脑》的作者）说的，"进化偏爱谨慎的神经病"。进化决定了我们是谨小慎微的生物。

如果你没能影响别人，通常是因为人们不相信你的话，并怀疑你的意图。这一切仅仅是因为你没有花时间提供资料（一个故事）佐证你好的意图，或是你提供的资料无法与他们相关联。要知道，人们很少会当面质疑你的判断或你的意图。如果你去问，他们会拿出更多听起来合理的理由搪塞。然而，大多数时候，他们的"不"，比起缺少预算来说更多源于缺乏信任。如果在你告诉他们你想要什么之前，无视一个糟糕的连接并跳过了告知人们"你是谁"的基础工作，你就会错失与他们心意相通并说服他们的机会。

当你预期到"无关联"已经存在时，故事能比直接对质更好地转变负面的观念。硬碰硬地应对怀疑的做法通常会适得其反。强有力的保证，比如，"我非常值得信任"，只会引来更多的怀疑。然而，用讲故事说明你值得信任的经历听起来不那么有防御性，也不大可能激起抵抗心理。

不要坚持让听众相信你性格背后的一些东西。要讲故事，邀请人们窥见你的过去，让他们用自己的眼睛观察。斯基普的故事没有直击听众偏见——斯基普是个"年轻的富三代"，他展示了一段自己的经历，以此让他们重新对自己进行评价。一个故事要比告诉听众应该如何想更有礼貌。尊重会产生关联。一旦你们有了关联,就带着你的听众去见识你眼中的世界吧。

转变想法的心理过程

如果你认为人都是有创造力的,而你的同事认为"人都是胆小鬼",你应该如何改变他的观念呢?你可能会喊叫,讲道理或是侮辱他的智商,这样做不仅达不到目的,还有可能更加坚定他的想法。

要改变一个完全相反的观点,你必须循序渐进。故事给了你一个完美的模板,帮助你把某人从冲突的一端,慢慢地,委婉地,转移到另一端。援引研究数据,进行哲学论证,运用优雅修辞,这些手法太高深了。

你应该切合实际,降低标准,低到理性想法的下面,小步前进。你的故事必须首先让你和对方在一个点上建立联系,在这一点上,你们应该达成共识,拥有同样的情感基础。

看到一个普通人居然很有创造力,是一件振奋人心的事情。如果要讲一个母亲在暴风雪期间,想办法逗烦躁的孩子开心的故事,你可以讲,她用报纸折海盗帽,描上两撇小胡子,用树枝做成剑这样的细节。

建立在这个联系上,你可以讲部队里的故事,讲讲管理军装的上士如何巧妙绕过军规。这条军规要求他处理掉所有"用过的"军装。从海军新兵训练营回来后,士兵们都变瘦了,纷纷把训练之前发放的超大号军装退了回来,这些大号的军装几乎没有被穿过。

按规定,这些大号的军装只能被丢弃。上士不愿意浪费,他无视规定,开始把它们以各种方式再次利用,为此还赚了一笔钱。这个行为为他赢得了1998年"全国政府再创造协调机构"的奖励。

如果他是一个没有创造力的人,他或许早就放弃了,或者会因违反军规而受到惩罚。由此可见,并非所有人都是胆小鬼,有创造力的人总会一点点改变人们的固有观念。

如果你带领你试图说服的人,一步一步,顺着故事的脉络走到另一端,他们就不会产生受到强迫的感觉并展示抵触心理。细节可以帮你把故事中的人物变得活灵活现,你的听众就会开始记起他们自己的真实经历来印证你的观点。只要你从和对方达成共识的地方出发,一步一个脚印地前进,对方就可以看到你眼中的世界。

和对方得到一个共同的结论,这是你的最终目标。这个目标不是须臾之间可以实现的,所以不要太急躁,否则你将失去影响对方的机会。故事是你将对方带上这段旅程的工具,随着旅行的深入,他们会渐渐相信你所相信的,终将共同抵达彼岸。

我有一个朋友,她的工作是训练监狱看守的忍耐力和共治能力,工作非常难以开展。刚一开始,监狱长就失去了耐心,他们辩解看守们都很冷漠，对他们提出的意见毫无反馈。监狱长们很快就得出了结论：看守们根本就不想参与决策。

我的朋友面对这个困境，没有直接否定监狱长们的结论。经验告诉她，看守绝对不冷漠，只是有点担心，他们其实非常想参与决策。

为了让监狱长也看到这一点，她讲了一个故事，讲述自己当初是怎么转变想法的，然后让这个故事再去改变监狱长的想法。她没有强迫监狱长们接受自己的结论，而是引导他们得出自己的结论。

她说，训练的第一天，她通过一个练习让一些普通人思考角色、人格类型及他们认为的自己在这个系统中的位置。她让参与者们在房间里走来走去，直到他们找到自己所属的地方。通常，这个结果都是扎堆的（更外向的），一些不合群的（内向的），一些人拿着本书坐着，一些人站着参与某个活动……每个人站着的方式都表露出了其与生俱来的差别。

这个练习往往会引起一个有趣的关于多样性的讨论，接着转向谈论他们在迈尔斯-布里格斯性格测试的得分。这就是整个训练过程。

第二天早晨，她开始给看守们上课，她认为假定同等数量的男人、女人一定会出现多样化结果。然而，在她下令"在房间里走动直到他们找到自己所属的地方"的那刻，看守们没有丝毫犹豫或观察他人的动作，全部直直走向墙壁，转身背靠墙。

第 5 章 故事的心理影响 151

当她把这个故事告诉一众监狱长时，就已经带着他们迈出了几小步，从一个不同的角度看待这些看守。如果她只是说"他们很没有安全感"，监狱长们的态度不会有太大的改观。

故事，很自然地，按照步骤发展，以每次 10 度的步调，终能把听众的看法来个 180 度大转弯。以一种轻柔而循序渐进的步调改变别人的看法或者行为，会避免抵抗的反应。假设你的听众高高地站在他的观点的阶梯之上，那么，故事可以一阶一阶地哄他下来，让他走到你的阶梯边，然后，再一阶一阶地顺着你的阶梯爬上去，站在你站的地方观察事物。当然，如果 10 分钟后，你说的话，他一句都不记得了，那你的努力就白费了。

故事的美，在事实和图表不见了以后，仍然会在记忆中长时间存留。

如何在别人的脑海里烙印

记性不只是指一种好的或是差的记忆功能。一些记忆力差的人也能记住一个饱含情绪的故事。

我们能够记住那些一个个情节交织的，对我们有意义的、能让我们想象到视觉或直觉感官的，或是让我们感觉好或坏的事情。我们的生存取决于大脑跟踪特定关联的能力，这些关联未来的价值可以通过与情绪的联系得到证明。好的故事会被铭刻在听众的大脑中，将情绪和意象关联成在需要时可以检索的有意义的序列。我们都记得,野狼"呼哧呼哧吹气,直到把房子吹倒"的《三只小猪》的故事。然而大多数人却不记得数学课上的"向量"。你要是想让人们记住什么,你就要让你的故事在人们头脑里留下一个难忘的形象或者镜头。让它能像《辛德勒名单》黑白背景中穿红衣服的小女孩儿、《发条橙》里圆睁着的眼睛、《飞屋环游记》中带着老人的房屋飞行的数千只气球一样清晰地在人们的脑海里留下印记。

细节越具体,越容易产生广泛的联系,这貌似不合常理,却是所有讲故事者共知的秘诀。如前文所述,一个成功的故事必然是触动了人类某种共性的故事。其实,要触动人类的共性,首先要描述个体的个性。

例如,你若想通过自己的故事唤起听众对母亲的回忆,你首先要细致地描绘自己的母亲。你可以提到某个平凡的一天,母亲穿着朴素的衣服,开着常见的车,送你去上学。这段叙述不需要华丽的辞藻,也不必情节曲折,只要有清晰的细节,便能够让听众记起自己的母亲。

我的母亲头脑灵活,总有一些奇妙的点子,但是总让人感觉有点儿怪。她在学校工作,退休后给我讲了几个学校老师的故事,这些故事都让我记忆深刻。其中有一个故事至今仍时时影响着我,每当我遇到困境,它总是鼓励我乐观以对。

母亲是五年级的老师,擅长用艺术的手法讲课。例如,在讲到恐龙时,她突发奇想,为什么不用纸糊恐龙呢?于是,她宣布周五就是恐龙日,让大家准备好纸糊恐龙。

周五那一天,她带着糨糊来到教室,学生们也准备好了旧报纸,他们兴高采烈地忙活起来。这一天,她把教室变成了"一个你喜欢的爬行动物诞生地"。看着孩子们兴奋的脸庞,我母亲心中充满了成就感。

世事总是不能尽善尽美。下午3点钟,放学了,恐龙还没有全部做完。我母亲当机立断,把糨糊收好,告诉孩子们,下周一继续做恐龙。

周一早晨,她一打开教室的门,一股酸腐的味道扑面而来,几乎让她呕吐了,原来是糨糊变酸了。没有关系,母亲向来奉行"不浪费,不放弃"原则,即便没有糨糊,也要把恐龙做完。在她的鼓励下,孩子们打起精神,继续做恐龙,他们看起来兴致不减,只是偶尔能听到几声作呕的声音。

想起当时的场景,她说,整个教室变成了一间手术室,30个小医生手忙脚乱地给恐龙做手术,还有一名学生用笔记本的纸和胶条给自己做了一个纸口罩。

母亲本想把恐龙放在图书馆的玻璃窗里展示,可是,孩子们涂完颜色后,却发现许多恐龙根本就站不起来,有的孩子很沮丧,说:"我们的恐龙太搞笑了。"

母亲灵机一动,把那些站不起来的恐龙摆在食肉恐龙的脚下,然后涂上一些红颜料。看到这一幕,那些沮丧的孩子顿时绽开了笑容,对于这个年龄段的孩子来说,没有什么比受伤流血的恐龙更刺激的了。

这段经历无论是对于母亲还是她的学生而言，都是令人难忘的，而这完全得益于母亲在面对困境时的乐观态度。

是什么成就了这个令人难忘的故事呢？原因很多。首先，它叙述了一段经历，这段经历充满了细节，细节之间又是互相关联的，比如糨糊的酸味，这调动了我的嗅觉，使我产生了厌恶、同情的情绪，随后又使我感到惊奇；其次，它传达了某种意义，使我对创造产生了兴趣。

面对复杂的问题，故事可以成为"助记器"。要知道，如果你的演讲主题和关键内容无法被人们记住，你就不可能产生影响力。

故事在人的头脑中烙印了一块"花布"，人们对这块花布上每一根线条都印象深刻，这些线条代表了因果关系、情感变化及重要意义，甚至是许久之后才能显现的结果。

如果你是一个老板，你的公司开始缩减开支，员工们也必须勒紧裤腰带，你希望员工们能乐观面对逆境。此时，不妨给员工讲讲上面的故事，至少比"我们要少拿钱多干活"这样的陈词滥调更有效。如果员工需要面对的情况糟糕透顶，根本就得不到任何资源支持，听了上面的故事，他们或许会另辟蹊径解决资源的问题。

若要产生影响力，你需要帮助听众撇开旧的记忆。听众的许多行为早已成为习惯，只有让听众停止麻木地重复旧的反应和行为，才能让记忆在未来取得突破。

例如，我也知道顾客就是上帝，我要竭诚为顾客服务，可是，一个蛮不讲理的顾客对我横加指责，让我火冒三丈。此时，我到底该怎么办？如何才能让我保持耐心，做到以顾客为中心？

故事可以帮你。

还记得马丁·路德·金吧，他那著名的"我有一个梦想"的演讲，激励了几代美国黑人。他促使人们把"我曾受压迫"的故事改写成"我有一个梦想"的故事。

马丁·路德·金的梦想就是一个故事，他反复说"我有一个梦想"，就像在反复吟唱圣歌中的副歌。他的一系列比喻，就是一系列的故事，含义深刻，发人深省，余音绕梁，三日不绝。

丘吉尔讲了一个"铁幕"的故事，深刻地影响了美国人。直到今天，"铁幕"这个词仍不时被人们引用。

催眠、通灵、故事

好的故事会让人产生一种眩晕的感觉。下次，你在讲故事的过程中，可以观察一下听众的反应，如果你看到他们下意识地欠欠身子，调整成一个更舒服的姿势，或者眼睛睁大，甚至做出放松下巴的动作，这就意味着，故事正在诱发一种意识，意识到一种变化正在发生。

这种意识，并不是说他们已经看到了你看到的世界，而是他们正顺着故事的线索，慢慢进入一个想象的世界，比如，他们进入了一间教室，看到了一群小学生，闻到了糨糊变酸的气味。除此之外，故事还带领听众进入一个奇妙的意识状态，在这里，没有人会在意理性分析，只在乎感受，这是一种把他们的无意识和想象联系起来的意识状态。这种状态，是你和你的信息进入他们心灵的最佳机会。

这是一种催眠。何谓催眠？简而言之，催眠就是诱使对方放松，或者做出某种反应。尤其是对那些戒备心较强的人，一旦他们认识到你只是在讲一个故事，并没有进行说教，或者试图改变他们的观念，他们就会放松戒备。

有研究表明，一个有趣的故事，可以降低血压，减缓心跳速度。一个故事如何给人营造松弛感？可能是声音，充满磁性的声音可以让人放松；可能是时机，人们在一件令人紧张的事情之后，更愿意坐下来听你讲；也可能是听众的好奇心使然，他们乐意进入放松的状态，任由你在他们想象的帆布上涂鸦。

当你开始讲述"我是谁"的故事，听众的反应就会有所增强。所有催眠师在催眠之前，都必须和对方建立起信任和默契。须知，不是"给"某个人催眠，而是"和"某个人一起催眠。

一开始，人的左脑有"此或彼"的区分，有对或错的判断，随着故事的发展，对错渐渐模糊，充满想象的右脑开始发挥作用，慢慢接受"此和彼"的道理。

任何宗教激进主义者都在努力保护自己的纯粹性，把自己封闭起来，不接受任何影响。有些人宣称"我不能赢""先选权活动分子都下地狱"，或者"持股人永远不会理解"，他们就是在自己的左脑建立起牢固的逻辑壁垒，拒绝接受一切影响。故事恰能绕过壁垒，悄悄潜入，去扰动和动摇他们的潜意识层。

例如，对于无家可归的人，人们通常持有僵化的看法，认为"如果这些人不愿意工作，那么我们就不会支持他们"。（其实，很多人对不好的事物，都持有一刀切的看法。）对于这些人来说，一本正经的理论是起不到什么作用的。

一天下午，我在广播里听到了关于一次摄影展的介绍。这次摄影展展出了许多著名摄影家的作品，这些作品展示了无家可归者的困境。每一幅照片都是一个故事，这可比枯燥的讲座强多了，它更能唤起人们的同情心，促使人们去重新认识这个弱势群体。

我只是听了一次广播，并没有亲眼看到照片，广播的记者无疑是个优秀的故事家，她讲述的前副总统夫人蒂帕·戈尔（Tipper Gore）的故事能够迷住（催眠）任何对手，让他们进入一种松弛的状态，静静地聆听她的故事。

蒂帕时常前往拉法叶公园附近，主动帮助无家可归的人，给他们送去食物、衣物、帐篷，或者提供其他服务。

有一个无家可归者名叫玛丽，总在白宫附近活动，志愿者都认识她。一天，志愿者们准备把所有流浪者送到一个救援中心去大吃一顿，可是玛丽就是不愿意去。玛丽认为自己是当时总统比尔·克林顿的夫人,她不能放过任何一个接触总统的机会,所以她死活都不愿意离开。

蒂帕想了一个办法。她带着玛丽来到了白宫边上的**警卫室**。**警卫**认得蒂帕,刚想和她打招呼,却被蒂帕的眼神制止了。蒂帕说:"我身边的这位就是克林顿夫人。"警卫愣了一下,马上回过神来,立即恭敬地向玛丽点了点头。蒂帕接着说:"克林顿夫人准备与我们共进午餐,你能否给我一支笔和一张纸,我们给克林顿总统留个字条,请他放心。"警卫爽快地答应了。于是,玛丽就给总统"丈夫"写了一张字条,然后兴高采烈地跟大家去救援中心吃午餐了。玛丽后来和家人团聚了,接受了治疗,如今已经找到一份正式工作,还组建了幸福的家庭。很多人把无家可归者看作"懒汉",认为他们朽木不可雕。在他们看来,所有的社会福利都是在浪费纳税人的钱。他们应该听听这个故事,这个故事会软化他们的信念,渐渐地帮他们建立起一种更加和谐的观点。

早在20世纪50年代,在南方浸礼会,我们的前辈还在就禁酒令进行辩论。当时,诺亚·斯威特法官用一个超绝的例子在双方之间斡旋,让双方达成共识。斯威特法官说:"当你提到威士忌,如果你声称它是**魔鬼酿造**的,恕我不能认同。如果你的意思是说它是社交的润滑油……"

我承认,这才是我心目中的法官。

植入记忆的方法

这有点吓人,但好的故事会在听众的脑海里制造记忆,从而使真实的记忆变得模糊不清。你可能还记得小时候的一件事,却说不上来是否真的记得,还是因为这个故事你听了多遍后而信以为真,这就是上面所说的道理。

一遍遍地重复故事,或者是讲一个震撼的故事,将细节一点一点雕刻进听众的脑海里,最后听众的情感思维无法将其与真实事件区分。故事一旦在大脑里"安装",情绪因素就会和"真实的"记忆一样,影响人们的观点。

都市神话就是这样产生的。人们听说一件事,然后把它当成真事转述给别人,说这个故事是一个叫麦琪的阿姨从马斯科吉那里听来的,然后马斯科吉又从一个"认识故事里的那个人"那里听来。

还记得那个故事吗?一个人在旅馆里被人下了药,在浴缸中醒来时,肾脏都已经被黑市倒卖器官的人割走了。一些人被听到故事时发自内心的恐惧催眠。在他们的潜意识中,这个故事留下的印记要比他们那周听到的其他所有故事都更深刻,令人难以忘怀。对他们来说,这个故事是如此真实,因为它混合了非常真实的震惊和恐惧感。一旦他们感觉到故事比较真实,他们就会把故事当成事实来讲。当然,这种心理现象直接导致了使假新闻栩栩如生的冲击策略。

在影响他人时，即使不说谎，你也可以利用这一点。我们的观点是由我们的个人经历建立起来的。如果你的故事足够强大，感觉就像真实的个人经历，听众的思维就会将它与真实的个人经历共同记录下来。

我曾听过一位政府官员讲的他上司的故事，他是想告诉下属们，他全力支持他们大胆创新。

在一次员工会议上，他分发了许多小纸片，上面标着"宽恕优惠券"。然后他告诉他的团队："我们一直告诉你们要敢于冒险提高业绩、削减开销。但如果你们真的去冒险，你们可能会犯错。这些优惠券是犯错的许可证，是免费的，不要担心惩罚、责怪或成为替罪羊。"

他补充说："并且你们每个人都可以在年底前使用两张优惠券。"员工们深受感动。然后他笑着告诉我们，其中一个人说"这是我的第一张"，随后把一张优惠券放到上司桌上。上司问："你要做什么？"那个人回答道：

"我就想再打印 10 张。"

在我听完那个故事后不久，我发现自己在谈话当中会告诉别人，"政府在改变，政府员工也比以前更加敢于承担风险了"。我自信地说着，就好像发放宽恕优惠券时我就在那间屋子里一样。这是发生在我身上的真事。我坚信它，就好像"我就在那儿"。

这个故事已经存入我的脑海，紧挨着真实经历并且像亲身经历一样强有力地影响着我的想法。我不介意，我希望去影响人们，让他们对我们的政府抱有希望。事实上，当我复述这个故事时，也听到其他人说这是"真的"。我都怀疑，如果我只说我们的"政府正在变好"，人们也不会像看过这个故事一样轻而易举地重复我的描述。

　　如何找到一个有影响力的故事？翻开你的个人经历，找出那些影响了你，让你再去影响别人的故事。找到那些影响你最为深刻的经历，然后以故事的形式讲述，你的听众就可以分享你的经历。

　　当你的经历变成对他们来说真实的记忆，分享它就好像他们真的在那里一样。如果它足够强大到影响你，它很可能也足够影响其他人。

第6章　万能金句还是宏大史诗？

一部好戏，每字每句都应该令人回味无穷，如坚果般饱满，如苹果般芬芳。

——约翰·米林顿·辛格

一个妻子向巫师祈求一种能让她丈夫更爱她的神药。她说在丈夫参战前,他充满温情,有爱心,而且能轻而易举地把她逗得哈哈大笑,但自从回来后他变得暴躁、疏远,缺乏幽默感。她越是尝试去拥抱他,亲近他,让他回到以前的样子,越适得其反。最终,绝望的她,只能把希望寄托于巫师的神药上。

巫师很有耐心地听她讲完,说:"我觉得我应该可以帮到你,我会炮制一种爱的神药——但是你要找到神药的药引子。"她立即表示自己会全力以赴。巫师告诉她,这个爱的神药必须含有一根活猎豹的胡须。这是能够让她丈夫重燃爱欲的唯一方法。她心急如焚道:"我怎么可能从那么凶猛敏捷的猎豹那儿取到它的胡须呢?"巫师耸耸肩走了,她独自黯然泪下。

第二天她来到猎豹出没的地方,除了树上跳跃的猴子们和在空中穿梭的鸟儿,其他什么都没看到。接下来的一天她待了更长一点时间，找了个舒适的地方坐下，但还是没有看到猎豹。几个星期过去了。一个清晨，在发现猎豹之前，她的第六感已经感觉到了它的存在。她一动不动，但是猎豹一看到她就跑。转眼一个星期过去了。奇怪的是，这只猎豹不再躲闪。最后，经过几个月的美食侍候和慢慢地驯服，这只猎豹已经愉悦地和她住在一起了，并在她的安抚下睡着了。一次趁猎豹睡着时，她拿了把锋利的剪刀轻轻地剪下一根胡须。

第二天她带上胡须去见巫师，要拿到能让她丈夫重燃爱欲的神药。这个巫师说："你不需要任何神药了。把胡须扔掉，记住你在寻找药引过程中收获的知识，你丈夫就会再爱你一次了。"

来自埃塞俄比亚、索马里的故事

影响是通过潜移默化实现的，需要时间。影响从来都不只是一个动作，而是一整套流程，包含（各种各样的）开头、正文和结尾——在真实生活中，开头和结尾都是含糊不清的。

如果你想在更广阔的故事背景下影响他人，你会发现潜在的优势和产生潜在阻力的线索。所有影响所涉及的事件和经历，都可能会超越现实，追溯到多年以前甚至半个世纪前。其中没有只言片语，甚至没有迷你小故事，只有每个个体的长篇传记。金句思维侵蚀了挖掘深刻意义的长篇思维，后者打造的信任可以为奇特的波折赋予更大的背景。

当你试图深入了解某人的个人传记，寻求他的协作，你理应首先考虑语境。你的请求会被很多因素影响，如你们过去的关系，各自的社会角色（例如社会工作者、总裁、会计），童年关于信任的经历及其他不会马上显现的因素。

我们允许或拒绝别人的影响，可能是因为一系列颇为复杂的过去的经历，有时，我们自己也搞不清楚到底为什么允许或拒绝。然而，基于人类的共性，我们的行为是可以被预测的，这也令人尴尬。

在某种程度上，如果你读过了一个人的传记，你就相当于读到了所有人的传记，我们总是一代代重复着同样的故事。

理解你自己的故事，才能更好地理解别人的故事，理解阻碍你影响他人的那些偏见（你和他们之间的故事）。那些典型人物的故事，其实是我们日常生活的缩影，典型人物包括英雄、魔法师、圣人、国王、皇后、反派、烈士还有旅行者。虽然没有一个角色能解释一个人的全部人生，但是这些故事确实可以帮助我们区分不同类型的信念和行为。过去的模式比话语更能预测未来的行为。

如果考虑你所在的大环境，考虑你想影响的人的故事，你就可以扩大视野，看到对你的目标有利或有害的隐性动态。如果你是主角，你是否在无意中使别人感觉自己像是受害者？你是否和其他潜在主角形成了不良竞争关系？如果你是拥有社交媒体的魔术师，你的"魔法"是否引发了和点击一样多的怀疑？如果你想影响一群接受异教原型的青少年，你能否使对方不感觉到浓重的说教语气？观察你所处的大环境，捕捉你希望看到的东西。更多地捕捉那些围绕某件事上演的传记故事，这样可以提高你讲故事的能力，帮助你发现最合适的故事，去激励和影响听众。

对错不重要，情感才重要

在大部分传记中，正邪之争是由来已久的套路。虽然我们尽了最大的努力，但正义不能局限于对于对错的单一判断——因为正义反映了感觉的对错。个体经历决定了哪些正义故事在我们的感觉中更加重要。如果你指责某个群体的不正义感受是非理性的，你就忽略了人类用于定义公平的无数对错判断。每一组判断重新定义了谁是最努力的人，谁是需求最大的人，谁是服务时间最长的人，谁的贡献最大，谁是圈内人，或者所有人拥有相同份额。每个人都至少能讲出一个关于不公正的故事，至少知道一个反派角色，一直能逃脱其应有的惩罚。故事可以告诉我们，谁值得合作，谁不值得合作。

要想合作，我们就无法回避公平问题。人类天生喜欢监督付出和收获的平衡。想一想你不公平的记忆（背叛、作弊、剥削）有多生动。我们无法摆脱这些故事——这些故事使我们夜晚无法入睡，并且影响我们的日常生活。如果我们将一个群体对不公平的解释看作轻视（"奴隶制是很久以前的事情"），或者将轻微的不公平小题大做（白人对"反向歧视"的愤怒），我们形成共同理解的能力就会受到影响。一次，我负责协调与某个典型南方小镇市政委员会的对话。由于公平问题，这个群体无法就先开发马丁路德大街和榆树街中的哪条街道达成一致。这里面牵涉到具有历史意义的故事，但它完全被忽略了。和许多白人委员的想法不同，这并不是一个关于市中心发展的简单决策。这个由不同种族构成的委员会要想取得成功，需要解决具有300年历史纠葛的情感和关系。个人的政治抱负与社会、金钱和内外动态交织在了一起。最高决策者很倒霉，他相信能够通过逻辑思维、理性分析或者议会程序快速做出决策。他认为，法槌和"不交谈"的议会程序可以加快决策过程，但是强制的快速决策留下了一个包含相反意见的高压锅，随后演变成当地报纸上的人身攻击和指责。

如果该团体不能处理非理性感觉和过去的不公平感受，强调理性的决策，结果将注定失败。太快得到"是"的回答，成功只是短暂的幻觉罢了。从长远的角度看，产生影响才是真实的考验。先不说决策有多正确，人们如果不能在这个决策中找到公平，它就不会实现——至少不会像本应实现的那样实现。当你的真实目标是影响行为，而这种行为一直受到决策和系统是否公平的感觉强烈影响时，过分专注于一个事件（决策）可以说是缺乏远见。

对于市政委员会而言，法槌和"不交谈"的议会规则帮助他们迅速做出了"理性"决策。然而，6个月后，这项"通过的"战略计划并没有任何进展。委员会的两位成员向媒体提供种族不公平待遇的资料，最高决策者随之受到了多方弹劾。靠"只言片语/快速解决"方式施加影响就如同神话中出现的万能灵药、魔杖和尚方宝剑。人类世世代代都渴望立刻生效的影响——在信息化时代，我们寻求可以影响众人的万能金句。不过，这个金句并不存在。影响人们的行为，需要一个背景、一段时间，我们必须理解，未来的行为总是反映了人们对于命运及其馈赠的感觉。缩短时间窗口并强迫人们做决定只会留下危险的不公平感。

在我前去协调此次会议的道路上，我坐在一对老年非裔夫妇身边，因此我抓住机会向他们寻求建议（这是了解和倾听好故事的绝佳途径）。他们拥有在社区里解决冲突的经验。他们告诉我，即使社区群体的决定来自几小时的有意义讨论，如果他们没能讲述这个决定是如何得出的，这个决定仍然可能引发背叛或出卖的指控。妻子说："你需要把那些使你改变视角的故事告诉你的部落，使他们也能改变视角。"没有背后的故事，人们就会怀疑事情背后存在不公平。幸运的是，人们往往喜欢倾听"真实的"故事。

在谈话中间，我注意到了奇怪的沉默，因此环顾四周，发现附近每个乘客都在专注地倾听我们的谈话。他们笑着鼓励我们继续。在制定涉及付出和收获的重大决定时，我们需要说明我们制定决策时经历的斗争、转折和产生的想法。这样一来，我们得出结论的故事可以证明，我们尽职地讲述了我们部落的故事，使之得到了倾听。

这个故事有一个愉快的细节。在着陆之前，空乘过来问道："你们想见见玛雅·安吉罗（Maya Angelou，一位杰出的美国黑人女诗人）吗？"我们眼前一亮。空乘接着说道："她在头等舱。我向她讲述了你们的谈话，如果你们愿意等她，她可以最后一个下飞机。"我们同意了。玛雅·安吉罗为我们所做的工作送上了祝福。当我向城市规划小组讲述这个故事并解释他们随后需要分享的故事的力量时，许多人觉得自己有责任为玛雅·安吉罗找出最公平、最具持续性和合作性的决定。

影响情绪的秘密元素是重要人物的关注。被隔离在回音室时，愤怒、恐惧和抑郁等体现不公平感的负面情绪只会变得更严重。只有从回音室外部给予真正人性关注的善解人意的证人，才可以把负面情绪中的巨大毁灭力消除干净，将其转变成创造力。即使采取忽略对策，负面情绪也不会凭空消失，而是会更加严重。新的执行主任邀请委员们讲述揭示他们希望和疑虑的故事，重启了讨论过程。之后，这个群体有了更广泛的决策背景，能够制定出经得起检验的决策。

故事，把情感因素和过去的历史带到讨论现场。一旦情感和相关的公平感得到释放，就会对双方的对话和关注点产生影响。远离情绪制定决策并不能保证决策执行不受到情绪影响——它只是简单地忽视了那些可以立即影响决策的情绪。讲故事是使帮助和阻碍合作的暗流曝光最快的方式。你所关注的话题几乎全部隐藏着这样的暗流。

情感不是用来分析的

影响就像镜头，一个镜头可以抓拍到漂亮的动作，一系列镜头则能展示多层次的行为。以商业行为为例，除了金钱和时间的交流，尊重和公平可在更长的时间内创造精神层面的交流。

在城市管理委员会尝试做出决议之前，每一次的努力都无可避免地遭受来自各方面的反对力量的抵抗。泰迪是马丁路德大街上的一位商人，曾买下了两栋相邻的建筑，迫切期待此次开发，他感到了收益延迟带来的压力。某个"大人物"曾把黑人称为"你们那些人"，他认识到了自己的愚蠢，便决定代表所有的白人管理者补偿黑人贫民，以消减罪恶感。市长可一点儿也不介意在他的管辖权下议会是否会驳回决议，因为他一直在利用"娜塔莎"作为间谍。上述多方力量的角力就像一个小孩的胡乱涂画（恰当地说）。要读懂这幅涂鸦，你需要知道与这个孩子相关的所有故事。

现实生活中，最不缺少的就是爱掺和、爱搅浑水的人。无论在什么样的场合，你女儿的婚礼、产品发布会，甚至是中东形势，永远有不止一个人想主导局面，以便获得自己认为的应有身份。说到不公平，不要再说什么"把感情因素放一边"，感情永远不可能缺席，只会转移到地下。

如果商人泰迪隐藏个人故事，只是提出客观信息，如经济发展指标、计划入住率、犯罪率，别人对他总会是半信半疑的。可是，如果有个故事，讲娜塔莎上周在杂货店遇到认识的人，甚至连个招呼都没有打。那么，这后果可严重了。可能从那以后，娜塔莎每说一句话，那个被怠慢的人都会唱反调。最近的报纸将执行主任描述成种族主义者，许多委员以此作为评判执行主任所有话语的依据。要想缓解不公平故事带来的烦恼和痛苦，我们只能倾听，或者分享故事，让群体共同打造更大的相互公平的故事，以重新平衡不公平感。

轻视或忽视不公平情绪感受的复杂性只会为后来的麻烦打下非常理性但缺乏情绪考虑的基础。更好的做法是确保每个人的故事得到讲述，及早面对情感现实。你不需要理解每个视角。没有人能从逻辑角度理解它们——它们是情绪性的，不是吗？不过，分享将未来行为塑造为公平或不公平的故事是使你的群体避免未来盲目决策的最佳途径。

未被说服的人将发起革命

并没有什么策略可以确保你的影响力。这看起来是一个坏消息，仔细想想，也是一个好消息。

假如世上真有能够实现完全有效影响的秘诀，那么我们之间谁最有资格知道这个秘密？是善良的人、有同情心的人、聪明的人，还是学富五车的人？我想不出来。绝对不是我。有好几次，我因没人听我说话而心怀感激。有时当你尝试去影响别人，却得到"不"的回答。把"不"背后的原因理解清楚，你就可以看到一个更广阔的世界。最终你或许会永远感激这个"不"字。

有时你成功地影响了他人，结果却是悲惨的。例如，你把自己局限在象牙塔里，你阻碍一个更有想法的人取得成功。历史无数次证明，短暂的失败也有可能带来长远的成功。在史诗般漫长的时间框架中，引用只言片语取得的胜利往往会转化成一场悲剧。

拥有完全影响力的故事没有大团圆的结局，如果把每个人的否定回答都转为"是"，你的生活最终就和拥有了点金神手的迈达斯国王一样悲惨。是的，每样他接触的东西都会变为金子，可是他生活的世界也因为他的触碰而渐渐消失了，因为他的触碰杀死了他的女儿。若你有能力影响任何人做任何事，你便失去了从所有失败和反对意见中获得教训的机会。指点别人，不管别人是否愿意，最终会让你感觉空虚。生活的乐趣既来自给予，也来自接受。任何健康的影响模式必然混合了给予和接受。

你或许想得到一剂万能灵药，可是代价太高。有些人相信，权力可以提供这种神药。权力可以放大你的声音，也会迷惑你，让你认为自己已经拥有了实际根本没有的影响力。即使在一个极权社会，权力如果没有持续的高压政策，最终也会崩溃。从长远看，被禁止发声的人们通常会发起革命。

21世纪初，科技进步承诺公平开放的信息访问和选择自由，打破了我们仍然需要通过人类机构公平分配资源和奖励的预期。控制信息、资源和奖励流动的人类等级制度出现了短暂的真空，它所留下的真空迅速被新的算法等级制度填充，后者没有义务确保平等和公平。这些新的看门人（研究引擎、社交媒体、互联网零售商）以最大化利润而非公平的方式分配资源。公平成了被扔在"困难"篮筐中的可以避免的支出。

当你明白影响取决于公平感时，它会开阔你的眼界，延长你故事的时间跨度。你可能会发现，你可以解决未被解决的公平，以交换你希望的影响力。在这个地下经济世界中，你可以通过出售主观商品（尊重与聆听）获得客观让步（我们的街道可以等等再修），从而影响整个议会。故事则是进入地下经济世界的通行证，人的注意力在这里是稀缺资源。稳定的交易成功地将客观和主观需求混合在一起。如果你表面上达成交易，获得签约合同和书面行动计划，仿佛它们具有真正的影响力，你很快就会发现为了匆匆达成协议而未被理睬的不公平的故事。

永无结尾的故事

假如你是演员，你的影响力会在戏剧结束之后发挥作用。此时，通常正是人们做出选择的时候。当你们坐在会议室时，关于你意图的故事已经影响了他们，使他们相信或不相信你。类似地，真正的影响会在你离开舞台之后持续存在。到那时，你才能领悟从其他故事中发掘出的意外惊喜。

我始终对畅通无阻的影响保持很低的期待，直到你成为这个世界的国王或者皇后。总会有人跳出来制造事端，它永不会停。新的事物经常会冒出来。如果你希望挫折，它们至少不会使你在中途就被人打败。打造证实良好意图的故事和追求公平可以创造出当事情出问题时足以将群体维系在一起的背景。一旦你讲出了你的故事，就后退一步，鼓励其他人分享他们的故事吧。如果你的故事没有很顺利地融入他们的故事里，你的工作就还没完成。

你若后退一步，就可以更仔细地聆听戏剧里其他所有角色的故事。你会发现，他们有的比你更聪明，有的比你更有经验。要更加仔细地聆听那些自认比你更聪明（包括青少年）的人的故事，关注他们的台词、停顿、休息、思考，并且调整你的台词，如果必要，还要重写整个情境，或换掉你的故事。

最近，我迷失在我自己的故事里，对一家电脑技术零售商店充满挫败感。一个星期前，我把我的需求向售货员说了，并且留下了手提电脑和一些附属设备。这些东西中，一半是我不需要的，而另一些是我需要的，但是我需要的还不止这些。

第二次来到店里，我和另外一位售货员交谈，我们的谈话没头没尾，我从中间开始讲我的故事，我很快发现这位新来的售货员对我的问题一无所知，而且也越来越没兴趣帮我的忙。

我停下来，缓了一口气，问道："我们重新开始好吗？"然后我很尊敬地从头开始告诉他我的问题，并对我的紧张语气道歉，问他是否能提供帮助。他帮我解决了问题。他不仅在当天尽最大努力解决我的问题，在接下来的一个星期，还提议我应该为我的新电脑买个新的内存条。

很多人认为，在商业中，"跟进"就是持续合作的方法。当对方没有遵守协议，那么他们就认为"跟进"电话或者监视系统能够解决违约行为。违约的协议和不作为更像是影响失败的后果，而不是健忘，健忘只是另外一个影响失败的后果。真正能够改变行为的影响，不需要持续提醒。任何监督未来行为的协议，都意味着这项协议并没有处理好相反的意见。如果对方十有八九会不遵循协议，就没必要去跟进，你需要理解的是协议之下隐藏的抵抗力。一旦你理解了，就能够把它运用到你的故事里，修改你的故事或者找个新故事。

他们为什么会反对你

回到那个市政委员会改造市中心的故事。

真正接受一个计划，总会牵涉比议会厅里更多的人。第一位最高决策者迅速做出决策，没有给议会的成员留下思考的时间，自然也没能让他们掂量故事中的每个细节，最后将这个故事吸收为自己的故事。他忽略了他认为和自己不相关的故事——包括那些关于不信任的老故事（根深蒂固的传记），这些故事在感情上削弱了某个群体对信任和退让的新故事的初步支持。那个在会议室里面拟订的当时让人倍感惬意的妥协决定，现在作为既成事实呈现在他们的选民们面前时，好像变了味，感觉更像是一种出卖。

他们给各区的代表贴上"汤姆大叔"和"滥好人"的背叛者标签。重新安排控制、资源和人际关系的新思想必然会与保护人们的老故事发生冲突,这些人最终感觉自己受到了重新安排。许多人称之为对改变的抵抗,可是这种抵抗并不是人性中不理智和无法理解的隐藏力量。

抵抗的背后永远都有一个故事——这些故事通常是改变的埋由。理解每个抵抗新思想的故事观点可以使你成功找到比老故事更具吸引力的新故事。如果你事先知道会碰到什么样的抵抗故事,那么你可以集中精力攻克这些故事,宜早不宜迟。当你发现可能和你的新思想发生冲突的故事时,你便可以同情地听听他们的故事,然后敷贴上一剂能产生转变效应的关注药膏。将存在冲突的故事描述成被抹黑的反面故事只会加剧故事遭到驳斥的利益相关者的长期疏远。试图控制其他人的叙述是一种胁迫。将讲故事看作对立叙述之间竞争的做法使你无法找到(甚至寻找)令所有人感觉公平的更大的共同故事。当群体真心相信每个股东都能带来有意义的故事时,决策过程从一开始就是不同的,因为人们讨论的正是这些故事。在我要求这个群体为他们的局面绘制比喻性图画之前,执行主任甚至拒绝提到"种族"一词。在他的简笔画中,他试图跑步,但他的脚踝被拴在写有字母"R"的球上。他花了很长时间才证实,"R"代表"种族"。

重新定义"第一天"

回忆从前。从部门负责人履职的第一天起,他的哪些行为可以改一改呢？

想象一下我们意志坚定、衣冠楚楚的白人主任烤了一些饼干，然后说起他感觉自己的故事被人忽视的故事，给大家带来了惊喜；想象一下他带着真挚的眼神，解释某位导师曾教导他放慢速度，倾听别人；想象他讲述自己在南方混乱而羞愧地遭遇种族主义无法否认的不公平。最后，他说，希望小组成员可以出色地成为克服种族主义的榜样，找一个新的解决方案和处理方法，不怕遭到误解和受人操纵。如果他分享自己的故事，倾听成员的故事，他或许可以从第一天开始改变所有的事。如果小组成员多年前就听说过这个故事，知道他是一个富有同情心、懂得尊重和宽容的人，是不是会有更好的结果？

为了协调程序，重视每个人的故事，你需要解决某些人的负面影响，他们会使用一些策略，比如展示对同情的轻蔑，将选择在谈判桌上留一点空间的人称为失败者，或者将慷慨描述成软弱。随着整个故事的展开，嘲笑、欺负和嘲讽的短期收益很少能够长期持续。我相信，这些策略会浪费才能，引发抑制，破坏长期合作。为避免这一点，群体应该分享有意义的故事，拼凑出关于心理安全的共同定义。这样一来，我们可以帮助那些受到欺负的人建立信心，相信他们的故事和其他人一样有效，同时向恃强凌弱者发出警告。我们的目标是展示成功的合作相对于控制和屈服的优势。

和你需要影响的人们建立关系最好的时机，是在你需要他们帮忙之前发展关系。有一个参与我故事培训班的人，讲述了一个关于他父亲的故事,这个故事帮助我们重新定义了故事影响的"第一天"。

他的父亲在当地政界和工会颇有影响力,如果他决定支持哪位候选人,他就会在候选人的身上下赌注,为他做竞选标语,为他安装电话系统。得不到他支持的候选人,通常都不会持续取得成功。长久以来,他们充分理解了为影响打下基础的重要性。大萧条时期,他们一家人都还住在西弗吉尼亚,经常在每个圣诞节用自家酿造的威士忌制成蛋奶酒,送给村里的每户人家,最先送的两位则是警长和市长。礼物传达了友情,让市长和警长了解他,继而喜欢他。

在一次罢工活动期间,他的父亲作为工会积极分子需要得到市长和警长的注意,他成功抓住了机会。为镇压这次罢工,老板从外面找来许多工人,把他们带进办公室,还给他们准备了床垫休息,做好了打持久战的准备。

他的父亲这样说:"看起来市长被影响到了,宣布该办公室不是旅馆,下令警长移除床垫。"得益于市长和警长的行动,管理层很快与工会罢工者达成令人满意的协议。

这个故事告诉我们,当你在打造积极的人际关系时,你永远不知道"第一天"何时会起到关键作用。在你希望展示影响力之前,"第一天"就已经开始发挥作用了。

你眼中的自己和别人眼中的你

你的"我是谁"和"我为什么在这里"的故事,是人们眼中的你和你讲述的生活中的你共同构成的。

获取某人的关注与发展你的角色同时发生。你的外表、姿势和语气所能述说的故事比你预想的还多。你的角色会在别人的脑中重新诠释,例如英雄、反派、救星、操纵者、遇险的少女、伪君子、不中用的人、呆头呆脑的乡巴佬及其他角色。

我们可以从戏剧中了解很多角色的人物特点。编剧会通过对话、着装细节、精选的角色历史信息让你知道这是个什么样的人。现实生活也是如此。没有人知道谁才是真的你,他们只能通过自己的所见、所闻、与你的有限交流,以及别人对你的描述,总结出你是谁。所以,务必重视你在日常生活中讲述的故事。很多人之所以影响失败,就是因为没有注意到这个复杂而又不可或缺的因素。

如果你述说的故事完全背离人们眼中的你(无论是角色细节、第一手经验,还是别人讲述的你的事),你就要注意了。

设想,一个被多个角色描述成吝啬鬼的角色走上戏剧舞台。他可能会宣布:"我是多么慷慨大方的一个人啊!"不过,观众仍然会觉得他不仅是个吝啬鬼,还是个骗子或者妄想症患者。你可以通过人们对你的"你是谁"或者"你为什么在这里"故事的评论避免这种情况。如果人们认为你傲慢、没能力、不真诚,或者无知，你首先得改变人们对你的成见，才能影响别人。如果人们不愿意告诉你他们的真实想法，那么你就需要回顾你对自己讲述的关于他们如何看待你的故事，研究如何让别人觉得和你谈话有安全感。

在这之前，他们所看到、听到的有关你的一切都是至关重要的。但愿坐在你对面的、你希望影响的人，是你开车让过道的而不是被你抢了车道的家伙。正是这些小事建立起人与人之间的信任。我有个客户每天都通过小细节展现闪闪发光的性格魅力。一天，我和他的75位下属共同完成一个试验。那是个十分重要的日子。人们来回奔跑，忙着摆放材料和布置座位，看起来乱糟糟的，因为我的会场原本是为25个人设计的，但却来了75个人。当我看见马克走进来，我很惊慌。他看着我的眼睛，说："你之前从没做过这件事，不是吗？"我尖叫道："是的。"然而，他却递给我一瓶水，说："我给自己拿了一瓶，觉得你也应该来一瓶。"这对我而言完全是个惊喜。就是这样，没有问题，没有责备，没有意见反馈。他咧开嘴笑了，我也对他笑了。一个微小的细节对我的信心和做好当天工作的能力产生了巨大的效应。

通过每天看得见的行动，马克向每一个和他联系的人述说了更丰富的故事，关于"他是谁"和"为什么他在这里"。他在家和在工作中扮演相同的角色。他的诚实意味着，必要时他能够轻易赢得生活中几乎所有人的关注。

所以，当你想清楚了"我是谁"和"我为什么在这里"的问题,你就不必花太多的时间给人们讲故事。他们对此心知肚明。

激发"正能量"

我们都在故事里。简而言之,世上有一个"好的你",也有一个"坏的你"。而且,你希望影响的对象也一样。你的故事里应该把对方好的一面表现出来(我在这里做个假设,你喜欢自己的正能量,而不是负能量)。一个正面的故事,就像你拿着的一块面对其他人的镜子,他们能从镜中看到自己正面的影子。触及对我们个人有意义的问题,这是任何故事的核心力量。如同魔法一般刺激我们认识到真实的自己,加深我们的意义感和感情,把最好的自我展现给我们自己。伊索的酸葡萄故事告诉我们,为什么我们的好朋友中了彩票,我们会嫉妒——但它也激发出我最好的一面,提升了我的理解能力,使我认识到,每个人都会在某个时候感到嫉妒。我们述说的故事应能展现人们最好或最差的一面。

我的一个好友供职于微软公司。某年圣诞节之前,他们邀请了一个慈善团体到他们的地区性会议上,述说最近遭遇洪水的灾民和那些在圣诞节都没有礼物的小朋友的故事。

代表该组织的发言人并没有述说他自己的故事,他讲了一些使其组织能够获得信任的话。他讲述了水灾中的一些情况，然后播放音乐和幻灯片展示这个故事。观众们看到幻灯片中站在被洪水冲毁的家门前，以及在避难所的简易床里蜷缩着身子的孩子们。作为背景的经典音乐帮助观众们沉浸其中。幻灯片和背景音乐，让人们对这个团体充满了敬意。

在观看幻灯片前，人们或许只是个"网虫"，如今都变成"富有同情心的人"。会议厅外边，两辆大巴等候着，准备把人们送往玩具城。

一个小时之后，他们买了大量的玩具，把两辆大巴的行李舱都塞满了。

因为有人知道如何把这些小朋友的故事展示给倾听者，激发出人们最善良的一面，结果是很多难民小朋友在圣诞节都有了玩具礼物。

政府部门面对立场顽固的选民，可以通过公开的听证会，讲述一个强有力的故事，在墙上挂好来自策划会议的图示，让一些成员讲述他们关于希望与恐惧的故事。播放居民的幻灯片，让相关街道的商人讲述他们的故事。当然，也可以选择端上一些苔丝阿姨烘焙的饼干，并且提供烹调方法。

不管怎样，这展示了仁慈、宽容以及理解。利用故事、音乐、热乎乎的饼干激发人们"好"的一面，比流程图和演示文稿要好得多。

让听众的自尊沉睡

最终，最好的故事取胜。不是最准确的故事，也不是那些讲得最多的故事，而是令大多数人记忆深刻的故事——让人感觉最有意义的故事。律师们就懂这个道理。在法庭上，律师精心安排图表、激情的言语、证物和对证人的提问技巧，演绎他想表达的故事。一个会讲故事的律师，能够激活陪审团的情绪和感官，调动戏剧的力量影响判决。

原告律师的讲话时机和风格，例如携带"杀人凶器"在法庭上四处走动，会引起陪审团的忧虑、恐惧，打开他们的想象空间。他们或许会有意识地关注事实，但他们的潜意识里则盯着那支枪，想象着作案现场发生的事，现场上演着充满尖叫、血腥和激情的故事。如果这个故事对他们来说足够真实，他们会找到事实依据搭配他们潜意识里相信的故事。

无论是编织关于希望的故事勉励下属，激发他们日渐消失的圣诞节的奉献精神，还是强化陪审团的公正意识，促使他们对罪犯做出有罪的判决，你的故事就如一个电视遥控器，切换到你希望他们去看的那个频道。你不需要说服人们，说他们错了，事实上，如果你极力让别人承认他们错了，那你就输了，因为这样做，你就是在向他们的自尊宣战。

自尊受损之后的反击，盲目又邪恶，因为错误使人感觉不安全。你应该做的是，让听众的自尊沉睡，集中注意力讲一个震撼人心的新视角故事，提供更多有意义的新选择。不要把某人逼到角落里，不要当众指责。让他们放松，从新视角享受他们熟悉的故事。带领他们的意识和潜意识在不同的观点中安全地游走，唤醒他们的感觉和情绪，引出和激发他们的想象力。利用声音、音乐、图片、意象、幽默、对话、触觉，任何能使他们感觉真实的元素，让他们和你共同创造能触动他们意识及潜意识的故事。

投入感情才能获取影响力

像传记一样冗长的故事，可能会让你束手无策。不过，若想获得影响力，大故事强于小故事。

影响需要的是你高瞻远瞩地讲出一个大故事。如果你的故事关于无家可归的人、企业合并的好处，或者你的广告经纪人会如何把某品牌成功推广到家喻户晓的程度，你需要看到它、感觉它、闻到它、听到它……直到你的脑海里出现"去那儿"的想法。

演讲方式的不同，会带来天壤之别的结果。大多数人会止步不前，他们紧紧定在"这里"而不去"那里"——他们的故事所发生的地方。讲故事的时候止步不前，主要基于两个原因：其一，他们担心自己看起来愚蠢、粗鄙、好支使人，或者"不专业"；其二，担心述说故事会在某种程度上损害自己的可信度。这种想法听上去很疯狂，但有时候我们畏惧成为站在众人面前的那个人，尤其当我们想在那些人面前留下印象时，所以我们假装专业，把事情办得井井有条、顺理成章、合情合理。我们使用有意义的论点，能够在实际生活中被证明，并得到有逻辑性的结论。不幸的是，我们的故事风格变得拘谨、冷淡、情绪化，甚至无聊。更糟糕的是，我们会构造子虚乌有的故事，其指导原则忽视了揭示矛盾事实、展示脆弱性的核心目标。

你可以谨慎行事，但谨慎无法创造奇迹。如果你希望影响他人，必须敢于冒用你自己的情绪与人们在情感层面上打交道的风险。你需要首先唤醒自己的情感，然后才能感染他人的情感，就像戏剧里的主角，情感交流之前首先要感受情感。

希望、爱、同情、勇气、尴尬、欢乐和鼓舞，这些情感是驱动力，推动人们做出你希望他们做的行为。有时候驱动源会是消极的情感，如生气、害怕、伤心——面对不公的悲愤，面对失败的恐惧和悲伤。消极的情绪很容易形成，但是没有积极情绪那般长期有效（第 7 章对此有详细解读）。

无论激起对方的积极情绪还是消极情绪，你都需要有感情。尽管这有悖于平常我们学到的要保持镇定之类的惯例，可是我们必须这样做，只有这样才能产生真正的影响力。

一切故事都是个人的

长久以来，我们都被告知，太情绪化就没法做出好的判断。

"公事公办，不能掺杂个人情感"被人们奉为至理名言，这些都是废话。任何事都和个人情感相关。我们对工作、我们的表现，和自己的同事，都相当在意。所有相关的这些因素都代表我们是谁，是我们故事的一部分——所以我们都承受着精神压力。如果我们不在意，那么恐怕我们也会有短腿长耳的巴赛特猎犬那样平稳的血压。不管我们承不承认，情绪是我们做决定的主要驱动力。很多人声称自己从不感情用事，他们不是在极端地否定，就是受到某种情感的驱使，产生出一种情感淡漠，比如贪婪与恐惧（对情感的恐惧）。

人类是感性物种，所有决定都受情绪的影响。在医学上无法感受情绪的人根本无法做决定，因为他们无法感到足够"重要"的事情，无法冒险做出选择。你应该在讲述你的故事时展示你的情绪，使人们可以展示他们的情绪。你应该带着真实的感情讲故事。不管你在商界、政府机构，还是公益组织，你都是在与同行讲话。不要总是装扮得合理或者专业，这样会妨碍你展示自己人性的一面，也很难打动他们。你可以表现得恰如其分，又不失人情味。

禁止表达个人情绪，导致一些管理者和团队领导人在试图影响一些重要的决定时排除情感因素，他们忽视情绪偏见，没有理解情绪代入的社会角色。他们的影响力也被相应地减弱。

第二个阻止我们说故事的原因，是我们都想控制别人，都是控制狂。

在你述说故事时揭露自我，意味着你并没有"控制全局"。如果你完全投入对故事的想象中，你可能不会感觉自己在"控制别人"……但我断定那样的你会更有趣。演讲时，如果你担心忘记细节，你的注意力就会被分散，你故事的影响力也会被削弱。你带着"随它去"的态度，才能讲述一个令人信服的故事。

当你信任你的直觉，相信你的故事和你的观众，就可以放心地"随它去"。集中注意力，讲述一个真实的故事。

那么如果每次你述说你的故事都有不同的细节和顺序会如何呢？你也许偶尔会遗漏或混进一些东西。没关系。比起一个平平无奇、毫无生气的故事，人们更愿意谅解——"哦……讲到哪儿了？"

记住，你的目标是他们的参与，而不是你的控制，甚至在你的头脑中，控制欲都可能会吸掉你的故事传递的能量——我们需要从故事中得到的全部能量。

坚持一下

获得长期影响变得越来越难。由于分心出现了指数增长，失败比成功变得更加频繁。记住，谁都不可能常胜不败。强大影响力的秘密在于你面对失败的反应，而不是你成功时使用的策略。如果我们不休息，我们会厌烦。在妇女取得投票权之前，我们的故事就代代相传；保护环境的思想很可能出现在（或者不出现在）我们后代的故事中。如果你述说的故事关于世界和平、个人责任、合作双赢，或宽容，你或许会倾尽一生证明你的故事，最终也未必能成功。时间跨度短一些的故事，例如兼并、重组、新公司、新的税务方案和改善人们生活的新举措，也都需要很长时间才能看到效果。如果你从事一项需要艰苦毅力的生意，那么坚持到底和始终保持充足的能量与知道如何说一个感人的故事一样重要。要想保持信心，你需要真实的故事，告诉自己什么是世界上的正义。

毅力是培养长期影响力的重要技能。只有坚持不懈，你才能寻找合适的视角，既能反映你想影响的那些人的故事，又能向他们展示新视角。只有坚持不懈，你才能一遍又一遍述说你的故事。你的故事固然要激动人心，以建立信任，可是要保证持久的影响力，你必须与那些相信你和你的理想的人保持长久的联系。

几年前，当我决定换工作，我知道我需要毅力才能坚持长久。我辞了职，不停地问自己一些无法回答的问题（你疯了吗？），降低生活水平，报读研究生院和寻找导师，这些都考验着我的耐力。为了培养自己的毅力，我毅然报名参加马拉松比赛。10个月的训练让我以为自己已经学会坚忍，因为我要忍受各方面的高强度训练，比如步伐、纪律、集中精力和组织结构。但是，直到参加马拉松的那一天，我才真正学到了坚忍。

我和训练伙伴罗伯一同起跑。当我们开车前往42千米长的赛道时，他还开着玩笑。但比赛一开始，他就抛下我，像离弦的箭一样冲了出去。当我艰难地逆风绕过拐弯的时候，我看到了一张熟悉的面孔，是辛西娅和她的丈夫伊恩。辛西娅笑着轻轻碰了一下我，伊恩穿着他的便鞋。他打了个招呼，然后离开队伍回到车上。多么惊喜的一次邂逅！辛西娅在我旁边开玩笑道："这个街角有阵逆风。"在她身旁，我被她逗得一直笑，我并不是一个人在跑。

那天，我有 4 个好朋友先后跑出来陪我跑完马拉松。比赛总长 42 千米，最艰难的 40 千米路，我没有孤独地一个人跑。我永远不会忘记那一天。

那些相信你和爱你的人对你的支持，将帮助你获取毅力的秘诀。面对失败的第一个信号，很多人退出了，并且认为他们的目标不可能实现。这就是你需要支持的时候。

你一生中所建立的关系，是在你的感情之湖即将干涸时赖以生存的源泉。你获得的支持反映你多年来向他人提供的支持。情感支持基于相互原则。你所提供的情感支持最终会转化成你所获得的情感支持。围绕公正未来的共同故事建立持久的人际关系是你翻山越岭所需要的最佳策略。

第 7 章　影响不情愿、不关心和不积极人群

学会分析别人的行动计划，猜测他们下一步的举动，观察他们的意图，将此变成你的习惯。坚持这个习惯，不妨先在自己身上练习。

——约翰·米林顿·辛格

很久以前,有一个小村庄,村子里唯一一条可以与外面有联系的路被一头凶残的怪兽挡住了。很多勇敢的骑士去与怪兽搏斗,但是不管骑士带了多么厉害的武器,这头怪兽都会使出超过武器威力两倍的神力并战而胜之。

第一个骑士抡起一根木棍去与怪兽搏斗,被怪兽用一根两倍长的木棍敲扁。第二个骑士试图用火烧怪兽,被怪兽喷出来两倍的火烧成灰烬。第三个骑士挥舞一把宝剑,却被怪兽用两倍长两倍锋利的魔剑砍成了两半。这三个骑士的命运阻止了其他人除去怪兽的想法,村子里的人学会了在他们的界限之内生活。

一天,村子里一个名叫杰克的傻瓜宣布他想出了一个可以消灭怪兽的办法。大多数人都嘲笑杰克。只有好奇和勇敢的人跟着杰克一同前往,帮杰克往被怪兽堵住的路面运送水和食物。

怪兽伸展开庞大的身躯,看着杰克,向他怒吼。杰克拿着一个苹果径直走向怪兽,问它:"你饿了吗?"

旁观的人都为他这一举动倒抽了一口冷气。怪兽眯着眼,用鼻子闻了闻这个苹果,然后优雅地从杰克颤抖的手里接过苹果,当它张开血盆大口,一位女士吓得晕了过去。它高高举起的拳头,在错愕的人群面前落下。嘭!人们在怪兽打开的拳头里看到了两个更多汁更红的苹果。同时,用黏土做的罐子也变成了两个金的罐子,金罐子里面盛满了比之前更清甜的水。人们跑回村子里,把这个奇迹奔走相告。

他们回来的时候,杰克正在冲着怪兽微笑,而怪兽也对着杰克微笑。怪兽的微笑是那么温暖,村子里最愤世嫉俗的人也相信,现在怪兽对于村庄来说是祝福而不是诅咒。

节选自艾德·斯蒂文德复述亚伦·皮佩的
《不只是对手的巨人》

你之所以想去影响别人,是因为你自信有一个更好的解决问题的方法。你越坚定地认为你是"对的",越容易给与你意见相左的人贴上错误的标签。人们不会很好地回应将他们描述为"错误"的故事。无论他们是资深领导团队、公务员、采购员、你的母亲,还是一个邻居——熟悉到你允许他家的狗在你的院子里随便撒尿——一旦你把他人视作敌人,你就树立起了敌对关系,势必要分个胜负。

那些"我方阵营"的人被归类为恩人、英雄、朋友、神仙、教父或者是好邻居等。最初的故事讲述者常常视自己为英雄,把那些拒绝他们的请求或者阻碍他们进程的人视为恶棍。我们更容易想象我们的敌对方是愚蠢的、顽固的,或是懒惰的,从来不会思考他们是否也会有合理的理由,甚至是否觉得我们是愚蠢的、顽固的或自私的,这是可以理解的。我们很容易在故事里将问题置于我们和他们相对立的背景中,但这无益于找到在不确定的未来保护我们和他们的解决方案。

故事讲述者用故事为共同解决方案建立桥梁需要更多经验。例如，在我的社区里，当环保人士不希望军队在社区安置不稳定军事燃料的焚化炉时，他们面对的就是这种挑战。他们可以把这支军队归类为坏人，这些坏人对社区冷漠无情，从不考虑社区的安危。

然而部队需要处理大量不稳定燃料库存，以履行国际条约义务。焚化炉支持者相信，焚化的过程是完全安全的。毕竟，他们自己的孩子也住在这个社区。他们认为社区的激进分子是反派且没有大局观。

如果你的工作是帮助影响任意一方（选择你认为与你的情况最相符的一方），用"我方正确，你方错误"的方法，将破坏你联系、说服另一方的能力。妖魔化对方单方面反驳了他们的个人故事，并且促使对方做出相同的举动。

要影响那些已经被你归类为不情愿、不关心或者不积极的人几乎是不可能的，除非你接受了一个证明他们的观点和指出你们共同良好动机的新故事。不管你希望影响谁，这些个体非常愿意、关心、有动力追求他们在个人故事中认为最重要的事情。

反堕胎的人关心的是拯救未出生的孩子。赞成合法堕胎的人关心的是拯救青少年的生活和一个意外出生孩子的生活质量。两者都认为自己的观点是正义的。环保人士、石油公司、农民、商人、共和党、民主党、管理者、劳动者，他们各有观点，在用我们/他们的故事屡试不爽几十年以后，我们长期丧失的国际信任

（我们没能认识到这是重要甚至存在风险的）制造了仇恨的黑洞，吞噬了良好的意图。每一次成功地使之前的健全人相信自己是"失败者"都会使他更加相信，总体而言，人们的邪恶多于善良。

你不是英雄，别人也不是反派

我们遭遇的挫折和错误的紧迫感常常使我们错将别人看成反派，而自己是英雄，为什么会这样呢？因为这样做最容易。

单线条的故事比复杂的事实更加快捷简单，事实至少有多个侧面，需要我们多角度考虑。简单的故事讲起来更容易使人满意，因为我们可以在演说中痛快淋漓地表达自以为是的挫败、绝望、愤怒和焦虑等情感。更妙的是，拥有好人和坏人的故事承诺了巨大的戏剧性和巨大的"胜利"。宽容、耐心和羞耻无法提供如此强烈的冲动。共同创造新故事以实现共同目标的缓慢过程不像战胜敌人的前景那样响亮而振奋人心。和平解决最终被视为软弱甚至是投降。

这种胜负故事根植于我们文化的力量对抗模式中。一个游戏体现了这种文化倾向。

游戏中，教练告诉队员，他们的目标是"尽可能多地得分"。队员们被要求两个人一组，面对面，右手握在一起。谁能把对方的手拉过中线，谁就可以得到 1 分。教练员一喊"开始"，大多数的组都开始角力，用尽全力把对方往自己这一边拉。时间到了，有几个组每次都能得140多分，而其他的组只有2～3分。这些获得高分的组早就认识到，通过合作，每个人都可以得到很多分，如果配合默契，每一次能得到数百分。总是有些人对这种"胜利"感到很失望。对许多人来说，合作相对于充满竞争的比赛来说是非常无聊的。

恐吓、羞辱于事无补

只要你把一个团体或者个人恶魔化为敌对方，最速效的策略就会引发恐惧。遗憾的是，这种情绪随着时间的推移会拖出长长的尾巴，引发防御性心态。当你跟你认为是不情愿、不关心或不积极的人交谈时，负面情绪会破坏一切沟通意愿。其中暗含的目标是取得胜利——是去羞辱、恐吓、震慑、强迫和归罪于对方，迫使其后退。（你幻想着你的敌人跪在你面前，乞求你的原谅——然而，现实生活中这种情况是不可能发生的。）

对抗的故事大多带来消极的影响，可能是偏执、反击甚至绝望。我曾经见过有的人意图是好的，却一次又一次失败，因为他们陷入一个消极的战争故事中，他们在不经意间把他们周围的其他人也拖入这种消极中。

我听过这样一个很有说服力的故事，那是在东欧召开的一次国际会议上，一个联合国的退休人员讲述的故事。

这个人一生都致力于鼓励人们保护环境和停止战争。他是一个积极的理想主义者，但是当他尽力影响其他人时却遭遇了重大挫折。这天早上，一位匈牙利的演说家诙谐的开场白让大家忍俊不禁。在"严肃先生"开始说话之前，我们的情绪都很高。他开始演讲了，在此后的一个小时里，他用数据描述奄奄一息的婴儿、正在消失的雨林和不断扩散的核武器，这些数据使我们的情绪变得压抑，会场中弥漫着负罪感、恐惧和耻辱。消极的能量冲刷掉早上所有的积极能量。

是的，他说的都是事实。但是他的故事中的事实更多的是指责别人，而不是搭建前进的桥梁。他想用这样的事实激励我们行动，却不知他的自以为是已经毁了一切。他认为我们对于拯救这个世界都是不情愿、漠不关心并且毫无动力的。他的故事使他的信念在我们听来很真实。他消极的情绪激发了聆听他演讲的人的消极情绪，他感到挫败、沮丧、担忧，除非我们不听他讲的故事或者直接忽略它，否则他的故事也会让我们有同感。挫败、沮丧、焦虑或者愚昧不会激发实际行动。他的故事只是唤醒我们的羞愧感。羞愧感无法帮助愚公成功移山，而希望会。

你讲的任何故事，都源于你讲给自己的故事。只有当你自己感到有希望，你才会给别人带来希望。如果你的故事充满苦涩、憎恨和愤怒，你最好将你这些不好的情绪隔离起来，而不是影响你周围的人。你的目标是通过传播情绪，使你想影响的人充满希望并行动。

杰·奥卡拉汉是一位职业故事家,他讲的很多长篇故事给听众带来了极大影响。他有一个故事,名字叫"伟大的海雀",讲述的是一位名叫迪克·惠勒的退休教师,在海上仅靠独木舟航行2700千米的故事。最初,他是想追踪濒临灭绝的海雀的迁徙轨迹,继而引起众人对于所有海鸟灭绝风险的关心。旅行中,他发现了更严重的问题,这些问题极大地威胁着海洋生态,如污染和过度捕捞。他想告诫世人,如果生态环境不能得到改善,海洋将面临严重的困境,那时它将以自己的方式表达海洋的愤怒、绝望和无力。到那时,人类将面临无法挽回的严重后果。

杰说他花了4年的时间调整这个故事,让它听起来不是在"布道"。他说:"海雀垂死挣扎的故事中,很大一部分发泄了我对于人类正在破坏地球这一行为的愤怒。我仍然对此很愤怒,这种愤怒是有一定的效果的,但是我不会责备观众。"他接下来的话,给我们上了一课,教我们如何讲故事。

"我作为一位艺术家,任务就是让观众体验到迪克经历了些什么。去见当事人,听听他们的方言,听听渔民们的请求,告诉他们,我们不应该捕捞鱼的幼苗。经历是最好的老师。那些耸人听闻的炼狱硫黄火湖的故事,可能会影响我们祖父母那代人,但现在的成年人,很少有人会坐下来承受不间断的斥责。"

把"他们"变成"我们"

不知道有多少次,我听到这样的言论:"你不知道我在跟什么样的人打交道……"接下来就是对"那个人"完全恶魔化的描述,如果"那个人"是首席执行官,就一定是一个反社会分子,或者是个无法挽救的自私钻营的精英,为了谋求个人利益而不择手段;如果"那个人"是个平民,他就是一个愚蠢、懒惰、贫穷的人,总是不想去工作。任何以"那种人"开头的言论都会让我感到厌烦。

世界上确实有邪恶的人,确实有懒惰的人,也确实有没有良知的人。一些人的故事不管你讲得多好,不管你的感情触动多少人,你也没有办法把它们演绎成积极的故事。确实,对待有些人,我们只能采取一些敌对性质的控制和强制的方式。然而,十有八九,你妖魔化的人实际上既有好的一面也有邪恶的一面(常人都具有两面性)。无情的劳工谈判代表实际上在晚上仍然无法入睡,他在考虑他白天做的事情是否正确;自大的销售经理开除无法胜任工作的新员工,他也会发自内心地感到痛苦;由于遭遇挫折和无法从工作中找到意义,冷漠的中层经理也会在午饭餐桌上发呆,迟迟不愿走进办公室。如果想碰触和激发人性善良的部分,就不要过多关注邪恶的那一面。

重新将"他们"定义为"我们",或许是一件很难的事情。这将颠覆你的固有观念,在那个世界中,你是好人而他们是"不能理解的""不想改变的""不懂倾听的"。可是，如果你换个思路，尝试在新故事当中，将从前那些敌对的人都划入你所在的圈子当中，你会发现那个不理解、不愿改变和不懂倾听的人不是别人，正是你自己。

哪个对你来说更重要——是坚持己见，还是解决问题？

讲故事永远不会失败

在复杂情况下，讲故事作为一种影响的策略有独特的优势：你不会失败。事实上，你可能不会成功，但是因为故事揭示了超越敌对状态的视角，所以你也永远不会失败。

当你的策略仅仅依赖于事实、空洞的推理、权威或者其他的推动策略时，你就在沙滩上画了一条线。他们既可能买你的账来到你这一边，也可能不买你的账站到另一边。一旦这条线画出来，那么不成功便成仁。在大多数情况下，要求他人越过你的线（承认你是"对的"）意味着丢脸，甚至会破坏真正的共识。如果他们不越过这条线，那么丢脸的那个人是你，你在对抗中也将处于不利地位。它强加了只有两个不兼容立场的预期，故事可以帮助我们跳出这个两难境地。

讲故事在沙滩上建造了一座堡垒。你激发好奇心，培养兴趣并鼓励参与，你的听众出于热情走到了你的一边，他们其实还没有意识到已经跨过了一条线。同样，如果你讲了一个故事，而这个故事不能让他们都参与进来,这时并不存在明显的不对,你可以重新尝试着讲另外一个故事。如果没有一条区隔双方的线,就没有敌对方,也就没有人会失败。即使有一个人心底极其想让你失败,只暗示给你一点点微弱的希望,这也未尝不是好事。只要有一线希望,你就可能迎来转机!

有时你的第一个故事仅仅是为自己获得再讲一个故事的机会。如果碰上从前的对手,你可能得讲上好几个故事才能见到一点希望。当然,你需要展示一些行为,使他们有理由改变心意。

还有些时候,在你还没开始讲故事之前,早已经被听众视为敌人了。

例如,一位首席执行官刚刚走马上任,如果他下面的员工都不相信"管理",那么对于这些员工而言,他就是"敌人"。他们不会在一开始相信他。如果他讲了一个故事,故事中体现出信任且不愿成为他们的对立方,他们自然会感到怀疑。在一段时间之内,他们仍然会给自己讲一个敌对的故事。只有随着时间的推移,他们根据所听、所见,认为他表里如一时,才可能会改变态度。

你要坚持创作新故事。即使有证据证明你想影响的人事实上不情愿、不关心、不积极,你也不要轻易放弃。要将最初的几次失败经历,看作创作互相尊重和相互合作的新故事的必经之路。

用故事搞定 6 种难缠的人

当我们想要影响的个人或者团体强烈抵制我们的故事时,他们的情绪反应无外乎 6 种——吹毛求疵、愤恨、嫉妒、绝望、冷漠或者贪婪。不用担心,这是正常的情绪反应,正是这些情绪反应造成听众的抵触心理,你可以通过两个步骤解决这些问题。

首先,你要找到一个新故事,用这个新故事和听众建立稳固的联系。如果你仔细倾听他们的故事,他们更容易倾听你的故事。

这 6 种消极的情绪源自对世界的常见敌对态度。这是保护性反应,因为这个世界的故事最近发生了改变,增加了人们的不公平感。如果你能够传达一个促进双赢、提升世界上正义性的可信故事,你就可能会用积极的情绪消除这些消极的情绪。我们的情绪反映了我们所相信的故事。我们不能直接改变一个人的情绪;我们能做的只是转变他的关注点,展示他们现有故事的新视角。一旦你理解了消极情绪背后的"当前"故事,你可以帮助他重构一个更大的故事。大多数的不公正故事都是小故事,或者最起码是不完整的故事。例如,在小故事中,你制订的预算计划最终超支,这让你倍感苦恼;而在大故事中,你的这个预算方案却保住了许多工作岗位,这样就会让你感觉良好了。

即使你的故事必须承认真实的不公(如果忽略将会造成错误),你也可以讲述超越不公的故事。讲一个更大的故事,说明如何拨乱反正。人们雕琢正义，持续提防不公。心理上的能量通向好的事物，或远离坏的事物。是的，你可以通过联系你自己的愤世嫉俗、憎恨、嫉妒、无望和冷漠这些带有煽动性的不公正故事影响别人。

一个有关漏油的灾难性的故事可能激发行动，但是一个愤怒的故事最终会将积极分子排除在影响对象之外。一个更大的故事，如果包含了有些员工努力清理浮油的英雄事迹，会更具有启发性。

○ 吹毛求疵的人

你可能会发现你想要影响的人怀疑你的诚意、你的能力或者你传达信息的资格。在这种情况下，你需要讲述一个可以证明你的诚意、能力和资格的故事。保证和许诺并不会扭转这些人对你的看法。

吹毛求疵的人对于你所坦承的良好意图是具有免疫力的。他们想要证据——证明你在行动上也是出于好意。亲身经历的故事最好，但是如果他们不认识你，事情就变得困难了。

在谈话中，最好讲述一个你亲身经历的故事，这可以给吹毛求疵的人提供充足的证据。

自从本书第一次出版以来，愤世嫉俗已经成了对立双方妖魔化对方的故事以获取胜利的身份象征。在颠覆性时期，成功/失败的机会主义者可以获得大量短期收益。我只能希望，当幻想近距离拳击是解决问题最佳途径的人遭遇长期损失时，愤世嫉俗的地位会下降。

将所有信心寄托于科技的人往往用贬低人类情绪智能、质疑善良价值的故事证明他们的信心。一些人怂恿大家对于包含情感的对话冷嘲热讽，将这些对话称为浪费感情的过程。对于只相信数据的人来说，他们的"真理"每天都在改变。他们错失了营造良好文化的利益，没能让人们更相信人而不是机器。

MTW公司的首席执行官迪克·穆勒早在20世纪90年代后期就认识到了这点。吸引并留住市场上最好的IT人才是一家成功的软件公司的竞争优势的基石。他清楚IT工作者非常在意好的工作环境，痛恨空头支票。MTW是首批重新设计整个招聘过程的组织之一，以证明他们公司真正强调"以人为本"的原则。

招聘流程是这样的：首先是6~8个小时的电话会议，然后在半个小时到一个小时的时间内，让应聘者与公司的各级工作人员聊聊。聊什么呢？工作人员会讲一讲自己在这家公司的工作感受。

迪克用一个故事讲述了MTW公司是如何在行动上体现"以人为本"的。他说，每年和员工谈论保险问题，他都如履薄冰。不管他选择哪一家保险公司，总是会有抱怨。所以，他决定让最关心保险公司的人做决定。他授权一组员工，让他们选择保险公司。他确信在这一组员工中有对之前的选择最不满意的人，他给了他们 45 天时间做决定。后来,他坐在会议室里听取这个小组中每一个人的决定(在这个故事中有一个重要的细节问题——吹毛求疵的人总是很关心顺序的问题)。让他吃惊的是,他们决定实行个人投保。他接着说:"在这次会议上,他们并没有请求获得批准,他们一直解释这个决定对我们所有人来说意味着涵盖面更广、能够获得更理想化的经济效益。这是他们给出的建议,他们也做到了这点。"他的语气充满自豪,更加验证了故事的真实性。即使最吹毛求疵的人也可以从迪克·穆勒的话中体会到"以人为本"的承诺。

今天,这一过程被称为"参与",整个制度致力于提供经历,分享故事,使员工相信公司会遵守承诺,促进员工的参与,以留住员工。世界越是难以描述,你就越是应该建立正规的故事分享过程,以便在合作者之间建立信任,而这些合作者甚至可能不会当面见到对方。

○ 愤愤不平的人

如果你想影响的人认可你的目标,但是你没有把他们放在首要位置,他们就会对与你的合作充满怀疑。

他们可能想合作,但是他们不想迈出第一步。他们陷入一个僵局——"当他们改变时我也会改变"的困境。不过,必须要有人迈出第一步,当一个新的体制刚刚被引进,经常会发生这种情况。任何会带来新的不公正的标准化体制都会滋生憎恨。

标准化通常意味着那些本应该获得更多自主的人得到的更少，而本应该获得更少的人却得到更多。福利制度、预算系统、奖励机制和业绩检查体系最终总是给圈外人不公正感。然而，人们往往对此视而不见，这愈发助长不公正。

如果你想影响长期以来愤愤不平的人或团体，你需要让他们从新视角看待他们的故事。他们想要的不是对于体制更好的理解，不是更清楚的指导，不是更多的事实和数据，也不是一个可视化的陈述。他们不需要你重新解释——他们需要的是消除他们的憎恨。为了消除憎恨，他们需要一个新的故事。

例如，某个公司准备更新信息技术系统（哪个组织不会采取新措施呢），要求组织中的每一个部门都对自己所做的事情做出一些改变，IT部门总会遇到一些不合作的部门，这是意料之中的事。IT部门经常在内部讲的故事是，这些不合作的部门是顽固的、让人无语的或者是危险的破坏者。与此相反，不合作的部门的故事是这样的：IT部门的人傲慢，不理解其他部门的工作，盲目地痴迷于技术。双方的故事都激起对方的憎恨，都无法对对方产生影响。

我收集了一些故事，以鼓励双方首先迈出和解的脚步并感到自豪，继而让双方都争做第一个妥协的人。一个美国的寓言故事是我最喜欢的故事之一，故事的主角是一个叫乔恩的老农民。

很多年以来，乔恩都和一个邻居面对面住着。他们的孩子一起成长，也几乎同时成家搬了出去。现在他们的妻子都去世了，只剩下了他们两个人。他们每天都会见面寒暄几句，直到有一天下午，乔恩的邻居在乔恩的田地里发现了一头牛犊，邻居认为这头牛犊是自己的，但是乔恩不这么认为。乔恩说："即使是一个傻瓜，也能通过标记看出这头牛犊是我的。"他们开始争吵，彼此恶语相向，最后僵持不下。冲突由几周变成了几个月，怨恨持续发酵。

一天，一个旅行木匠来到乔恩的家门口。他想找工作，乔恩看他很得体，就让他进了屋子，给了他一些汤和一片面包。乔恩叫木匠来到窗户旁，问："你看到这里的水沟了吗？"这个木匠点了点头。乔恩继续说："昨天还没有呢，我一个该死的傻邻居，为了向我泄愤，用犁挖了这条沟，还在这条沟里放了水。"木匠又点点头。乔恩说："我要交给你一项工作，我想要你建一道围墙，这道围墙要高得让我看不到他的土地和房子。你可以做到吗？"木匠回答："我认为我可以做一项能够让你高兴的工作。"他们达成一致，第二天乔恩将会带他挑选木材，然后乔恩按计划去镇上，晚上才会回来。

第二天一早乔恩就出发了。他在镇上待了一天，当他驾着马车赶回家，越过山顶就看到了木匠干的活。不看不要紧，一看他气得要吐血，快马加鞭往家赶。

木匠没有在小水沟边修一道围墙，他在小水沟上修了一座桥。乔恩勒紧缰绳,跳下马,准备教训一下木匠。这时,他的邻居穿过这座小桥挡住了他前进的脚步,给了他一个发自内心的拥抱:"乔恩,你比我强多了,我没有修这座桥的勇气,我承认那头小牛犊是你的。你能原谅我吗?"乔恩也抱住了他,嘴里咕哝着说:"没有什么好原谅的。"他看到了微笑的木匠冲他眨了一下眼睛。

不管我们处于哪一方,我们都需要有更多的木匠建更多的桥。比起谁对谁错、谁拥有牛犊的事实,别让怨恨毁掉我们共同的目标更重要。很多时候,我们为了巩固和平,不得不赞同不公正的行为,但是我们也可以通过讲更大背景下的故事,尽量减少不公正。就让故事充当协调者吧。

○ 心怀嫉妒的人

"他们只是嫉妒",你听到过多少次以这样的方式解释不合作的?这是一个常见的故事,然后就没有然后了。一旦贴上了"嫉妒"的标签,那个被视为心怀嫉妒的人就成了别人眼中的敌对方。不公正的奖励、不合理的资源分配和不公平的补助分配都是日常生活中常见的现象。

这当然让人心怀不满,但是没有人会把自己描述成嫉妒的人。在所有的情绪中,嫉妒是最不酷的。

譬如,运营部副总裁嫉妒市场部副总裁的高业绩,运营部副总裁永远都不会正面回答下述问题:"当市场部遇到困难时你为什么不出手帮忙呢?"正确答案是:"他们更得首席执行官的青睐,对这点我很嫉妒。"不,他们讲给自己的故事是完全不同的,听起来很理性:"我很忙。""他们没有要求我们这样做。"碰到这样的问题,通过对方的语气你就能看出端倪。他们会酸溜溜地说:"哦,他需要过帮助吗?"任谁都可以听出这句话中的深意。不管什么时候你听到"偏向"这个词,你面对的都是因不公正感而引发的嫉妒心。

如果你正在处理像裙带关系或者种族主义这样真正的不公正,承认不公正并努力解决它,是你能选择的最好的策略。不公的现象从来都不会自动消失。然而,如果你面对的是一种不现实的预期,最好的策略是讲一个新故事,一个更宏大的新故事,让他们从狭隘的小圈子里跳出来,看到长远的利益。

正如,整日争吵不休的兄弟在同时进入一所新学校后,会立即变成最好的朋友;正如,当竞争对手取代公司在市场上的领先地位时,市场部跟运营部之间的矛盾也会降到最小。嫉妒总是在小范围、小故事中滋长,因为小故事中忽略掉了一些细节,这些细节中那些不平等的待遇被消除,变得有意义,或者随着时间的推移变得无关紧要。一次转换视角的经历或者一个新的故事可以从根本上消除嫉妒。

警告:任何直接否定一种不公正的看法都有风险,都有可能混杂在旧的细节中并助长嫉妒。

涉及双方尊严的斗争和内部的地盘之争会制造嫉妒，妨碍你与所有你认为受到不公偏爱的人合作。运营部副总裁不会检查他的生产日程表，因为这一行为会帮市场部副总裁认识到他的最后期限已经到了，这是他不能忍受的。在这种僵局下没有人会赢。在每一个团队中，最后胜利的人将会面对另一个感觉自己受到不公正待遇的人。与其告诉这些人"你要明白……"（这四个字足以疏远任何听众），为什么不讲一个故事呢？

当你发现你正处于这样一种情形时，为什么不说"我们喜欢两只水獭的故事"？多数人会问："什么是两只水獭的故事？"然后你可以给他们讲述这个印度的故事，故事是这样的，当两只水獭正在为一条鱼而打架时，一只豺出现了，主动提出要帮它俩解决争议。这两只水獭都对当前的僵局很苦恼，就同意了豺的建议。豺将鱼分成了三块，鱼头给了一只水獭，鱼尾给了另一只水獭，最为肥美的鱼身则归了自己，因为豺是"裁判"！

这个故事给了水獭更大视角。水獭的竞争会使豺狼得利，这个古老的故事可以用于支持平等合作，以避免付出"豺狼裁判"的代价。

这个小故事帮助人们将注意力从过去转移到了未来，过去是不公正的，所以你可以在未来建立一种公正的体制。条件就是，你在讲故事时要注意自己的语气。

优越的语气、夸张的耐心或者傲慢的态度会毁了故事的力量。语气甚至可以将故事表达成一种威胁。威胁仅仅会增强敌对的观点。当处理嫉妒时，先消除你自己的憎恨，让你的语气真诚、充满敬意并富有热情。

○ 绝望的人

沮丧是可以传染的。我们充满虚假信息的现代社会，社会意义危机使你希望影响的许多人对于积极改变暗中失去了希望。不管你倡导什么事情，都会有许多人相信，其他人握有一切权力。员工依赖领导，领导者依赖员工，社会福利享受者依赖政府，政府雇员依赖"政治"，政治专家依赖媒体，媒体依赖……是的，你已经理解到其中的意思了。最终，那个最后被依赖的人，两手一摊，说"我可没有这个权力"。20年后，事情已经很明显：一些故事专门用于使人们相信，他们没有权力。

有时候，人们可能会赞同你，然而他们不会采取行动，因为他们相信将他们描述成无权者的故事。投票率的巨大下滑证明，绝望可以从进步中吸取能量。你首先要帮助绝望者认识到自己的权力，然后影响他们去利用权力。做到这些并不容易。"受害者心理"是一种防御性的反应，在他们的故事中，被恐惧压倒的人会保持极度紧张的受害者状态。你最好回想你感觉自己是受害者时的经历。这样一来，你可以知道人们的处境——每个人都知道这样的处境。讲述一个有关权力的故事是一个心理疗程。切记,绝望的感觉跟事实无关,那只是一种情感,只是一种习惯性的反应。这意味着情绪模式可以促使或阻止一个群体从受害者转变成变革助力。首先,你要找到一个让自己感到有希望的故事,如果你自己不知道如何产生希望,你也不会给别人带来希望。其次,做好长期努力的准备,改变习惯不可能一蹴而就。悲观失望的习惯很有诱惑力,只有强有力的故事才能与之抗衡。

1954年的蒙哥马利公交车抵制运动就是促使人们产生希望的故事之一。想象一下,在1953年,亚拉巴马的蒙哥马利到底是什么样子。种族隔离的法律是那么严苛,黑人只能用指定的水龙头喝水,在公交车上,如果一个黑人坐在了白人的位置上——只是坐着——也会以侵犯公交车司机的罪名被逮捕。以50公斤的女裁缝罗莎·帕克斯(Rosa Parks)为主角的故事改变了国家,这并不是偶然事件。这起事件的每一步都得到了仔细规划,以最大限度地减少种族主义者质疑帕克斯人格和煽动暴力的机会。罗莎·帕克斯是州务卿和当地美国有色人种协进会秘书,她经常出席会议,参与谈话,这为她的成功奠定了基础。她知道她可以跨越哪些界线,不能跨越哪些界线。公交车司机的表现像个恶霸,与她的高贵行为形成了鲜明对比,突显了这位年轻女士"袭击公交车司机"的说法是荒谬的。当组织者知道他们取得了理想的效果时,他们迅速散发了传单,为后面的事情做好准备。在替代性交通工具的帮助下,共有2万名乘客在总计381天里抵制了种族隔离公交制度。所以,事件背后有许多组织者,但这个关于勇敢、礼貌和决心的故事背后的组织力量树立了榜样，证明将合理愤怒转化为有纪律行动的价值。组织者需要一个关于公民抵抗的梦想故事，为抵制行动设置很高的门槛。他们和 26 岁的马丁·路德·金重新讲述了罗莎的故事，但同样重要的是，他们也花了许多时间专注地倾听关于愤怒和绝望的故事，直到这些故事也转变成希望的故事。

不管你想影响谁，希望都是必须要有的。不管你是在出售什么东西，一种意图推广的社会行为、化妆品还是你公司的股票，你都要知道如何讲一个关于希望的故事，如何倾听他人的绝望。先对自己讲，再对你想影响的人讲。

○ 冷漠的人

在悲观绝望的群体里，还有一个特殊的小群体，他们就是冷漠的人。他们的绝望在你的故事和他们的生活之间竖了一道墙，这道墙很高，你只能隐约听到墙后的声音："这不关我的事。"面对自我隔绝且持否定态度的人，你真的很难影响他。你最好选择这样的故事：冷漠并非对任何事都漠不关心，而是过度关心，因为承受不起，只能把自己藏起来。

表面上看，冷漠的人看起来总是无所谓。然而，在与冷漠的人打交道的过程中，我的经验是，他们的冷漠通常因为过度在意。有失偏颇的观点造成他们的心理从"我不能解决这些问题"到"去他的"。你试图激活他们的某种感情，他们却让所有感情都麻木了。你需要和他们建立新的联系。讲一个能够从根本上炸毁他们防御围墙的故事，用故事唤醒他们的感情，让他们摆脱末日视角。企图推倒他们围墙的故事只会让他们建更高的围墙。

首先，你要站在他们的角度，理解他们真实的想法；然后用故事赋予他们一个新的视角。当我充满激情地说道："我有一个主意！让我们浪费掉这一整天，好吗？"满屋子不开心的员工禁不住笑了。人们在意了，你就打破了他们保护自己免于失望的围墙。当我们分享增加一点诚实、宽容和勇气可以带来不同的故事时，这些逸事提供了新的可能性。

员工都想做好工作。在工作的时间里接个人的电话、处理副业、查看社交媒体，这些在工作中都是可以接受的，这些事情无法避免，但是不可否认，他们仍然对自己的工作充满了自豪感。对于大多数人来说，与同事一起合作的愉悦，远比消磨时间、做偷偷摸摸的事，以及一声不响地坐在那里有意义得多。良好的人际关系从来都会让人心情愉悦。人们不惧怕困难的工作，困难的工作也是一种乐趣——当它有意义的时候。由于同事之间可能恶语相向，说出"去我的？去你的！"之类的话，我们的员工不敢寻找意义，担心找不到意义。

津巴布韦流行着一个很有意思的故事，这个故事可以帮助人们回想起他们选择将自己置于他人之上的自私视角时感受到的孤立和空虚。冷漠的墙是由于幻想的破灭而建立起来的，一个包含着人性的消极方面的故事可以帮他们认识到自身的弱点，促使他们改变"以自我为中心"的态度。

你需要首先认可他们的成见,认可的程度越高,越能为消减他们的偏见创造条件。若是从一开始就否定他们,迫使他们感受到敌意,就是对他们的不敬。你要证明你也可以站在他们的角度,可以看到他们所看到的问题,理解他们内心的曲折,但是你依然充满了希望。

津巴布韦的故事是这样的:

> 一个男人的小舅子是个盲人。一天,在跟他小舅子一起打猎的路上,他发现这个盲人可以感受到鸟的位置,可以闻到水的方向,也可以在野猪靠近他们之前听出危险的声音,他对此感到很惊奇。
>
> 那天晚上,他们设置了两个陷阱。这个男人用枯树枝和落叶仔细地掩饰了自己的陷阱,没有给他小舅子的陷阱做掩饰,他想"反正他也看不到"。第二天当他们检查陷阱时,他看到自己的陷阱里有一只小小的灰色的鸟,他小舅子的陷阱里有一只非常漂亮的鸟,这只鸟的羽毛像彩虹那么鲜艳,他的妻子肯定会非常喜欢。他把两只鸟做了调换,把那只灰色的小鸟递给了他的小舅子。小舅子摸了摸鸟,小心地将小鸟放入口袋。在回家的路上,他们谈论起了邻居和这个男人之间的争执,他问:"为什么人们要打架呢?"小舅子的回答充满智慧:"因为他们做了像你刚才对我做的事情。"这个男

人感到很羞愧。他从自己的口袋里拿出那只色彩斑斓的鸟递给他的小舅子。"对不起，兄弟。"他们沉默着走了一会儿，男人问道："人们如何才会再次成为朋友呢？"他的小舅子微笑着说道："因为他们做了你刚才对我做的事情。"

在坚持自己利益的基础之上，我们还可以相互合作、相互照顾，合作会使人感觉良好，因为它是生存必需品。这是一个生活品质问题。在生活中，我们需要决定为什么样的团队工作——是友爱的团队，还是冷漠的团队？

如果你做了不好的事，如假公济私、欺骗消费者，或者消磨工作时间，即使没有人看到，你也知道，你失去了建立有意义人际关系的机会。你可以表现得很冷漠，但是你知道自己做了什么，你不过是在自欺欺人罢了。

○ 贪婪的人

当你开始影响贪婪的人，影响是最困难的。如果你拥有他们想要的东西，就会变得简单。如果你仅仅是讲一个故事就可以满足他们的贪欲，你就无须用以前讨价还价的方式。如果这样，你无须继续读下去。

然而，如果你告诫贪婪的人不能要求太多，或者让他们分享更多东西，那么事情就很棘手了。贪婪的人，就是那些最不愿意、最不关心、最没有动力听你演说的人。

你的苦口婆心，或许只会换来这样的回答——"现在不是时候。""我正在忙。""马上要赢了。"每个人都有获胜的秘诀，如果你想检查贪婪者的秘诀，然后要求他做出更加慷慨的选择，这几乎是不可能的。

对于一位可以赚大钱的区域经理来说，如果你新的长期薪酬体系会降低他的个人年终奖金，那他就不会对这个新的体系感兴趣。依靠特殊利益集团支持的政客，不会想要改革。一个通过威胁他的员工得到他想要的东西的经理，不会对权力下放感兴趣。这些"胜利者"做的都是对的。这些人的唯一愿望就是你和你想要的影响消失。

如果你非要影响这些人，你首先需要一个故事来自我检测。这里有一个古老的故事，它可能会对最踌躇满志的人产生影响。这个故事讲述不能用金钱购买的东西——人们对于爱和归属感的需求（或许这是改变贪婪者的唯一策略）。

一天，动物们召集了一场比赛来测量它们的力量。它们一个接一个地展示自己的力量。猴子爬得很高，在树与树之间荡来荡去。所有动物都为它的力量鼓掌。然后大象将树连根拔起，把树举过头顶。动物们都同意最有力量的是大象而不是猴子。

人说："我仍然可以更强。"动物们都笑了——人怎么能强过大象呢？对于动物的嘲笑，人很生气，他做了一把枪。从此以后动物们都远离了人。

人不清楚力量和死亡之间的区别。如今，他们感受到了自己的无知。

这是一个强有力的故事，甚至是一个意味深长的故事。如果你要讲一个值得回味的故事，你就要知道你的故事可能带来的影响，你的故事可能会在后来的某一个时刻萦绕在听者的心头，这时他们会想到："他为什么要给我讲这样一个故事呢？"消除贪婪是一个深刻的心理过程，这需要时间。要说服贪婪的人，你所能做的就是讲故事，让人反思，发人深省。如果哪一天他们把你看成《圣诞怪杰》中的未来精灵，那么你的故事就开始奏效了。

许多时候，我们讲的故事不能做出更多、更好或者更大的许诺，但是一定会吸引更多对道德和公正的关注。一旦涉及这些问题，讲故事的人的任务也变得更为困难。讲一个包含消极情绪的故事，目的在于将痛苦描述成取得更有意义结果的必要步骤。当然，短期来看，你很有可能会失败。无论如何，你首先要去听听他们的故事。

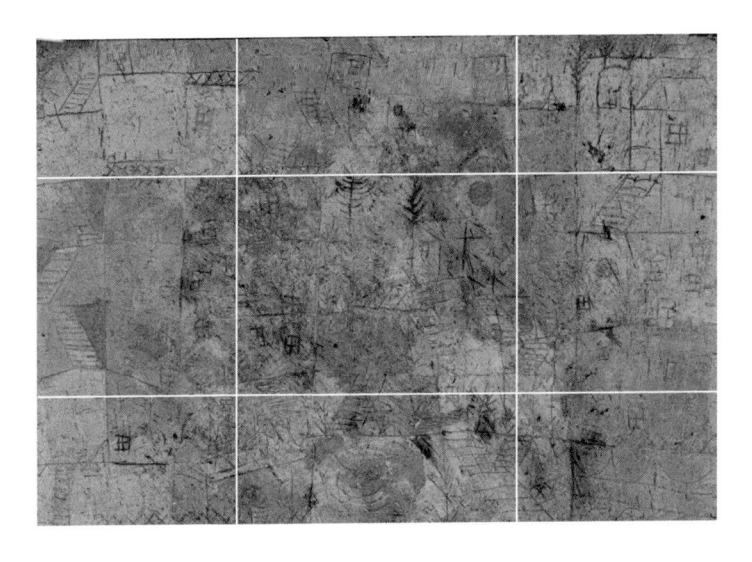

第8章 聆听的力量

我们都是孤独的生物,穷尽一生试图摆脱孤独。讲故事是我们摆脱孤独的古老方式之一,请听故事的人感受,发表评论:"没错就是这样,或者至少通过这个方式,你会感觉,你并没有想象中的孤独。"

——约翰·斯坦贝克

在很久以前，有一个僧人，为了理解和追求真理，一直在寻找一位前辈，为他指点迷津，解释伟大智慧的真谛。他打听到一位大师就住在邻国，便启程了。

他不断跋涉，几天，几个星期，几个月后，在他穿过林中一块空地时，终于发现了一间小小的茅屋，当他走近时发现门是开着的。等待了许久后，他终于决定进屋了。

里面有一张小桌子、一个茶壶和两个杯子。他非常渴并且听说这位大师慷慨大方，就灌了一杯进肚子。就在这时大师出现在了门口，这是一位驼背的老者，眼中闪烁着睿智又慈祥的光芒。老者看了看他，看了看那杯茶，摇摇头就走了。

他呆呆地等了一个小时，最后还是离开了小茅屋，在树林里找了个地方就睡了。

第二天他又早早来到，还是只看到小茅屋、桌子、茶壶和几个杯子，不见大师，他还是等着。他给自己倒了一杯茶之后，抬眼发现了老者。大师看了看他，看了看那杯茶，摇摇头又走了。

如此反复几天后，他终于向老者开口了："师父，我远道而来向您学习，请您今天不要再离开了，教教我吧。"这位老者停下脚步，转过身来，走向桌子。他拿起茶壶，开始向僧人已经装满水的杯子里继续倒水。茶水像瀑布一样从杯沿溢到了桌子和地板上，僧人后退了好几步。

老者说："你的脑子就像这杯茶，已经装满了，在新事物到来之前，你必须先把脑子清空。"

禅宗公案

新的思维需要成长的空间。当旧观念排挤新思维时，新思维就会枯萎、消失。倾听别人，帮助人们剔除一小部分现有的想法，使他们的大脑有空间接收新的思维。当你倾听另一个人说话时，对方也在听自己说话，有时这已经足够让对方改变他们的想法。

很多人认为自己懂得倾听，但是事实并非如此，或者他们并没有认真听。关于"听"，我所知道的最好的定义，是一个客户告诉我的，他说："听，就是等待轮到我们说的机会。"至少他是诚实的。听，就要多听，要有技巧地听。但是在这个只看重看得到、可测量结果的世界描述"如何"是非常困难的，导致我们对学习如何更有效地使用听的技巧失去兴趣。

"积极聆听"强调的是有效聆听。但要将聆听视为一种行为技巧又过分强调了可观察行为，如眼神接触、点头、反馈性复述。所有我们所学的这些肤浅表现都是"伪聆听"。诚然，学会这些在聆听中的表现是很不错的技能，假装聆听也比什么都不试要好。

通常情况下，那些看得见的、可度量的技能，需要经过现代常用的各种考核形式和"结果导向型问责"。但是，真正的倾听是无法这样测量的，因为它要比其他可度量的技能深刻得多。

当我最近在布达佩斯谈及这个课题时，一位坐在教室后面的女士举起手说："聆听就像性爱。"成功吸引了我们的注意力后她继续说道："如果有欲望，怎么会没技巧呢？"

如果你想感化某人，去改变他对某事的想法，真正地聆听比假装在听更有效。真实聆听有一种深层次、变革性的力量。尝试回忆一下从前，当某个人很认真地听你说话，你大概也会记起你慢慢地放松心理防御，最后完全信任对方吧。通过认真聆听所获得的安全感可能会让你真实地表达你做了什么，你不明白所处的状况和自己的想法以及行为。真实聆听允许你大声地坦承你内心的不确定。当你到达人们隐藏不确定的内心深处，那就更易具有影响力了。固定的已知因素难以形成和塑造，未知因素却可延展和弯曲。根据你聆听时所反馈的态度，人们能感觉到是温暖、值得信任还是冷酷、虚伪。

只有聆听才能得到真相

影响力往往需要少许心理治疗方法。

我无法确定是谁判定"治疗过程"对公司或者某些团体不

合适。也许这是心理学家们保护他们职业的秘密，或保守的经理试图把情绪排除在工作之外。没关系——因为现在是时候摒弃这种说法了。无论何时，当某人把头靠在你的门上，问你"有空吗"，你回答"有空，进来吧"，这就代表着心理治疗方法已经开始发挥作用了。我们无时无刻不在互相治疗。无论你想影响他人做什么事，在得到预期结果之前，都有必要治愈心理问题或者处理情感问题。

在我教授"用故事影响他人"这门课程时，我意识到，当你介绍一项新事物之前，聆听他人从前的故事是多么重要。

开始上课时，我会首先让他们把常用的影响力技巧罗列出来。只要聆听一小会儿就很快能改变经理和知识型员工，一开始他们会说冠冕堂皇的话，渐渐地，开始表现出自己的真情实感。最初他们列出的影响力策略有"动力""尊重""创造共同目标"，最终出现了"阿谀奉承""操纵""安抚""威胁"等。

一开始，他们会说我希望他们说的话，渐渐地，开始坦承他们私底下认为是正确的事情，整个课堂活跃了起来。所有学员的注意力都集中到课堂上，聆听他们把平时藏起来的愤世嫉俗、怨恨、绝望的负面感情——他们不想听起来那么不理性或者没有团队合作精神——都表达出来。如果懂得使用聆听的技巧，就能鼓励人们揭开理性思考的表象，使他们能够揭露和检验这些行为的源头——所谓的消极不理性的情绪，这正是我们想要改变他们的地方。

第 8 章 聆听的力量

如果你想真正地影响别人，你必须为他们建立一个场所，这个场所要足够安全，使他们敢于承认自己的真情实感。很多影响力策略只能鼓励人们隐藏他们的反对意见（即使是面对他们自己）。

例如，大学中开设的人际交流的课程，很多即将毕业的学生兴高采烈地选这类课程，因为他们相信这将提高交流技能，但是3个月以后，他们的行为并无改观。这是因为课程在教授新的策略之前并没有把根深蒂固的旧思想根除，而这正是消极沟通的源头（例如，"如果我这么说了，我之后就不能改变我的想法了""拒绝新信息是一个很有效的策略""坦白真相将终结你的职业生涯"）。影响力的一些传统方法在如此肤浅的层面运作，不仅无效，且曲解了成功的意义，使人觉得你所发出的信息就是别人接收到的信息。

回顾第6章中提到的故事，执行官通过一个法槌，引入时间限制，以及消除巧言反驳，解决种族关系紧张，这是一个极端的案例。当然，她的会议进行得更加顺利了，她把事情摆平了。她说服她自己不在团队建设这种小事情上浪费太多时间。就她所知，她的影响力技巧非常有效（结构化的时间、议会程序，还有一个小小的威慑——法槌！）……然而不幸的是，她只是成功制造了无声的怨恨和淡漠。她没有意识到，她的这种错误的"倾听"方式，无法让她顾及别人，以及他们的想法，也让她成为最后一个知道出问题的人。

在她引入新的思维前，她并没有清除那些旧的信仰和感受。她认为团队建设，或者治疗式聆听，和摆平这件事情一点关系都没有。离开聆听的影响力就像给房子上漆没有打底漆，开始几个月也许看起来不错，但是最后你新上的油漆很快就会裂开脱落。

用聆听争夺话语权

有时，最有影响力的故事，往往是你想影响的人的故事，而非你自己的故事。

他们的故事或许会给你一些重要的提示，而你的聆听，也可能会让他们放弃自己的故事，听取你的故事。

你永远无法预见。如果你认为你知道——你就没有倾听。即使你认真听一个人讲故事，结果有两种可能性：一种可能是，讲故事过程中他们就改变了想法；还有一种是，你无须说话，仅仅聆听故事就能使对方幡然悔悟。这如同"共振板"共振的原理，只不过你提供的服务是没有被要求的服务。

有一次，我在旅行时，或者也不算旅游，我的第二趟班机被取消了，我在等候期间耐心听一位愤怒的机场人员讲故事。如果没有人听他解释，他可能就气炸了。当我听完他的故事，他的态度发生了180度转变，从极度愤怒到开始向我道歉。他一开始愤怒唠叨时，我注视着他，专心聆听他，直到他怒气全消，最后他说："对不起……你根本没有像他们一样做，让我看看你的情况是否能破个例。"

如果你的倾听为人们提供了足够的空间，使他们不会感觉自己很愚蠢，他们常常愿意重新审视自己的判断。如果你把某人推到一个角落，他就会坚持自己固有的想法和判断准则。我的聆听使得这个机场工作人员有足够的自由空间倾听自己的声音，然后他改变了之前的决定，改变了当时的状况，在这个过程中，我一句话都没说。

聆听能够启发说话人的智慧和聪明才智，帮助他测试新反应、新思路、新表现。聆听就是见证对方的恐惧、伤心，或者对不公的愤怒，使个体都能够通过摆脱过去的麻木情感，重新获取新力量和新的行为方式。聆听促使个人或团队反思，反思自己的想法和观点，找出其中不和谐的音符和问题所在。聆听有一种能把人们从困境解救出来的力量。

聆听不易。一方面，很多人不知道如何述说他们自己的故事，他们也没有这样的机会练习。他们会背诵一篇准备好的长篇累牍的文章取而代之，包括辩护性推理、假设性概括，最后得出结论。他们之所以训练话术，是为了防御，应对像你（我觉得你会是第一个）一样打算说服他们的人。你应该向他们提出一些好问题，引导他们说出他们的故事而不是结论。好的聆听可以让他们再一次回想他们的故事，回头思考他们先前的结论，反省总结，再得出新的答案。仅仅根据你的目标提问，将侵略对方的思维，可能使他们陷入混乱。

激进的聆听和治疗式聆听可能会提同样的问题，但区别是他们会用不同的语调。当你引导人们向你诉说他们的故事，类似的问题如：最后一次发生是什么时候？在哪里？在场的有谁？接下来发生了什么？用一种非常真诚的语调，让对方知道你确实非常想从他们的视角看到些什么。你的目的是让他们的内心回归到故事发生的时间和地点，复述出来，并且不要讲出最后的结论。当他们再回想到那个时候，他们就自然而然会有新的答案。

例如，汽车销售员向客户推销一种有购买优先权的租赁，而对方声称"最讨厌租赁"，这时聆听比说服更有效。销售员可以这样问："你曾经经历什么才会让你如此觉得的呢？"或者："你听说什么故事让你觉得汽车租赁不是一个好的选择？"

如果汽车销售员一直坚持只听不说，那么最后他至少可以了解到这位客户对租赁到底有什么不满；最理想的情况是以客户的回应结束："我猜你这边的租赁政策可能有所不同，和我说说看！"

聆听是争取话语权的一个不错的方法。

聆听让你们亲如兄弟

有礼貌地聆听某人的故事，能够把你们双方（或者多方）如同亲属一般紧紧联系在一起，这个倾听和倾诉的过程，如同土著人非常古老（和神圣）的结盟方式。

如果脱离了背景，仅从字面含义上看，好像很肉麻。但是如果你做了，就会发现这种亲切感很真实。《新月佳人》开启的讲故事活动风靡全球，证明了人们在分享"亲口讲述的真实故事"时体验到的意义。故事能够建立足够的信任，以至你的影响力技巧简化到只要提问就能轻易得到你需要的回答。聆听和讲故事的连接状态突破彼此隔绝的错觉，激发更深层的集体互助。

一直以来，我对"我是谁""我为何而来"故事的力量非常敬畏，它对团队的影响力实在是太大了。

我工作室的一个学员发了一封标题为《研讨会的影响》的邮件给我。他叫约翰，他想让我知道接下来的故事。他认为我们这个工作室的培训，直接结果是让一个学员鼓起勇气向小组求助（至少他是这么认为）。他问有没有小组成员有多余的假期可以捐献给他的一位同事，他的这位同事罹患癌症，休假时间快要用完了。

结果小组成员一共提供了成百上千个小时的无偿时间（感谢政府有这个假期捐献制度），这个患癌男人的假期得以延长了几个月，现在他已经痊愈了。约翰在课后指出，参加完这个培训班之后，那个当时最不积极捐献假期的人，变得最开明和最富有同情心。

倾听和讲述"我是谁"和"我为何而来"的故事，能够强烈地刺激人的感官。在分享故事之前，小组成员还是一群陌生人：有个家伙上课时还在看报纸，有些人抱着双臂，对我所讲的内容冷嘲热讽。他们分享了自己的故事后，彼此之间变得像亲人一样，给有需要的家属提供珍贵的无形礼物（度假时间相当珍贵）。这就是故事的力量！你事先并不知道你会需要别人帮助或者帮助他人。但一般来说，你认识越多的人——真的了解——你就越有可能获得影响力，即使仅仅通过一封邮件请求也能成功。

讲故事和对其他人的故事怀有好奇心，不仅是一种生活方式，还是一种影响力技巧。今天早上，在写完关于蒙哥马利公交车抵制事件的故事后，我去健身房，和隔壁跑步机上的妇女聊了起来。她问及我的工作，在回答她的同时，我向她讲述了我早上写的故事。她说："我当时在场。"我问："你可以跟我说说吗？"她就告诉了我她的故事：

> 每个星期四晚上，我们全家都会去看汽车电影。现在这种传统已经很少见了，但是就当时而言，全家聚在一起是多么美好的时光啊！母亲在保温箱里装满了好吃的，之后我们带着它出发了。我们经常玩那里的秋千，你不能指望小孩们会一直安安静静地待在车里。当时我12岁，天气应该很温暖，因为回家的路上我们还把车窗摇了下来。
>
> 就在回家的半路，我们看见了三K党，他们穿着白色长袍和白色靴子，挡住了去路。在车里面就能听见他们的声音："如果你有一滴黑人血统，你就中毒了。"我的弟弟喊道："这不是真的！"爸爸示意他闭嘴。看到爸爸恐惧的表

情，我们更恐惧了。回家的路上我们一直蜷缩在车座上。

第二周周日，学校宣布第十六街教堂爆炸的新闻。父亲不愿让我上街游行，但他允许我参加遇难女孩的葬礼游行。我会永远记得游行时的感觉，害怕、兴奋、自豪，百感交集！

我不会忘记她的故事。隔壁跑步机上的陌生人在几分钟里变成我的朋友，并和我分享一些对我来说很重要的故事。分享人生的重要故事是一种亲昵的体验。把握每一次聆听别人故事的机会，你不会知道你将从中学到什么或者你将营造如此深厚的亲切感。

"关注"是现代社会最宝贵的资源

第 5 章讨论了要给人以关注——在如今的社会中，这是一种罕见的宝贵资源。本章有关聆听，从某种程度上说，与给予别人关注一样简单，但又极度复杂。

你上一次得到足够的关注是什么时候呢？"不记得了。"这是大多数人的回答；还有非常有逻辑性的（有些防御性的）回答："我看不出这有什么影响，这很重要吗？"由于对速度的明确追求，现在的社交模式加剧了仇恨，把我们放入一个断裂的联系旋涡之中，人们都这样想："我都没有受到足够的关注，为什么我要关注你呢?"在这样的大环境下,冷嘲热讽取代相互尊重,疏远取代相互交流,抗拒取代相互影响。

如果你把一个群体感受到的背景从疏离变成紧密,那么你影响他人的成功率将会有所改善。你可以改变背景,做到这件事并不容易,但你无须花费一分一毫就能够做到。构建一个新的联系,只需要简单地倾听我们自己,互相关注,以及聆听别人的故事。

行动起来是唯一的捷径。抽出时间和你的同事、邻居或者家人在一起,让大家相互关注,分享故事。仅仅在口头上说说何时、何地、如何去做,纯粹是在浪费时间。如果你行动起来,你就可以省下唠叨的时间了。此外,不要把时间浪费在用什么度量指标衡量你的倾听是否有效上。把有限的资源浪费在衡量新思维的提升百分比上,而非真正有效的事情上,想到这,我就不寒而栗。

花时间聆听你自己的故事和你身边人的故事,会让你有机会思考真正重要的东西,足够了解你身边的人,对他们建立真正的信任感。办公室里如果充满互不信任,互不尊重,彼此冷漠,互相怀恨在心,影响力不会在这里出现。

关注你希望影响的人,关注他们的故事,关注你向他们讲述的有关他们的故事,以及他们讲的关于你的故事,还有那些等着你们共同讲述的关于尊重与合作的故事,如此才会产生真正的影响。

聆听未来的故事

无论你打算影响谁，一个预示美好未来的故事都可以促进你们之间的合作。聆听你希望影响的人们讲故事，是推动人们向你所希望的方向前进，并共同打造未来新故事的唯一路径。

"愿景"故事可通过深度理解当下故事中的恐惧、希望和梦想而搭建起来。"愿景"故事可以劝说一个年轻人洁身自好，可以劝说靠救济金生活的人寻找工作，也可以让一位员工更关注客户服务。

如果你希望影响的人有不同的文化背景，或者仿佛是来自其他星球的叛逆少年，那么这些对你起作用的未来故事不一定对他们有效。如果你试图讲述一个有效果的故事，你就必须理解他们的经历和他们的世界。

如果你想改变某个人或者某个群体的某一行为，你必须去他们的住所拜访他们，站在他们的角度，分析你所扮演的角色。你是一个说外语的局外人吗？你为改善客服提出的新系统，对你的员工意味着更多的工作、又一个愚蠢的企业项目，还是更自豪、更多工资、更少工作负担？

纠结于它应该具有的含义并不是良好的聆听。聆听意味着不管你是否同意，都要努力挖掘你所请求的行为对他们的真正含义。

一个总裁请求我的帮助，他刚刚进行了一次并购，员工有抵触情绪和消极情感,但是他不愿坐下来倾听员工的故事,也没有提供愿景,要知道,未来故事能够解决并购之后的恐惧和欲望。如果不做出改变,那么总裁和我都在浪费时间和精力。我意图唤醒他,说:"你的工资大约是他们的 150 倍,你刚刚的举动使他们的朋友失去了工作,使股价下降了 15%,创造了不明确的市场优势,你所节省的成本在他们眼中是客户服务质量的下降……我们想想吧。嗯……你怎么会难以影响员工呢?"

令人震惊的是,我听到总裁说:"好,那我们暂时搁置那些,你有什么好的策略建议?"我很诧异,暂时搁置?最佳陈述事实的方法是保全事实的完整性。暂时搁置人们的深度恐惧和欲望,或许是一个暂时有用的策略,但并不能获得长久持续的影响力。如果你只想寻求短期结果,你可能不需要如此深入。如果你要获得的是长久的关系、承诺、忠诚,或者不寻常的创造力,你必须花时间了解、聆听整个故事,以及你希望影响的对象的完整世界。

聆听不是博弈,允许他人的故事"毫无道理"

有一些人是伪聆听者,他们觉得问很多问题就是好的聆听方式。问太多问题将会使某些人的故事讲不下去,更不消说这会打断别人在讲故事时的思路。如果把本章节开头僧人的故事讲给一个人,他若提出很多问题,例如,"为什么他不停止喝水呢？""为什么他要睡在树林里？""那个老者的穿着是什么样的呢？""为什么他不跟着老者离开呢？"那么这故事就讲不下去了。

故事的创作更多是为了交流真情实感，并非故事里面一个体详细与否的细节描述。当我对一个以用操纵实行管理著称的专制总裁讲故事时，我发现不管我讲什么去影响他，他每次总能逮住一个细节，打断我的故事。线性思考者总抓住一个细节，立即得出结论：这个故事不重要。

我也可以对他的故事这样做。在故事里找出漏洞，这并不困难。如果我像他轻视我的故事那样轻视他的故事，那么我们俩会陷入僵局。我找到更好的方法是，让总裁分享他自己的关于成功影响力的故事，让他听到自己描述的细节，开始怀疑他描述的事情像是讲故事或听故事。我保持沉默，让他在不受我干涉的情况下自己想到新的观点，不会发生敌对性的辩论，更不会使双方没面子。

只有故事和比喻能代表非理性（情绪性）的关系：人与人，人与想法，人与问题的关系，或者上述都有。这些关系都包含了这样的事实：我们可怜的认知无法简化成流程图。当人们述说他们的故事，有时其实他们也不"懂"自己。用传统的分析方法无法理解这些故事。真正的聆听，要求你允许他人的故事"毫无道理"。就像在故事《绿野仙踪》中，你可以发现很多关于稻草人、狮子，还有铁匠重要却毫无道理的东西，如智慧、勇气、爱。

要注意一点，要求他人给我们讲故事并不像古老的"举个例子"的辩论游戏那样。通常记忆力好的人，可以获得这个游戏的胜利，（哈哈！所以你承认你错了吧！）记忆力差、无法当场举出具体例子证明他们观点的人，则很难获胜。这并不会产生影响。输赢博弈可能会让"输家"无话可说，但他们并没有被你说服。如果聆听是一种博弈的伎俩，那么人们意识到危险，就不会暴露他们内心中的不确定。他们会建立防御思维，让你无从攻击。如果你希望通过聆听对方的故事促使他检验自己的思想，那么你必须充满尊敬和好奇心。如果你因为"这些老生常谈的故事早就听过无数遍了"而选择拒绝聆听，你就是个伪聆听者。优秀的聆听者听到的不会是一样的内容，他总会从一样的故事中听出全新的意义。

聆听让你更聪明

听故事能让你更聪明。当你试图影响他人时，智慧绝对是一大优势。

我们的智慧通过许许多多我们听过的故事和对这些故事的分类而不断强化。制度和规定远不如案例（故事）有说服力。哈佛商学院因贯彻这一思想而广受赞誉。现实中，通过谈判获得成功，需要的不仅仅是一组规则。事实上，严格遵守规则会导致一种特别愚蠢的教旨主义，不是吉姆和塔米·菲·贝克崇尚的宗教激进主义（即使他们的行为是宗教激进主义），而是与这个世界互动的方式只能基于死板的规则，将所有深浅不一的灰色地带硬生生分类到非黑即白、非是即非的两大类中。宗教激进主义不能适用于创新，许多政策、领导公式与规则面对当今的问题显得过于僵化。

当然，清晰的指导方针常常可以迅速降低复杂性，但也扼杀了创新理念。规则过于简单，然而故事却反映了复杂的状况，提供创造性的思维机会和想法，并且完好无损地保留了故事里的多重变量。

为了全面研究讲故事的艺术，我一直在跟踪人工智能的进展。我不是一个科技迷。在机器和人工两者之间权衡，我始终还是会选人工。罗杰·尚克（Roger Schank）在《给我讲个故事：叙述与智能》中指出：人工智能只有在电脑会讲故事、能听懂故事时才可以实现。

书中他几次提到，人们经常听别人的故事仅仅是为了巩固他们自己的故事。（开一个老掉牙的玩笑：他真聪明，完全同意我的说法。）他还说，学习只发生在我们复查和重写我们的故事或者添加新故事的过程中。故事叙述和故事理解看起来好像是智慧的核心。

知识管理专家现在知道，讲故事可以捕捉和分享无法简化成电子表格的隐性智慧。信息转换为智能的关键就是知识与智慧所要求的故事叙述技巧（包括聆听和叙述）。这类智慧叫作"隐性知识"，蕴含它们的故事记录了真人在真实场景中的经历。知识管理专家首先发现的是，故事不能被切割成一条条可管理的信息，就像你无法钉住一滴水银，必须集中到一个容器里才能保持其完整。

你的智慧也反映出这些原则。如果你是伪聆听者，如果你只希望巩固自己的故事，或者如果你尝试细分其他人的故事，那么你就破坏了从你听到的故事中获取智能和智慧的能力。让尝试告诉你整个故事的人直接跳到主要部分，会使这个故事只剩下要点而不像故事。聆听故事会让你更聪明，使你更具影响力。想要在你的圈子、你的组织或者你的家庭里成为有影响力的人，首先要成为一位学习者。

影响的能力结合了艺术与技术，成功的艺术家都在不断地从实验中学习。画家永不停息地学习原料的质地和化学性质，他们研究不同图画外部的特点，还要思考一些标志和象征在现实中的特定含义。如果你希望自己成为一个有影响力的人，你也要像画家一样不停地学习。向他人学习就是聆听他人的故事，学习他们如何控制声音、语速、语调，学习他们影响听众的方式。你还要学会观察不同的人回应你的方式时有什么不同，体会现实世界形态各异的情感反应等。

最后，聆听故事能使你更理解你想要影响的对象的心理状态。让人们向你叙述他们的故事，当你积累了足够的此类故事，你就能创造出你影响对象的心理版图。没有建造者能够在未了解地形基础时就开始建造,也没有一个成功的影响者会在没有完全理解旧故事时构造一个新故事。影响力既要求能与旧故事共存的新地基,又要求挖掘和更新陈旧过时的故事。

第 9 章　讲故事者该做的和不该做的

　　我有自知之明——在没话可讲时，不会厚着脸皮东拉西扯硬撑下去。

——亚伯拉罕·林肯

伊卡洛斯渴望能在天空中飞翔，他希望他的亲友能仰望自己在空中飞行，希望自己能够看到他们在地面看不到的东西，从而获得他们的景仰。每天，他长时间躺在地上，仰看空中飞行的鸟群，梦想有一天自己能比它们飞得更高。

一天，他开始收集树枝和羽毛，用石蜡将它们打造成一对非常坚实且华丽的羽翼。他深信即使空中飞行的鸟儿见了自己打造的这对羽翼，也会非常羡慕。他的父亲看穿了儿子的意图，就提醒他说："儿子，你非飞不可的话，就去飞吧。但是，千万不要飞得离太阳太近了，我替你担心啊，千万记住我说的话。"

伊卡洛斯点了点头，但他正在憧憬自己即将进行的探险壮举，父亲说的话他完全没有听进去。

第二天一大早，他就开始飞了。一开始，他的飞行动作非常笨拙，时不时出现失误，还没来得及展开厚重的双翅，就垂直坠落下来了。一个上午，他学会了控制飞行方向。到了中午，已经能在空中向地面的亲友打招呼，还大声向他们呼喊："瞧啊，瞧啊！"他还不停以螺旋状向更高的地方飞去，就像在空中表演芭蕾舞。

  他的父亲眼见这种情况，向他大声呼喊，不断重复他先前对儿子的警告。可是伊卡洛斯已经飞得太高，听不到他的话了。他绕着螺旋状的飞行轨迹不断向太阳靠近，已经沉浸在飞行带给他的荣耀感中，完全没有察觉自己翅膀的外层正在熔化。当他感觉到他的翅膀变轻了、大块的石蜡和羽毛正在脱离时，已经太晚了。他的亲人和朋友只能眼睁睁地看着他坠落，最后摔死在地上，身躯被一堆石蜡和羽毛掩埋了。

希腊神话

就像其他的艺术技能一样，讲故事产生的影响可好可坏。有时候，非常会讲故事的人会一时头脑糊涂，犯下像伊卡洛斯那样不可挽回的错误。影响力是把双刃剑，当你讲的故事产生了非常大的影响时，你可能被冲昏头脑。面对成千上万的听众，看到他们欣喜若狂的样子，你会感觉自己能控制听你讲故事的听众。你已经激发了他们的想象力，他们满脑子都是听了你讲的故事后产生的观念和想法。虽然你不大可能主宰一切，但是对他们而言，你已经是颗能够指引他们的巨星了。

慎用故事的魔力

这就提出了一个问题，既然我打开了潘多拉的魔盒，就不能忽视它的负面影响。拥有说故事的本领就意味着你要承担一种责任。大多数善于讲故事的人都曾有过对自己的本领感到恐惧的经历。我的一个朋友，也是位专门讲故事的人，面对人们着迷的面孔、张大的嘴巴和迷离的目光,忍不住祈祷:"上帝啊,他们现在处在我的掌握之中,我该怎么办?"

超强的影响力和能力会让人恐惧——也应该让人恐惧。了解如何把故事讲好会提升你影响他人的能力。我真心希望你善用自己会讲故事的本领。我不是你的母亲,但是我希望她已告诫过你:操纵别人以谋取私利的做法既不明智也不聪明。如果你利用讲故事骗人钱财,致使别人被开除,得到你不应得的奖励,或者为不道德的目的影响别人,那么你讲的故事将导致坏的结果。你应当利用故事保护你的价值观,为每个人带来更多的合作、宽容、健康和快乐。当你真心希望让自己和自己周围的人生活更好时,你的生活才会更幸福。

过去曾发生过许许多多关于人们如何堕落的故事,人们应当引以为戒,切莫自鸣得意,以为自己什么都知道。我们说故事只不过是向听众传递信息而已。类似伊卡洛斯和金手指迈达斯国王那样的故事告诫我们:要小心拥有能力的危险。一个有本事的人,要是没有受到责任感和道德感的约束,就有可能发生此类悲剧。如果你会飞了,还要知道飞到离太阳太近的地方是危险的。我能给你的忠告就是,记住自己的翅膀是蜡做的。这个世界需要的是优秀的故事家。

不要自视高人一等

如果你讲故事非常优秀，而且对听众保持尊重，这不仅能让你更具感染力，还可让你避免发生丢面子的事情。不过，也有些人故事讲得不怎么样，可鼻子翘得老高。那些自以为是的政客，觉得自己无所不知的顾问们和兜售观点的各种专家权威们，都具备把自己和听众疏远而不自知的"能力"。不要让自己成为那样的人！

任何清高自大的态度都是对他人公然的不尊重。我们必须保持一种微妙的平衡：在按我们的主观意愿影响我们希望影响的人，使他们朝着我们认为"好"的方向改变的同时，还要注意对他们保持尊重。即使我们认为某个故事比别人的故事更好、更有效，也更符合伦理，但我们无法百分之百地肯定确实如此。而且，以高人一等的姿态对待那些你想施加影响的对象，后果不是使他们反感就是让他们产生依赖感。无论哪种情况都会带来麻烦。

看起来，让人对我们产生依赖感是成功的表现。面对众多令人困惑的说法，有相当多的人都更愿意别人替他们思考。任何人只要讲个动人的"只有我知道问题并拥有所有答案"的故事，都能获得相当数量的信众。这就是你想要的结果吗？你想要盲目的追随者？在一个等级分明、做什么事都可预料结果的世界里，你可能回答"是"。但是，在现实世界中，依赖"了不起"的领导

第9章　讲故事者该做的和不该做的　251

会降低追随者的好奇心。

当你面对400位左右的听众时，你可以用故事激发他们朝一个方向、富有创造性地思考问题。否则，他们就会问："接下来我该怎么做？"那样做，你的故事只会让听众关注你有多聪明或者他们自己有多聪明。

我有一位朋友——一位成功的作家、演讲者和研讨会主持人，他曾向我抱怨说："人们老说我是什么领域的权威。"他继续说道："我会直接告诉他们，喂，你真是的！"在我的呕吐反射结束后，考虑到时机不对，我就没跟他细说。其实我是想跟他说："亲爱的，如果他们太依赖你的思想了，你自己多少也有点责任。"任何兼具个人魅力和讲恐怖故事本领的操纵者都能让易于受影响的人放弃自主思考。我经常见到有人对权威人物们顶礼膜拜。在这些权威人物中，有商人、宗教人士、政界人物，也有搞艺术的。你能看到这些权威们为此沾沾自喜的样子，因为人们容易犯这种毛病。

如果想把听众变成狂热的信徒，你会付出代价——那些有主见的人会远离你。一个自视权威的演讲者只要将目光从那些专心的听众移开，他会看到其实有人在皱眉头、左右张望甚至翻白眼。因为他们会自己思考，不会被演讲者亲和的笑容、细心的解释和事先准备好的论断所迷惑。其他人会被他那种优越感惹恼，因此抵制他。拒绝扮演权威的诱惑也许会让你的一些追随者失望，但会让你获得更多的听众，他们能持续进行独立思考。

也有些人，虽然本身没有什么魅力可言，但讲起故事来却是一副高高在上的样子。这些人爱装权威，自以为是。在他们眼里，其他人就像小孩，需要他们指点迷津。这很有意思，我注意到即使是最受欢迎的儿童故事讲述者，在讲故事时都没有以优越者自居。

苏斯教授在讲《霍顿与无名氏》的故事时，就是以平等的态度对待他的听众的。像苏斯教授这样优秀的说故事者，会让听众知道自己和他们一样为无名镇（Whoville）的沙尘暴担忧，而不会带有任何矫饰。他可能会在讲故事时做引申，挖掘故事的深度，但始终平等地对待听他讲故事的孩童，就像是对孩子们说："这个故事让我也受到了启发。"他不只是在讲故事。每次讲述时，他也在叙述这个故事向他揭示的真理。

专门讲故事的人，常用"故事腔"这个词语形容一个人说故事时的矫揉造作——说起故事来有腔有调，面部表情夸张。我要见到这种人，会替他脸红得缩到椅子底下躲起来。也许他是因为缺乏自信才这样的，但其效果却会使听众觉得你把他们当成小孩。你说话的口吻和肢体动作都能影响人们对你的感受，所以讲故事时最好还是注意一下这些细节，这样既是对听众的尊重，也是对自己的尊重。

不乏真的以为自己很了不起的人。这种情况最糟糕。认为自己高人一等的人说出的话，会有很多不好的暗示，这些暗示对那些心理有抵触情绪，或者反之，对有依赖心理的人来说，都将是灾难性的。下面的这些话就是很好的例子。

> 我向上帝祈祷，上帝会保佑我们今后的工作、我们的行为、我们的前程、我们的决心；全能的上帝会让我们避免变得傲慢或胆小怕事、任人摆布；祈祷他让我们一直走在他已为我们指明的道路上；祈祷他给予我们勇气，让我们在面对强权和危险时不会退缩或犹豫。

这些话听起来能使人心神激荡，说这些话的人也是个尊重其兄弟姐妹的人。但当你意识到这些话是希特勒在1938年为鼓动一个民族进行种族灭绝做的演讲时，会觉得后怕吧。

必须警惕虚幻的优越感。让人们自己做判断吧，相信他们的智慧，使他们自己主动思考。努力理解你的听众，从他们的视角思考问题，并且继续倾听那些还没接受你的观点的听众，这样日后你们可以共同探讨那些不知道和不理解的事。

不要让听众觉得无趣

作为讲故事者，最大的失败莫过于使听众觉得厌烦。故事太长或者主题不集中都会让听众厌烦。讲故事时不考虑听众的情况，只站在自己的立场讲故事，或者因为各种担忧和害怕而不敢尽情发挥想象力，都会让听众觉得厌烦。没人愿意使人生厌，也没人愿意别人让我们生厌。许多人对自己评估不准确，因为担忧自己的故事会使人厌烦而不敢讲。

只要是人，就会有故事可讲——可讲的故事可能还不少呢。如何让听众觉得你的故事有意思？其实并不难，了解听众的趣味所在，讲讲你经历过的趣事。最简单的办法是通过人们之间的共性交流（如何去"做"在之后的部分讲）。不过，要是你怀疑听众厌烦了，也有具体的办法可以帮助你。

比如，有位年轻的工程师，在培训课上问我："如果有人讲话时，发现自己可能讲得漫无边际、东拉西扯，他该做什么？——比如，做报告时，发现大家都厌烦了，他该如何才能扭转局面。"他提问的方式，让我肯定了两点：第一，他跟我说的那个人不是某个人，而是他自己；第二，他察觉自己使人厌烦后开始焦虑，讲话更加没有头绪了。

下面，我来介绍三种应对策略。

○ 策略一：讲具体的东西

具体的细节比假设性的问题更有意思。为了说明这一点，我抛开他说的那个假设性的问题，直接问他究竟担心什么："你为什么这么问呢？你觉得自己无趣时会做什么呢？"我这么直白的提问一下子吸引了所有在场听众的注意力。他们全都盯着我们，期待那个工程师的回答。

他笑了笑，回答说："我会发慌，语速也会加快。"看，他默认了，需要帮助的不是某个人，而是他自己。一旦我们谈到具体的问题，不仅他自己会觉得有意思，我和在场的其他人也觉得很有意思。

你讲的故事如果尽是无关痛痒、假设性的东西，是无法在感官或情感层面刺激听众的。泛泛而谈的东西只会对大脑中非常小的一部分区域产生作用，而具体的内容才会全面激活听众的大脑。

举个例子，过去的减肥作家只会讲述无聊的故事，比如增加脂肪，增加蛋白质和碳水化合物的比例（这种故事听着就让人想打呼噜）。后来，一批减肥作家改变了做法。他们开始使用这样的故事："法国人爱吃脂肪多的食物，爱喝酒也爱吸烟，日子过得很快活，可他们犯心脏病的概率比我们美国人还低。"

这样的理论，如果能融入一个有趣的故事当中，将会更加吸引人。比如你想表达人有时候需要高脂肪的食物，是因为你在平衡体内的蛋白质和糖。那么你加入一些具体和鲜活的细节，比如讲讲法国食品如何色香味俱全，法国人是如何近乎肆无忌惮地享受生活。这样一来，人们更容易理解你的理论。

细节总是比概括假设更有趣。假设性的问题通常只适合学术界的人使用，这也是为什么他们一张口就让人厌烦。会讲故事的人讲起故事来会让听众着迷，而解释抽象理论的知识分子只会令人生厌。

○ 策略二：不要再讲下去

这个策略看似简单，不过，当你发现自己偏离主题、东拉西扯时，你就会知道要停下来有多难了。

当你察觉听众已经厌烦，可以试试这招。听众可能是在想其他的事情，你停下来可以让他们回过神来。

也许你讲的东西和一些他们非常看重的观念相抵触，他们拒绝听下去；也许他们真的觉得你的故事很烦。不管是哪种情况，硬讲下去都是不明智的。就算你判断错了，实际上听众并不觉得厌烦，也无须担忧，他们会要求你继续讲下去。

我曾见过某位先生在一个会议上讲述该会议中心的历史，都已经超时了他还在继续讲，下面的听众都很不耐烦地坐着，而且他也知道听众已经不耐烦了。我看着他的行政助理焦急地向他示意，先是把双手摆成"T"字形暗示超时了，没有用，又用手指在脖子前来回摆动，暗示他不要讲下去了。可那位先生在上面就是无动于衷，仍要讲下去。他只顾自己的安排，已经忘了他讲话的初衷。他的听众其实是他自己而不是坐在下面的人。

他的本意是要通过增进与会者对会议中心的了解，从而引起人们对这次会议的重视。其实，他要是及时打住，审视一下当时的情况，结果会更好。

要记住，你的听众是很愿意协助你活跃气氛的。

○ 策略三：把难题抛给听众

当你觉得听众和你出现了分歧——情形已经变得让你不能把故事讲得有意思——这时你可以向他们征询意见，和他们沟通。你甚至可以直接问他们："你们是不是觉得烦呢？"（问的时候不要带有不满的情绪——就算他们真厌烦了，你也不能责备他们。）

我经常这样问我的听众。有时候他们会很热诚地回答："一点儿也没有，您继续讲吧。"这样我就可以继续讲下去，不用为担心听众厌烦而分心。有时候他们真的这样认为，但回答得比较礼貌，比如："其实，我更想听您讲……"如果是这样，我会对故事内容做调整，加入听众感兴趣的部分，或者要他们讲讲自己的故事，以便使我们走出困境，回到正轨。毕竟，要想让故事对听众产生长久的影响，需要听众的互动。

如果你紧张了，不知如何是好，最好的办法就是对听众坦诚。比如，你可以说："对不起，我有些紧张。"或者幽默地说："你们觉得这里很热吧？"这样你就可以松口气，不用强撑着讲下去。同时让你的大脑放松下来，思考如何恢复听众对故事的兴趣。大多数时候，坦承自己情绪紧张比掩饰它更易获得听众的谅解。

最后一点，还有个保持听众对故事的兴趣的窍门——保持低调。如果听众把过多的注意力集中在你个人身上，会让他们忽视你讲话的内容（或者电话会谈、电子邮件等）。过度曝光可不是只有电影明星才会有的麻烦。回忆一下那些你觉得最有意思的人物，这些人不大可能是那种一有机会就喋喋不休地讲下去的人。如果你讲话的时候有这方面的毛病，下次和听众见面时不妨试试克林特·伊斯特伍德式的静默，看看这样的你能吸引多少观众的注意力。

不要吓唬听众，也不要让他们有负罪感

讲故事时，利用恐惧或者羞耻感促使人们采取行动，可能短时间内会有效果，但是长期而言负面影响更多。过多地使用恐惧感和负罪感会让人变得消极，不愿意行动。这些情感是消极逃避的，而非积极前进的。

跟听众讲热带雨林遭受严重破坏的故事，让他们心怀愧疚，或者跟他们讲想象中的危险或袭击，让他们坐立不安，你会把原本心态乐观积极的市民变成愤怒的抗议者或好斗之人。充斥在他们血管中、让他们"远离你"的化学物质会在他们自己的群体里制造难以预测的对立，使他们难以与受到妖魔化或指责，但是仍然需要实施良好解决方案的人建立联系。

当你身处高位时，就连失败者的故事也不再有效。那个抽走大家积极能量的联合国官员的故事很好地说明了通过过错、内疚和羞耻的情绪影响他人的缺点。

19 世纪最艰难的说服任务，就是说服南方人放弃奴隶制度。

有些废奴主义者喜欢讲让人感到羞耻和负罪的故事，可亚伯拉罕·林肯倾向选择带有幽默感的故事，引导人们改变看问题的视角。在提到墨西哥战争时，他说，整个事件只让他想起一位农民讲的话："我并不贪婪，我只想要跟我土地连着的那块土地。"

我在基思·詹尼森所写的《幽默的林肯先生》一书中，发现了一个关于林肯的好故事。在和他的老朋友T. 莱尔·迪奇法官就奴隶制争辩了很长时间以后，林肯为了开导困倦的迪奇，先后讲了三段话，每段都要他设身处地地设想自己的处境。

他对迪奇讲："如果奴隶制的依据是人种的肤色差异，那么你遇到的第一个肤色比你更白的人就有权奴役你；如果依据是智力差异，那么你遇到的第一个比你聪明的人就有权做你的主人；如果依据是使用奴隶能够获利，那么任何能利用你获利的人就有权把你当奴隶。"他通过自己的故事提供新的视角说服迪奇，而不是利用羞愧和负罪感。（注意，讲这类故事时，讲话的速度要慢一些，以便听者有时间想象皮肤白、聪明以及有抱负的人的形象。）

林肯知道，要说服别人，讲幽默的故事比羞辱人更好。他甚至因为自己对对手手软而遭到批评。有位女士告诉他，他应该在辩论中消灭对方。他则回答道："我和他们变成朋友，不就是把敌人消灭了吗？"他说服人的方法在我们讲故事时值得借鉴——不是寻求胜利，而是要用更宏大的故事消除分歧。曾有人要跟他决斗，他选择的武器充分显示了他对通过决斗解决分歧这种"策略"的态度,他没有选刀和剑,也没有选手枪,而是跟对方说:"咱们比赛每五步捡一次牛粪如何?"

引诱你的听众

通过加入听众感兴趣的内容,确保听众对你的故事感兴趣。讲讲他们的希望、梦想、烦恼或者不为人知的担忧。必须确保它们是你自己了解的内容,而且要讲得具体。泛泛而谈会使人厌烦,只有把故事讲得生动具体才能打动听众。

讲故事时顾忌太多、谨言慎行或者故事肤浅、没有深度,或者为了政治正确而讲废话,都会让听众觉得无趣。带着热情讲,讲原汁原味的人间悲喜故事才能抓住听众的注意力。

要确保自己一直讲有趣的故事,最好的办法就是保持好奇心。

安娜·埃莉诺·罗斯福曾在给人的信中表示,她相信靠"诸如此类"这种泛泛而谈的话敷衍听众,对任何人都不是难事,但她怀疑"这些人是否真的还有好奇心"。拥有好奇心是确保你能吸引别人注意力的最关键的东西。对某人"感兴趣"和"分析"某人之间是有很大区别的。前者让人更主动,渴望发现意外的事物和探索未知的领域,后者意味着不积极思考和预置的逻辑框架,甚至对要费脑力才能理解事物有抵触情绪。

讲自己感兴趣的故事才会引起听众的兴趣,你必须找到自己感兴趣的东西。最能引起听众兴趣的故事往往来自好奇心的探索。当我协调对话时，我会讲到"卫生间吐槽"的故事。

故事是这样的，有几个人参加完员工大会后去了卫生间，在那里透过隔间门与地板间的缝隙确认没有其他人后，才跟对方讲了自己的真实想法："这破会议，真是浪费时间。"这个小故事想要说的是，人们在会议上不说实话，会后在私下里讲得更真实。这种故事会让听众联想到自己的亲身经历从而引发共鸣。是好奇心让我注意到这种现象，收获了这类好故事。由于我的好奇心足够强，因此人们向我讲述了大型会议背后发生的事情。好奇心和大胆的提问可以帮助我们发现吸引人们兴趣的故事，因为这些故事来自他们的生活体验。

一直保持好奇心，可以帮助你发现许多故事，这些故事表面看起来没什么关联，可是会在你需要时奇迹般地出现。比如来自人们陌生的地方，比如新奇的思想领域的怪诞故事，都会引起人们注意。

讲故事时像这样开头："我的一个朋友以前是印度教的传教者，他说他住在贫民窟时……"又或者这样开头："我曾遇见过这样一个家伙，他开过货车、卖过毒品，还当过耶和华见证人[①]的传道者。"这样的开头保证能立马吸引听众的注意力。

有时在故事里加点怪诞的细节可以引起人们的注意。我以

---

① 基督教派的一种。——译者注

前的一位同事经常讲一个大家都熟悉的故事，说在天堂和地狱各有一帮人，都围坐在一个很大的桌子周围，桌子上放着丰盛的美食，他们每个人手上都拿着约 2 米长的叉子。最后，地狱里的那帮人饿死了，因为他们不懂合作，拿的叉子太长，食物送不到嘴里。天堂里的那帮人吃得津津有味，因为他们互相帮忙，相互喂食。

这是一个关于协作的故事，你很可能听过这个故事。可我的这位同事讲的时候不停地笑，笑得像个孩子，引人发笑，能刺激听众的感官和情绪。这样更容易引起人们的回忆，让故事更加有趣。我当然一直记得这个故事。极为生动具体的细节可以为你的信息增添色彩。

如果讲故事的时候老是"直奔主题"，你可能会发现只有你能听懂你的主题。让你的故事生动起来，运用各种手段调动听众的听觉、视觉和嗅觉，把故事讲得有声有色、引人入胜。这样才能向听众传达你想表达的主题。

利用人性与听众沟通

一个星期天的早上，一位女士来到教堂的讲坛前，请求大家捐款为教会买一辆公交车。因为之前人们已经为一个建筑项目捐过款了，所以，她这次的任务并不轻松。

一开始，她要求我们向座位的左侧挪动一个身位，然后就一直静静地站在那里，什么都不说，等我们照着做。我们坐在下面表现得漠不关心，东张西望，但最后还是照她说的做了。她又要求我们向右侧移动一个身位，我们也照做了。然后她宣布："你们已经齐力为这个教堂80%的长椅除了尘，光靠臀部我们就能有这么大的成就，还有什么事我们办不到呢？"

当时我们的感觉就像"中计了"，大笑了起来。在场的人谁没有臀部？可我们平时都很少谈及它，在教堂就更不会了。她说的话触及我们的人性层面，利用这方面的弱点使我们再没有理由拒绝捐款。最后，她如愿以偿，筹集到为教堂买公交车需要的钱。

幽默可以帮助我们沟通人性。喜剧演员乔治·卡林，曾经表演过很多人们把食物掉在地上的场景。不管你是首席执行官还是家庭主妇，或者电影明星，你肯定遇到过这样的窘境：不小心把自己非常喜欢的一块食物掉在地上了，到底是把它捡起来揩干净呢，还是把它扔掉？周围的人看到了，你在不在意？讲这种我们生活中经常发生的事情，会在人性层面拉近我们和听众的距离。大多数时候，你不能要求听众按照你的意愿去做，你只能利用我们人性中共同的东西与他们沟通。

作为讲故事者，你拥有的最大的资源就是你作为人类一员的身份。你了解大多数人的喜怒哀乐。正是这些共通的感情经历和人类的共同之处，能让你和你的听众建立起可靠的联系。例如，会议开到紧张时，你可以讲讲你女儿养的小猫，你和会上的其他人可能有这样那样的意见分歧，但是你可以肯定他们都会喜欢关于小猫的故事。

告诉听众自己最大的愿望或恐惧是什么，你会发现他们也有相似的愿望和恐惧。也可以谈自己热爱什么或者喜欢什么，这些故事是听众无法拒绝的。我即使不像你那样对修复卡车着迷，但亲眼看到你修车时那种全神投入的神情，也会理解你为何会那么热心。有人全身心投入搜寻卡车后部少了的保护壳，最后终于如愿以偿，我们看到他脸上喜悦的表情时，也会为他感到欢喜。

玛丽·洛芙是《不要朝微波炉吼叫》一书的作者，她做主题演讲时讲过很多故事，她相信带着热情做事情可以帮助我们应付生活中的压力。有一次，她要求听众讲讲自己的业余爱好，出于好奇，许多听众都举了手。其中一位发言的女士说："我喜欢做婚礼的披纱。"玛丽又详细问了几个问题，这让她谈到了她妹妹上个月婚礼上不少有意思的细节。当她谈到自己和妹妹争论选择哪种蕾丝时，眼睛不停打转，脸上充满喜悦，我们全都笑了起来——我们都有过类似经历，这些经历可以使我们和听众更融洽。

我曾听玛雅·安吉洛讲过一段话，虽然没找到她的原话，我还是会经常按自己的意思重述她说的话。我想她表达的大致意思是："我们都一样。从波士顿到孟加拉国，人们都希望有个自己爱的人。从巴黎到波基普西，人们都希望有人爱上自己。从克纳斯维尔到开罗，人们都希望他们的子女身体健康、事业有成。从辛辛那提到叙利亚，人们都希望做好自己的工作。"最后，她还面带诙谐的笑容补充道："我们还都有一点点私心，希望自己得到的回报比自己应得的多那么一点。"讲个类似这样的故事，你就有了和听众沟通的桥梁，并以此传递自己的主题。否则你讲的东西只会飘进空气中，进不了听众的心里。

让听众感受到希望

要影响你的听众，就必须为他们指出未来的希望所在，而且这种希望是他们能够达成的，值得他们为之努力。

你必须告诉听众你的希望，使他们受到感动，并且唤醒他们自己的希望。人们没能成功地影响他人，通常是因为他们自己都没有希望，感到自己力量渺小，甚至可能由于对听众（这些人正是你希望影响的对象）的轻视而让他们看不到希望。这会让你的故事显得缺少诚意，甚至压根儿就没有诚意。能影响听众的故事必须能打动人心，真正有影响力的故事必定给人带来希望。找寻自己的希望吧，持之以恒地寻找。你影响他人的能力和你对个人愿景的信仰是同步的。

有时你会觉得自己追求的目标不可能达到。比如，大的目标：民权、环境改革、世界和平，甚至是小的目标：使人们收入加倍、奖励人们的工作、提高学校的教育质量等，都看起来遥不可及，即使采取了行动也不会有什么实际效果。面对这些情况，成功打动听众的关键是信念,而非目标是否明确、有没有全面周详的计划,也不是行动步骤,更无关意志力。

我曾听过一个政府雇员非常严厉地挖苦这世上已经没有好的领导者。他完全不相信这世上还有好的领导者,这种失望的情绪也使他感到对影响他人无能为力。我让他讲一段关于他曾认识的某个好领导者的故事,他向我提到一个正直诚实的领导者,这位领导者即使面对要求他不顾道德伦理、一切以不惹麻烦为办事原则的政治压力,也会行所当行,执行自己认为正确的决定。在他的讲述中,这位领导者从未屈服于压力,无论多么困难,都会做正确的事。

他在谈那类让他感受到希望的领导者时,声音和神情都开始转变。我们可以感受到他在慢慢回忆与这位领导者的交往的同时,自己也渐渐从失望和迷茫中恢复过来,而他先前讲"这个世界上已经没有好的领导者"时完全是一副毫无希望的神情。

对那位精神向导的追忆帮他重获希望。要一直保有这种希望,他就需要靠这类好的领导者的故事不断自励,直到自己也成为这样的好领导者。我要他想象这样一个场景:那位了不起的领导者正站在他面前,将火炬传递给他,要他承接自己未尽之事,让他成为自己正努力找寻的那种领导者——以身作则的那种人。他开始思索,我们知道他会逐渐摆脱沮丧。

当我们重拾希望和梦想,事情就会大不一样。许多人其实已经丢掉希望,他们必须重新找回这些东西,没有希望是不可能影响到他人的。

玩世不恭和漠不关心的态度会阻碍人们拥有希望,有时人们会害怕拥有希望。他们害怕有了希望会再度使自己失望。因为有了希望就得采取行动,不能无所事事地过日子。一旦有了希望,就得抛弃那些自我安慰的想法——比如,自己有这样那样的不足,周围有这样那样的限制。

当你开始有了影响别人的能力时,就会发现你讲故事其实就是在向人们推销希望。要是讲的故事是自己相信的,那么讲起来会容易得多。关于当我们努力获得希望时会遇到的挑战方面,玛丽安娜·威廉森(Marianne Williamson)在诗中曾经有过非常精彩的描写:

> 我们最大的恐惧不是我们有各种不足。我们最大的恐惧其实是我们太强大,大到没法估计。我们会问自己:"我算什么呢?我凭什么拥有美丽、拥有才华?凭什么那么了不起?"事实上,你真的很了不起,连上帝都在祝福你。把自己看得渺小、无足轻重并不会带来任何益处。做胆小怕事的人,好让周围的人有安全感,这种想法没有任何积极意义。这么看问题的人不在少数,我们每个人都会有这么想的时候。当一个人鼓起勇气,敢于拥有梦想和希望,敢于付诸行动,他自然而然会感染其他人,使他们变得跟自己一样。当我们摆脱恐惧,我们的存在也会让其他人摆脱恐惧。

你要讲关于希望的故事，希望让人相信你讲的这些故事，希望传递关于成就、伦理及激情的想法，首先得确保你讲的那些信仰和希望是你自己相信的，那些内心并不相信自己讲的东西的人，通常会问："我如何才能讲好故事呢？我并不相信我讲那些故事会带来改变呀？"这样的人并不了解故事要打动听众需要什么东西。只有问自己"我如何才能相信我能带来改变"的人，才会讲出成功的故事。

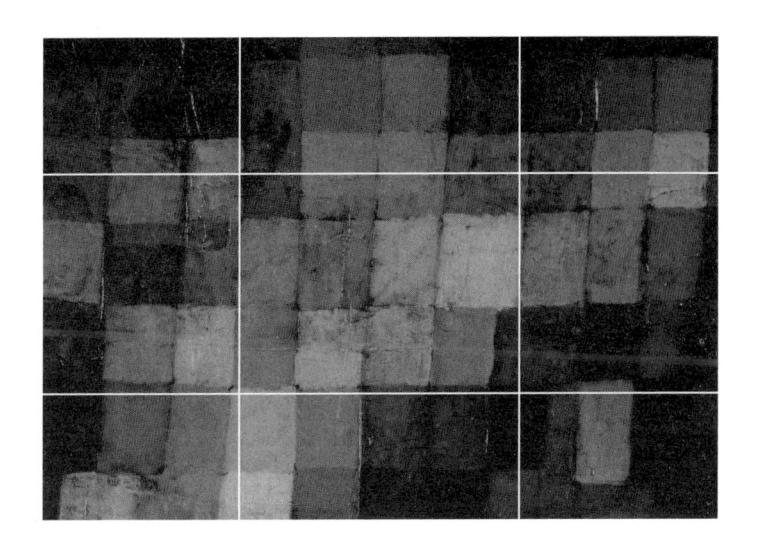

第 10 章 讲故事的人的日常

生命犹如公开表演小提琴独奏,一边演奏一边了解乐器。

——亚伯拉罕·林肯

很久以前，有一个独自过活的穷石匠。他是一个虔诚的、有慈悲心的人，所以上帝听到了他的祷告。他祈祷自己能变得富裕、强大。一天早上，他醒来时发现自己美梦成真，拥有了梦寐以求的巨大财富。

他向全世界宣布："我是最强大的。"太阳嘲笑他道："你有足够的能力让植物生长吗？"他不能。财富带给他的喜悦开始消退。所以他就祈祷："让我像太阳一样强大吧！"第二天早上他和太阳一起升起，因为他自己成了太阳。他非常喜悦，能够给地球带来温暖，让庄稼得以生长，还可以烧焦那些不热爱上帝的人的农田。

他向世界宣称："我是最厉害的。"

风嘲笑他："你能让船只在大海上航行、呼唤云雨遮蔽住太阳吗？"他的喜悦又一次被浇灭了。

所以他祈祷道："让我变得像风一样强大吧。"

第二天早上醒来，他发现自己变成了风。他兴奋地打转，吹动云朵和大海里的船。

他对世界说："我是最牛的。"

大山听到了他的自吹自擂，嘲笑道："你再强大能移得动我吗？"他吹了又吹，结果还是没能吹动大山。他又不高兴了，很快就开始祈求上帝让他变得像山一样强大。

一早醒来，他变成了大山，他很开心能变得如此威严。风吹不动他，太阳也照不到他投射的巨大阴影。他确实变得很强大。直到有一天他的注意力被凿东西的声音吸引，山脚下，一个石匠正在凿一些大的石块，然后搬走它们用来盖房子。

他咆哮道："我是最强大的，走开！"石匠笑着说："如果你真的那么强大，请你走开。我正忙着为我家人建造一个干燥温暖的房子呢。"大山叹了口气。

他想成为最厉害的。他已经有很长时间没向上帝祈求愿望了，这次他说："请让我变得像石匠一样厉害。"上帝说："你确定吗？"他答道："这就是世界上我所想要的全部。"第二天早上，石匠在他的床上醒来，感到没有比这更愉快的了。

改编自道格·李普曼复述的中国民间故事

一个故事家的生活是非常吸引人的——当你意识到你可以移动山脉，你和你感觉需要移动的山脉之间就形成了新的关系。对社会负责的目标似乎并不是不可能实现的。寻找和分享那些解释你是谁、为什么你会在这里的故事可以带来巨大的力量，你的生活会变得更有意义。

作为一个故事家，你和时间的关系也会改变。随着时间的流逝，每一个瞬间都不会再单独存在，每一个瞬间都被之前发生和之后将要发生的事情关联着。没有什么事物可以单独存在。最重要的就是，你也不是孤立存在的了。

当你选择了你的故事，生活就会变得更有意义。虽然荒唐可笑的事情仍在发生，随机事件和政治灾难也不会结束，不过，它们会在更大的故事背景下得到解读。当你选择了你在这世上的角色，之后的每一个选择都会成为一个更宏大故事的重要组成部分。这非常关键，你也很重要。

你所过的生活的每一天都会成为你故事的新篇章。

一个好故事足以改造一个组织

　　作为故事家，你是塑造你的组织、团体及家庭文化的中坚力量。人们通过我们所讲的故事定义我们。作为故事家，你是你的组织、团体及家庭有意义记忆的储存库，任何组织的文化规范和习惯都是通过一遍遍地讲故事得以流传下去的。这个责任很重大。无论你讲的是希望与合作的故事，还是无意中用故事反驳促进合作的规范，随着时间的流逝都会产生很大影响。每当你讲述故事，你可以在其中嗅到生命的气息。当然，你讲给自己的故事才是最重要的。

　　我见过一个领导阶层的女人，她从小听着家中女性的事迹长大，甚至是远至黑奴时期的故事。所有的故事全部描述了"斯图尔特家的女性"是如何努力、强大、勤奋和无畏的。通过她家里代代流传的故事，她了解到了自己的身份。

　　当她还是个小女孩儿时，她祖母就告诉她："不要忘记你姓斯图尔特。"后来这些故事帮她选择了正确的道路。当她说"我是一个斯图尔特女人"时，她的形象变得更加高大，也让我们觉得认识她是我们的荣幸。她的故事决定了她的人生。

　　不管如何，在你的组织或家庭中代代流传的故事，要比任何方针手册都能更好地决定你的行为。今天，许多高科技组织只会宣传速度、颠覆和冷静的决策者付出110%的努力的故事。他们赞扬通宵熬夜的故事、凌晨两点爆满的停车场、储存在冰箱里的咖啡因饮料、夜行航班故事，以及由于股票涨跌如过山车一般的财富。一些颠覆性故事重新定义了在后颠覆文化中被褒奖的行为。从纯经济视角看，诚信、道德和伦理可能会被看作软弱、低效和天真。

除非……故事家用支持道德立场的故事补充经济故事。一个组织最有意义的文化转变之一，就是把"付出110%"这样已经烂大街的故事，变为能更好地平衡家庭与工作的故事。像这样讲述新的故事需要勇气。然而在这里"一个故事能引出另一个故事"的原理可以使你受益。我曾与一个陷入困境的软件设计团队合作。他们热衷于嘲讽、怨恨（长期付出110%努力的直接结果）。他们轻视言谈迟缓的团队成员，拉帮结派搞小团体，像玩游戏一样一票否决他人的主意。我知道他们并不是天生就是愤世嫉俗的人。他们仅仅是没有时间给自己充电，身体能量耗尽了而已。毕竟，红牛和挖苦只能让你维持这么久。

当大家越来越频繁地寻找替罪羊，这个团队也会对没有参加会议的成员发表粗鄙的言论。然而，这个成员并没有用粗鄙的话语反击，而是勇敢地讲他的故事。他没有参加会议，是因为要去看小女儿踢足球。他讲到两个月前为女儿买球服是多么开心有趣，却在上个月女儿问他为什么错过了最后4场比赛时无言以对。他开始描述一场比赛，我们都被他——作为一个父亲——的喜悦所吸引。这个团队慢慢开始有了生机。大伙儿的脸上露出笑容。另一个人也像这个人一样讲了一个故事，不久之后大家都开始讲他们偷偷照料家庭的故事，暗示自己也希望能做到家庭工作两全其美。

这些新的故事开始构建新的文化。有"110%的付出"和"做一个懒鬼"两个极端供你选择。最终由于他们都得到了很好的休息，心情愉悦，也有充足的时间陪家人，他们都比之前筋疲力尽时工作得更棒。

有一个人指出，他们陪伴家人的时间比那些精英待在酒吧或者飞机上的时间还少。他们开始重新解读最近某人吹嘘的"8天去8个国家"——"难怪没有人知道他的部门发生了什么，原来是有个语无伦次、永远在倒时差的僵尸在领导他们啊"。

他们的新故事解构旧的组织文化，为团队创建一组更加平衡的故事，将休息当作共同价值观保护。消息传开，一些组织中最棒的执行者开始寻找和他们一起的盟友。他们的团队能力有了提升，他们的成功也促进他们有效地影响组织中其余的人。

问责故事悄然瓦解组织的团结

故事影响我们行为的事实是明确的。它与这个故事的好坏与否无关。使人感觉最有意义的故事就是最有影响力的故事。总给自己讲受害者故事的人们容易表现出受害者的行为，而给自己讲合作故事的人们身边往往有许多合作者。不幸的是，人类的本性决定让人恐惧的故事最容易流行。

由于我们的大脑的功能是保护我们的安全，并且专注于生存环境，我们天然会更容易被警示故事、悲剧或者"可怕吗"这样的故事吸引。未来，如果我们的大脑还没有进化出新软件，它还将是正确的。抱怨这个事实相当于浪费时间（你可以试试），你无法与人性抗争，但你可以付出额外努力，以确保"好"的故事多于恐惧和愤怒的故事。

自我首次写作此书以来，讲故事的建议已经调转方向。本章接下来的内容未做改动，因此你可以将下面的"古老"建议与最新的讲故事建议进行比较。你可以花一分钟时间，想象一下1999年的世界。在那个时代，没有智能手机。大多数电话仍然固定在墙上。银行、杂货店和邮局的面对面交谈提供情感养分，而我们甚至不知道我们需要这种养分。人们的生活以物理方式持续交错，每天都会提供关于如何（以及为什么）与他人相处的经验教训。我当时30多岁，相信如果我帮助人们学习讲故事，越来越多的人就会记得，几乎任何事情都不会永远只有一个故事。我的个人目标是增进沟通，促进同情，追求共同解决方案。

1999年，《故事思维》的大部分手稿已经完成。当时，我所学到的大部分知识直接来自具有传统讲故事出身的导师。我们经常讨论和外行人分享讲故事秘密的危险，后者可能以不负责任和不道德的方式对待这些秘密，对其进行操纵。如下文所述，我知道警告是必要的，但我永远不会想到，我们最终需要发明"武器化故事讲述"一词。我不是想指责谁，而是希望这段未做更新的内容能够帮助我们反思，当前的讲故事实践是从何时开始宽恕用恐惧故事"控制"叙述的胁迫性故事讲述的，这种宽恕是如何出现的。

恐怖故事很容易传播，但通常会产生长期消极的后果。由于恐惧比希望更容易激活，恐怖故事更早起作用，之后会一直伴随我们。例如，一些教堂会利用恐怖故事（"忏悔吧，不然你会下地狱"），而不是充满希望的故事（"宽恕和怜悯，让你与上帝相通"）获得更多皈依者。恐怖故事可能会更快地起作用，但是恐怖故事形成的远离模式，阻挡我们培养宽容、仁慈和坚忍之心。这些鼓吹恐怖故事的教堂，不可避免地成了弥漫着内斗、虚伪、诽谤和闲言杂语的地方；那些宣扬希望的故事的教堂，则更好地培养团体意识、同情心，使每个到访者都感到宾至如归。

有些公司信奉恐惧的力量，认为恐惧感能促进工作，实际效果往往截然相反。当然，没有人会有意给自己讲"失败者"的故事，也没有组织会有意滋生恐怖故事。但是当你听完一个人或者一个组织的故事后，你就可以了解是什么样的故事定义他们的行为。许多组织流传着"想办法开脱罪责"的文化，而不是"希望和激情"的主题。"希望和激情"主题或许在墙上的海报里、公司宗旨中，但它们所讲的故事却是有关规则、标准、评估"想办法开脱罪责"的警告。过于关注度量、性能评估及其他控制系统，会无意中滋长甩锅的故事。

作为有缺点的人类，我们想避开持续的监督是可以理解的。

尽管是出于好的意图，持续的监控也会产生焦虑以及甩锅的故事。在美国，我们谈论关于联邦政府责任的故事，你会发现，在任何宴会上至少有一个谈话交流的焦点是联邦政府如何低效率、过分自负、官僚化等，这类人是成功、富有进取心的人的头号敌人。

故事引出故事，问责故事引出问责故事。这样，我们开始互相诉苦，认同悲观的局面，认为除了做好手边最重要的事，做其他的事都将无济于事。

当我们在政府低效率和滥用权力的故事背景下，玩"你能超越这个吗"游戏时，旁边若有政府职员，他们都会开启自卫模式。这导致许多政府员工更加关注弱点而不是强项。他们开始进行自我保护，并且发表关于立法者、政治家、政策、程序以及白痴领导的问责故事。听那些立法者、政治家的私人谈话，然后问责故事兜了一圈又回到了原点。关于问责的故事中，这种"远离、开脱"的情绪会将原本团结一心的团队瓦解得支离破碎，而本来有可能解决的问题也被人们拒于千里之外。

讲问责的故事并不能描述问题。作为故事家，你看到这样的故事本身就是问题。希望的故事更难点燃激情，但是它一经点燃，就会散发出纯洁与清澈的光芒。只有当希望的故事代替问责的故事，我们的联邦政府、组织或者你的家庭才能变得更好，问责与恐惧的故事才会偃旗息鼓。

所谓真相就是你相信的故事

在人类历史及影响力的心理学因素中，都没有绝对客观的真理。它是件不确定的事情，但你能理解故事蕴含的真正力量及你所承担的巨大责任的唯一方式，就是成为一个故事家。19 世纪最有价值的故事家之一——斯特兹·特克尔坦承："我不掺一句假话来说，尽管我们在猎捕'客观'，但根本就没有'客观'这种动物。"

经济大萧条是事实，有各种各样的数据描述当时发生的事情，但如果你想知道事情的真相，你就需要去了解故事。斯特兹·特克尔的《艰难时代》一书中的口述历史，组成了我们所认为是真相的事实。特克尔说，听玛哈莉亚·杰克逊唱的福音之歌《挖掘更深处》，让 50 多岁的他深受鼓舞，从此决心献身于故事。这正是一个故事家要做的，我们要挖得更深一点。

挑选事实，给它们排序，并且选定开头和结尾，这些往往会改变事实的含义。你的故事创造了含义，这些含义是自然主观的。历史仅仅是我们讲给自己的故事排序而成的，它会帮助我们设想事情的原因及影响。我们是通过我们选择去相信的故事，弄明白世界是如何运转的。大体上，我们讲的关于生活的故事，都被用来帮助我们感觉、理解发生了什么及发生的原因。这是件好事情，因为我们需要故事防止我们陷入莫须有的存在焦虑中。我们或许知道，客观真相实际上是不存在的，但是在现实生活中，这种认识却不能被用作"赖以生存的故事"。故事是要有根基的。

当这个根基牢靠,你的故事就会很棒;当它不稳当,你的故事就会很糟糕。故事可以让你挑战不可能,或者让你达到目的,以伤害别人为代价。拥有这样一把双刃剑,定期检查审阅你的故事就变得尤为重要。我们还需要考虑其他人的故事。当我们练就纯熟的写作技巧,并且能够影响他人相信我们的故事,我们同时也担负起了一种责任。这是具有影响力者必须承担的重大责任。

歪曲故事是一种艺术

我的一位朋友,帕姆·麦格拉斯,最近受委托研究并且讲述玛丽·马格德伦的故事。她发现,如果要深挖一点探索真相,有几个歪曲的故事需要校正。你知道 16 世纪格雷戈里大主教在《圣经》中将玛利亚与其他两个人物结合在一起了吗?那是玛利亚死后 600 年,她的职业变成了妓女。

出于某些原因,格雷戈里将抹大拉的玛利亚与贝特尼的玛利亚,以及用香膏为耶稣涂抹双脚的有罪妇女(被认为是一个妓女)混成了一个人。你不能责怪他——他需要增加皈依者人数,所以对故事添加了一些杜撰成分,突出忏悔与救赎。比较一下,耶稣从抹大拉的玛利亚身上赶走了 7 个恶魔,与"妓女被宽恕了",哪个更有冲击性?哪个更有可能上《天主教时报》的头条?如果你说,有证据表明玛利亚出钱资助了耶稣的工作,也根本不符合这个故事。因为编造的故事当中,不能出现近年来才出现的现象,比如提供经济资助这样的做法在当时的年代是不可能的。

你知道贝茜·罗丝的故事吧?但是你知道她故事背后的故事吗?或者,更准确地说,一个关于她的故事的故事。贝茜·罗丝缝制了第一面美国国旗,这个故事直到 1870 年——也就是独立战争已经过去很久之后,才为人知晓。可是,除了三个孙子、孙女和侄子签署的宣誓书,没有其他任何证据能证实这件事。一些人认为,它广为流传只是因为它貌似是内战之后一个比较有价值的故事。女人,就像在任何战争中一样,已经很好地接管了许多"男人的工作",据说,贝茜·罗丝的故事很有可能是用来说服女人回归更加女性化的工作中去的,比如针线活。我们也无法确定。

我们可以保守地估计,任何一个给故事添加了巧妙处理的人,都认定他们是出于好的原因才这样做的。在商业上,歪曲的故事可以用来吸引顾客,淡化失利的影响,提高利润期望值,贬低批评者等,总的来说就是要构造一个可以帮助实现某些目标的愿景。歪曲故事在政治层面上是一种高级的艺术形式。然而"政治化妆师"被尊敬的同时也同样不被信任。即使每个故事都有歪曲成分,但如果歪曲过度,就形同欺骗。你的编造是更接近真理,还是愈加远离了呢?

那些并不完全真实的故事,仍然可以揭示出伟大的真理。石匠的故事并不是真实的,但它讲述了一个真理。什么才是伟大的真理呢？尝试为你们解答这个问题着实有些冒昧。然而，作为一个故事家，花时间思考什么是你所相信的真理是个好主意。如果你的某个故事讲述了你都无法相信的真理，那么你就该再深挖一下了。

当你想用一个故事证明你是可靠的，而你事实上经常违约变卦、忘记会议安排，最终你可能被认为是不可靠的、满口谎言的人。时间久了，还是讲实话最好。套用斯特兹的话，或许并没有叫作"真话"的动物，但我们也不能停止寻找。

故事家和恶棍之间就隔着一层窗户纸

帕姆说："真理是一个难搞的情妇，因为她不会总跟带她来的那个人跳舞。"几乎每次她讲关于抹大拉的玛利亚的故事时，都会陷入困境。因为新的故事打破了现状。你可能也曾在讲述真相时遇到过困难。将你的真理融入故事中，要比直接传达赤裸裸的真理好一点，但这仍旧有一定风险。如今的生活方式已经不再执着于找寻真相。你想影响的人，有可能长期以来一直告诉皇帝（《皇帝的新衣》里的皇帝）说，他看起来很棒，说得多了，连他们自己都信了。所以，有些包含赤裸裸的真理的故事，无论多么精彩，都有可能遭到人们的攻击。

问题是，一旦你成为讲故事的人，就不得不看到这些赤裸的皇帝。在《财富》杂志1997年的一篇文章中，斯特兹·特克尔谈到了关于他作为故事讲述人的经验。斯特兹肯定是忍无可忍了，提醒人们注意赤裸的皇帝。他的故事里，赤裸的皇帝是指一个错误的结论，即科技使我们的生活"更美好"。他的故事，是故事家想改变现状的一个典型的例子。

一天，我拜访了一个靠做股票经纪人赚了一大笔钱的家伙。他坐在办公室里，开着电脑。他告诉我："我通过电脑雇用人，在这间屋子处理事务。"然后他带我去了交易室。每个人都不说话，那地方像坟墓一样寂静，他们都在那儿坐着，看着终端机——一个很棒的词，终端。我跟你说，这场景把我吓得屁滚尿流。

有一次，我在亚特兰大机场，喝了几杯酒。我坐的火车是始发站到终点站的。列车平稳、安静，当我走进去时，里面非常拥挤。但除了停靠站时机器发出的声音，它绝对是安静的。在门要关上时，一对夫妇冲了进来，列车里机械的人声广播道："由于晚来的乘客上车，列车将会延误30秒。"人们都盯着这对夫妇，他们非常生气。我吼道："乔治·奥威尔，你书里写到的时代已经过去了，事情真的需要那么高效，以致我们都丧失了人性和幽默感吗？"现在有三个罪人：人群正盯着我和那对年轻夫妇。坐在旁边的是一个坐在妈妈腿上的小婴儿，我问她："你怎么看这件事呀？"她笑了，我说："最终还是听到了属于人类的声音呐！我们还是有希望的！"

故事家与恶棍之间就隔着一层窗户纸。

一个故事家日常的练习

市面上充斥着影响力及领导力的书籍，简直是汗牛充栋。其中一些介绍分析模式或者思维模式，一些则更偏向哲学，其他一些则提出了一系列领导行为。

讲故事是扩大影响力的唯一办法，它可以被视作模式、哲学、工具甚至是一项日常的练习，不管是对故事家还是对被影响者来说，都能够保证每天的自我精进。每天练习讲故事会给你带来巨大的财富。发现新的故事，基于日常基础讲故事，一旦养成习惯，就会收获硕果与智慧，这是从书籍、导师或者其他任何间接的学习中学不到的。

认知学习太过于肤浅。真正的影响力能反映更深层次的智慧。当你陷入窘境时，回忆认知模式的过程太过缓慢，通常也无力帮助到你。成功的影响力需要快如闪电的回应，这个道理已经深深记录在你的情感深处。只有每天练习才可以达到这样深层次的认知水平。

武林高手并不阅读那些关于武艺的书籍——他们只是日复一日地练习。运动员也要每天练习。任何一个人想要精通一门技艺——影响力也是一门技艺——都需要练习。说故事是每天练习影响力原则的最简单的方法。

去做一个每日横扫故事的清道夫吧！任何一件产生感情或由于感情引发的事情都可以成为一个故事。当你看到一个人有你所钦佩的品质，或实现了你向往的目标，就让他们给你讲讲他们的故事吧。这实际上对你的健康有好处。一项研究发现，分享故事可以提升你的幸福感，还可以降低心率和血压。你在任何地方都能发现故事，因此读故事、看电影，以及让别人讲故事给你听，顺理成章。

安静思考几分钟，然后大略记下关于故事的想法。你可以在任何时候、任何地点构思故事。比如长途旅行中、堵车途中、排队等候时、枯燥的会议中间、躺在床上时、洗澡时，都是良好的时机。有些东西会成长，而有些不会。如果你足够幸运，一个故事能够从你嘴里自动冒出来。

《学习之旅》（书中关于名人生活中重要时刻的叙述，可以成为你故事的素材）的作者贝弗·利凯，使用7种方法寻找故事。我在此提炼了一下，帮助你们入门，加深记忆。

1. 寻找模板：反复循环的主题，帮助你定义你是"谁"；后续的令人兴高采烈的结果证明你走上了正轨；反复出现失败的结果，是你为什么要来的理由；描述你人生中的荣誉时刻，它们是如何紧紧相连的，对你来说又有怎样的意义。

2. 寻找结果：回忆那些过去你通过努力得来的特别好或者特别坏的结果，看看它们对你现在选择处理事情的方法有着什么样的影响；思考一下这些对你发展人际关系产生影响的或好或坏的结果；读一读像《伊索寓言》那样有教育意义的故事,激发起你人生中类似经历的回忆。

3. 寻找经验教训:铭记你人生中令人痛苦的危机,明确地表达出你得到的经验教训;回想你曾犯过的最严重的错误;哪一次,你庆幸自己听了父母的话;你事业中的转折点及你学到的东西;回首过去,再考虑一下这些事情你可能会有不一样的做法。

4. 寻找有效可用资源:记住改变你的那个故事,然后用老故事编新故事;记住你听到过的貌似会有用的故事;一个在家庭生活中有效的故事,是否可以用在工作上(或者反之亦然);询问影响其他人的故事是什么,并且获得使用他们故事的许可。

5. 寻找弱点:谈谈你的软肋;上次哭是因为什么;讲述一个让你非常开心、兴奋得想跳舞的故事;回忆一个尴尬的瞬间;回忆你想钻到桌子底下藏起来的时刻;回忆你深爱的家人的感人故事。

6. 寻找未来的经验:将你每天幻想的"它会怎样",加上现实生活中的人物拓展成一个完整的故事(人们喜欢被代入故事中);将你的担忧发展为成熟的故事,包含所有潜在的负面结果——它们会如何结束、会影响到谁。

7. 寻找故事的回忆:找出一个令你难忘的故事并挖掘出含义;出于某个原因,你最爱的电影或者最喜欢的书——试着复述你的想法、观点,这样他人就能领会你想表达的意思。

不要忘了,一个故事可以引出另一个故事。将一个个人故事或家庭故事插入同事之间的谈话,你很可能会再收获一个故事。当你听到一个好故事时就去赞赏它,告诉别人你非常喜欢其描述场景的方式、有效的停顿或对于个人逸事意味深长的运用。这是一个训练你的大脑记住高超的故事技巧的绝佳方式。

练习讲故事。在你第一次讲故事时,你讲给自己的与讲给听众的成分是同样多的。先在保险的地方做实验。不妨脚踏实地先讲精悍一点的故事,从最基础的做起。找一个朋友告诉你,他喜欢你故事的哪个部分。除非你打算成为专职故事家,否则你永远都不需要寻求批评。讲故事是一个创新的过程,可以帮助你专注于正在做的事情。批评会让你退缩,阻碍你作为一个故事家的成长。如果你给朋友试讲了一个故事,让他们告诉你他们喜欢这个故事的哪一点,以及这个故事中精彩的部分,过早的批评可能会扼杀掉一个故事。

如果你每天都练习,熟能生巧,讲故事的技巧就可以信手拈来。你的技巧会烙在你潜意识深处,你将不会遭受"滞后时间综合征"(两个小时之后才想出完美的说法)之苦,看看你是否能尽最少的努力让其他人按照你的意愿行动。

我最喜欢的练习影响力的方式就是把不爱笑的人逗笑。这可以同时锻炼我讲故事及发现故事的技巧。有时我讲一个故事,其实是在寻求故事。很多时候我逗笑的是我自己,即使我仅仅能做到这一点,那也足够了。学习如何创造微笑教给我的关于人类行为的知识要比任何心理学课程都多。不要低估通过学习如何让他人微笑得来的技巧,那是非常高超的,而且你从中得到的乐趣也很多。

最近一次因为大雪滞留机场,我在商店看杂志。我是打算买一本的,但我必须承认我正在看一本并不打算买的杂志。它是一本鸡肋杂志,就像你吃了某种食物,结果它只能提供让你站起来的一丁点儿的能量,我不觉得你吃它有什么用,同样,只能翻翻的杂志也不值得购买。柜台后面的女人正盯着我,用眼神示意:"你要买吗?"我躲到了一摞书后面。看完了文章后,我放下了这本乏味的杂志,然后挑出了我打算买的那本。在柜台,我见到了一张看似脾气暴躁的面孔。她长得很像加里·拉尔森的《月球背面》一书中的一个女人,留着爆炸头,戴着猫眼式眼镜。接着我看到了她的名牌——"艾迪·乔"。我问道:"你是以你爸爸的名字命名的吗?"她微微停顿了一下后,笑着答道:"是的,他们想要个男孩儿。"我说:"我的父母也是,我6岁的时候学了钓鱼。"她问我的名字是不是以我父亲的名字取的。我否认了,但她也没有失望。她回应我的故事,说:"我学的是建筑。父亲是木匠,在我眼里拉锯、测量、钉钉子是最棒的。"

我们俩都笑了。(得两分!)我们交流故事,这让双方都感觉很好。所以，我又学到了一样东西，那就是培养一种本能，每当你面对一张面露愠色的脸，要本能地寻找一个故事，扭转局面。作为讲故事的人，你需要培养技能，同时要将之变成一种你的本能习惯。

活出你的故事

大部分人都不愿意被称为"故事家"。这听起来有点狂妄自大。我同意。

我朋友谢莉尔是个艺术家，她说那些随随便便就称自己为"艺术家"的人估计都没有认真对待他们的作品。我花了许多年的时间才敢称自己为故事家。在田纳西州的琼斯伯勒，第四届国家故事节上，我和谢莉尔与一个"真正"的故事家艾德斯克里夫交谈。他问我："你是故事家吗？"我说不是，结果挨了谢莉尔一肘。"是的，你是故事家。"为什么沉默不语呢？对我来说，这是对这门艺术的尊重。我仍旧无法问心无愧地称自己为故事家。敬重是件好事。你觉得你不是个"故事家"吗？好吧，也可以是。只是不要让它终止讲故事，也不要终止寻找故事。你可以像个故事家一样处事或者过一个故事家那样的生活，但是无须在家门口挂个招牌招摇。

因为你是个故事家——你的生活将是你讲的所有故事中最重要的一个。这是你自己的故事，不会有其他人喜爱它。有意识地活在你的故事中，管理好生活中的压力。将问题放入故事的背景里，能帮助你应对生活中的压力。

当你确信你所写的故事与你过的生活、你的信仰一致时，生活就会变得轻松很多。如果你活出的故事、讲的故事和你的信仰都变得更加和谐一致，那么你就会感觉生活不再凌乱、有压力，或受外界制约。

当你铭记你的故事——你是谁、你为何而来时，就会更容易地做出选择。你的世界变得更广阔，同时也会变得更有意义。

这种和谐是你影响他人的能力的一个关键因素。你的想象、教导及行为价值观的故事无法影响他人，除非让他们看到你就活在你的故事中。达到和谐要求你把注意力转向讲给自己的故事。我试着在给自己讲故事时保持清醒，我的愿景故事通常都不会分享出来。这听起来很土，但它一直在促使我坚持下去。

我相信人类的合作行为正在进化，会帮助我们战胜我们所面临的各种威胁。我相信既然我们能进化出大拇指，那么我们也能进化出更加团结的合作行为，帮助我们应付环境和战胜威胁。我的这个愿景故事让我满怀希望，给我增加工作干劲。即使我所追寻的目标在我有生之年不能实现，我心里依然能平静如常。

有时，我发现自己坐在机场，发愁自己的航班晚点，无法按时转机。当我又累又焦躁时……我依然记得我是谁、为什么我会在这里。这么多年过去，它不仅能够让我宽慰，还能敦促我思考"好吧，此时此刻，我能为了追寻目标做点什么吗"。

有时我会和邻座的人打开话匣子谈话——本书里的许多故事就源自那些对话。有时,我会逛逛书店看看杂志。剩余时间,我会试着休息放松一下,这样第二天就能满血复活了。

我用故事让自己从那些"可怜的我"的故事中解脱出来。每一天,无论周围发生了什么,我都可以活出自己的故事。这就是清楚地知道"我是谁"及"我为何而来"背后的价值所在。

如果你不反思,很可能终其一生都会像那些四处游走、讲着糊里糊涂的类似于"我的生活一团糟"这种故事的人一样——最终,就会是那样。想想你讲给自己的故事、你正亲历的故事。如果你的故事是你没有时间、没有耐心、没有得到尊重,也从来没有得到过需要的资源或你渴望的奖励,那么,你建立影响力的首要工作就是去找一个新的故事。悲惨的人无法促使他人成就荣耀壮举。沮丧、无望或者焦虑都无法给你推崇的信念或选择创造一个好的招牌。

人们会观察你的生活,然后才决定——我要接受这个人的建议吗?成功的开端是要先影响你和你自己的故事,尝试新的故事、新的生活方式。讲故事可以打破连你自己都不知道的局限。一个曾参加过培训班的人说:"好像我的思维已经形成惯性,讲故事会帮助我打开思路,想出新的点子。"你所发现的有意义的故事,就如一张"无罪释放"的免罪卡,你可以用它挣脱樊笼,并将它传递下去。

第 11 章　故事和科技的双重力量

> 远处的船承载着每个人的希望。
> ——佐拉·尼尔·赫斯顿（Zora Neale Hurston）

远处的故事似乎也承载着每个人的希望。当你知道如何通过故事改变人们的感知、结论和行动时，你可能会成为所有船只的船长，为所有希望听到赦免故事的人发明"自由离开监狱"的卡片，不管他们是否应该出狱。想到这一点，你起初可能会陶醉在喜悦中。随着时间的推移，你会发现，心想事成必然会导致意料之外的后果，就像迈达斯国王一样。当科技改变道德故事时，它会改变这些故事的含义和寓意。迈达斯国王没有预料到，触摸一切都会变成黄金的特异功能会使女儿死去。在故事中，他看着女儿眼中的光亮消失，这种个人经历具有感官冲击力，使我们感同身受。不过，在计算电子表格时，如果牺牲一个人可以带来无限的投资回报，这似乎是一种可行的投资策略。而且，重视功利目的的人现在用数据距离制造了足够的情感距离，可以将一个人描述成"很小的牺牲"，因而将其看作合理的代价。问题是，你是否面临着被牺牲掉的风险？

我们为了取得个人和职业成功而讲述的每个故事都提供了一些区分对错的建议，在我们和听者头脑中刻印了一些人生思维模式。我们称这些模式为"故事寓意"，因为它们塑造了我们对于世界运转方式的期望——从而具体地塑造世界运转的方式。当我从事广告工作时，我们用故事传达清晰的信息/寓意：虽然顾客两年前从我们这里购买的汽车完好无损，可以继续使用，但购买新车带来的舒适和地位更有价值。多年来，这类故事一直在告诉人们一个道理（或寓意）：用可持续性换取眼前的愉悦是正常的。许多故事讲述者想办法避免意外的消极后果。其他人拒绝为故事的寓意负责，因为这太复杂了，不是他们的责任。不过，像我这样的故事讲述者希望在赚钱的同时坚守故事的道德取向。所以，我为本书新加了两章内容。其中，第 11 章探索了不同建议模式是如何基于提供者视角的隐性目标发展起来的。第 12 章从进化角度探索如何通过故事保持我们的合作能力，使我们生存下来。

我们无法控制故事"寓意"的效果，无法提前确定某个故事是否正在削弱我们的道德生存系统。我们的最佳做法是关注故事中的信息和寓意，将我们关心的人受到伤害的风险降至最低。因此，每个故事讲述者都应该向自己提出一个问题："你关心谁？"

道德关注圈：谁的人生重要

由于缺少更好的术语，我把你感觉需要保护的人称为"在你道德关注圈里的人"。没有人能告诉你这个圈子应该有多大。没有人能监督你的道德关注圈，除了你自己。你可能从未考虑过这个圈子有多大，但你的确拥有这样一个圈子。所有人都有。一些故事讲述者只想让那些花钱雇用他们的人受益。当政治故事妖魔化"左翼"或"右翼"时，它们会降低我们想象和创造共赢的能力。商业故事讲述者往往将圈子局限于与商业相关的目标。这些故事讲述者的道德关注圈子很小，很容易用强迫性故事为小群体谋利，同时牺牲关注圈外部群体的最佳利益。

相比之下，许多文学故事讲述者似乎将所有人包含在道德关注圈子里。马克·吐温（Mark Twain）的《哈克贝利·费恩历险记》提供了帮助朋友的正当理由，尽管这意味着违反不公平的法律。托尔斯泰（Tolstoy）的《安娜·卡列尼娜》警告读者，对于公平的成见可能会干扰我们，使我们无法用良好实用的方法应对无法避免的不公局面。道德关注圈子广泛的故事讲述者无法忽略模棱两可的说法，必须不断猜测故事中的策略对于陌生人生活的影响。所以，道德关注圈子广泛的故事讲述者更容易看到和讲述重大真理。

最佳的故事讲述是合作形式的沟通，可以积累对社会和个体有益的智慧和习惯。正如厄休拉·勒古恩所说："一些社会从未使用过车轮，但所有社会都有人讲故事。"

故事的社会影响

在这本书首次出版后的 20 年里，科技提升了通信速度，也将故事讲述的速度提升到了超乎想象的程度。在各种数字媒体、视频、数据库挖掘和社交媒体的革命性发展中，苹果创始人史蒂夫·乔布斯评论道："世界上最强大的人是故事讲述者。"这种思想并非乔布斯原创。霍皮（Hopi）印第安人早已说过："讲故事的人可以统治世界。"不过，乔布斯及其同事带来的科技进一步放大了故事的力量和魔法。这种强大的魔法带有责任。所以，你需要记住，一个人拥有的越多，他就越受期待。

对于故事讲述者来说，过去 20 年最重要的经验教训是，从单一视角用科技控制叙事的做法会压制其他重要视角的声音。在古老的故事中，5 个盲人分别描述了大象的 5 个部位。如果某个盲人在推特上拥有 5000 万粉丝，这个故事就会具有新的意义。他只能感受到大象的鼻子，所以他的故事只描述了大象的鼻子。虽然他本人没有错，但他会使数千万粉丝相信，大象就像从天上垂下来的巨蛇一样。他们对于大象的真实形象不会有任何思想准备。重点是，拥有短期目标的单一故事常常会忽略重要细节，而科技提升了我们传播这些短视故事的能力。

在 TED 演讲中，尼日利亚小说家和短故事作家奇玛曼达·恩戈齐·阿迪齐埃（Chimamanda Ngozi Adichie）警告了单一故事的危险，包括拥有积极意图的故事。小时候，阿迪齐埃在非洲阅读关于欧洲儿童生活的童书，她很感兴趣，但又感觉自己被排除在故事之外。用于教导欧洲儿童阅读的图书无意中向她传达了这样的信息：世界对棕色皮肤的儿童不感兴趣。这种伤害很难预测，但是既然我们看到了这种可能，我们就可以设计出减少这种风险的行为。为了避免单一故事造成的伤害，一种方法是提供多元视角。

具有艺术性的故事讲述者可以使用多种方法，对于"对错"式回答进行检查，看看这些问题是否比较复杂，不适用于"对错"式回答。假如有人问梵高，黄色是不是最重要的颜色。任何"明确"回答都会对胸怀抱负的画家产生干扰，因为和其他所有颜色类似，黄色的重要性会发生改变，这取决于它和其他颜色的距离和关系。和满是黄色的画布相比，阴暗画布上的一小块黄色更有意义。不管你用哪种明确的答案指导你的故事讲述，你都要记住，优秀答案有许多，优秀定义不止一种。单一定义会把你的故事限制在此种视角之下。如果你从心理学、商业、行为科学、营销、演讲、人类学、人文科学和神话中寻找故事定义，你一定会提高讲故事的艺术性，减少视野中的盲点。

数字时代讲故事的道德

显然，故事和科技的结合需要新的道德准则。好消息是，在我们发明"众包"一词之前，代代相传的神话早已"众包"了道德教训，融合千百年来听众关于什么有效、什么没有效、如何解决（或者不解决）冲突需求的故事。当我们的对话以科技为目标，认为情感是不理性、不准确、没有必要存在的偏见时，这种原始形式的众包智慧出现扭曲。口口相传的故事保留了重要寓意，将短期不合理的行为——比如慷慨——看作极具情感回报的个人牺牲行为。许多神话和民间故事保留了宝贵的智慧。在不完美的世界上，人们的需求存在冲突，这是反复出现的难题。对此，神话故事提供了许多解决方案。当下，许多只关注速度的公司可以从龟兔赛跑的故事中受益。我们不能放弃这种慢思维的智慧，因为我们无法准确预测深刻思想的金钱价值。

最近，一些故事讲述者在图书和网络研讨会中提出了公式和快速跟踪工具，以便将他们的建议变现。他们的故事常常以牺牲社会利益为代价获取商业目标。类似地，社交媒体"集赞"的技巧会降低人们在现实生活中通过雪中送炭获得"称赞"的能力。训练我们助人为乐是不是社交媒体的职责？答案取决于你的道德关注圈子以及平衡显性目标和隐性目标的意愿。我们完全可以将科学的故事讲述策略与道德和精神策略相结合。如果你能做到这一点，受众可能会觉得你的故事更有意义，更吸引人。

几千年来，故事一直在传递具有道德指导作用的智慧，以帮助听者在模糊、矛盾和冲突的欲望面前找到正确道路。迈达斯国王的故事将商业欲望和社会欲望进行对比。纳西索斯（Narcissus）迷上了自己在水中的影子，干渴而死。许多神话对于忽视这条建议、过度关注自我利益的危险提出了警告。故事传达的寓意告诉我们如何处理所有人都需要面对的矛盾，包括发展和持续性、自由和安全、包容和排外、公平和同情、控制和合作、贪婪和慷慨。它们不是公式，不一定方便，甚至可能不理性，但是这些模糊的故事可以培养感知敏捷性，使我们能够为当前全球难题设计解决方案。对于营销人员，好消息是，如果你的故事反映了平衡自我利益和道德考虑的复杂性，那么这些内容既能使人感觉有意义，又能提供底线结果。

故事仍然是文化和背景的基础

如果公式和机器学习可以解决所有问题，我们就不需要故事了。和所有宗教类似，科技提供的信条和公式做出不切实际的太过清晰的承诺。宗教用比喻和故事解释教义无法概括的歧义。科技信条——基于准确性和一致性的定义、模板和公式——无法像道德情感那样鼓励我们在小圈子目标和大圈子需求之间来回切换。所以，现在，当科技没能提供它曾经承诺的万能解决方案时，我们发现了缺失的事物——实施全球问题大圈子解决方案所需要的情感团结。激发情感冲动，确定为了集体目标牺牲个人目标的时间、地点和原因的故事变少了，这意味着重视道德情感提供的感官线索的人变少了。

在我的家乡路易斯安那州，我们的节日、游行和派对保持着共同信念，接纳"享受美好时光"的喜悦和力量，用包容仪式解决日常问题。路易斯安那的故事和仪式拥有迷人的慷慨精神，令全世界的游客参与其中。在最佳状态下，路易斯安那人知道，在狂欢节用盛装隐藏我们的差异可以带来美好时光和慷慨精神。当文化故事强化我们所代表的超越性价值时，它们提供了必要的社会凝聚力和心理安全。

从文化视角看，任何故事的定义都必须反映故事的作用。故事可以创建和维持关于良好行为、公平竞争和重要价值观的共同观念。这些故事指导人们不断重新发现超越理性理解的重要真理。经济逻辑本身无法维持慷慨精神的黄金规则。为了超越自私本能，我们用故事告诉人们，行善本身就是回报。这些故事可以强化良好行为，使社区维持脆弱而有用的信念：良好意愿、良好行为和良好意图的价值超过了它们所需要的小小牺牲。如果懒于讲述维持这些承诺和道德的故事，人们的信念就会减弱。

一些故事可以澄清和强化我们制定重要决策时考虑长期集体利益的习惯，它们可以打造一种用强烈情感本能行善的文化。我的一位导师，南威尔士加的夫大学尤尔特·埃文斯讲故事研究中心主任约瑟夫·索博尔（Joseph Sobol）最近分享了他现在对于故事的定义："用想象世界的感知中介表示和评价重要行为。"

对于希望强化文化背景以支持道德行为的人，索博尔的定义可以促使我们关注重要的故事元素。当你准备表示"感知中介"时，你不会设计没有情感的扁平人物。当你模拟"重要行为"

时，你会纳入序列事件中的矛盾。例如，《小红帽》不只是儿童故事，它告诉我们，看似美德（勇敢）的行为会使人相信伪装善良的狼。索博尔的定义还包含了一个重要提醒：每个故事的最终目标只能在听者想象中充分实现。对于文化守护者，索博尔的定义可以提醒我们，新媒体和旧媒体类似，会强化或弱化将个人牺牲与文化价值和回报相联系的想象中的未来。

定义故事：重要情感经历

我目前对故事的定义是："讲述使讲述者和倾听者感觉有意义的重要情感经历。"

在教导非专业故事讲述者时，我意识到，如果我让他们考虑现实生活、现有文学作品或电影故事中的重要情感经历，那么他们很容易找到好故事。我永远不会建议初学者自己编造故事。最好的故事讲述建议不会让你描述你从未经历过的事情。我来自艺术界，支持托尔斯泰的观点，即一切艺术（包括故事）的作用都是传达情感。托尔斯泰写道，一个人为了向他人传达他曾经经历过的感觉，会在心中再次唤起这种感觉，并用某些外部符号将其表达出来，这就是艺术的起源。（这里的外部符号是指舞蹈、图画和其他艺术，包括故事。）我坚信，总能引起他人共鸣的故事总是反映对于真理和美的体验，它们将我们与托尔斯泰所说的"人生悲喜的统一"联系起来。例如，在《战争与和平》中，托尔斯泰展示了永远改变人们的极端经历以及爱情如何改变人们的人生轨迹。

当人们学会挖掘重要情感经历的真实记忆时，他们就会发现具有真实感、代表真实生活的故事，并且知道如何避免编造具有歪曲性和训导性的故事。这不是我的新建议。这和建议作家只写自己所知的建议是相同的。具有创意的故事讲述者会创造出异彩纷呈的世界，以说明核心事实，但他们不会凭空杜撰新的核心事实。遗憾的是，一些最流行的故事模板并不重视这一点。

故事模板

处理细节是故事讲述者的工作。故事模板是将一条信息（寓意）构造成故事的绝佳捷径。不过，我们必须注意一些警告。依赖常用格式的风险是，根据同一菜单设计出来的故事可能会令人厌倦。用模板讲故事虽然方便，但却有可能缺乏深度和情感，失去生命力。将故事简化成公式会破坏疯狂和非理性的承诺：爱、信任和慷慨是有价值的，尽管它们在短期来看会浪费时间和金钱。

你还要记住，故事讲述者设计的模板往往反映他的目标和价值观。我本人倾向于重视联系。所以，我对几个故事模板的优缺点做出了下面的评论。这不是一份全面清单，只是几个例子而已，它们的作用可以是积极的，也可以是消极的。

○ 英雄的旅程

1949 年，约瑟夫·坎贝尔（Joseph Campbell）的《千面英雄》提出了一个有力观点：所有文化拥有共同的单一神话，即英雄的旅程。英雄的故事情节常常被设计成往返旅程，英雄从已知进入未知，然后返回，通过旅程变得更加明智。英雄首先拒绝出行，然后接受召唤，在导师帮助下探索未知，经历巨大的风险、失败、胜利、大失败和大胜利，然后返回，由于成功而改变。这个故事模板既适用于个体目标，也适用于集体目标。

坎贝尔的作品反映了他自己对有意义的生活经验教训的真实寻找。不过，他主要是文学家，而不是人类学家，他的单一神话理论不能反映故事的重要变体。如果他在他所研究的文化中进行现场研究，这些变体可能会变得更加明显。不过，他对普遍存在的英雄旅程的总结仍然可以告诉我们，许多文化中的神话指导我们勇敢解决复杂冲突，离开已知领域，探索未知领域，友好对待陌生人，寻求帮助，寻找导师。问题是，当传统英雄故事的讲述者为了快速、便捷或直接进入精彩情节而抄近道时，故事中的经验教训常常会消失。某些场景的删除可能不仅会改变故事及其情感的有效性，而且会失去对于集体生存极为重要的智慧。

最近的电视连续剧《神话和怪物》第一集概括了关于不死巫师科西切（Koschei）的复杂的斯拉夫故事。电视版本忽略了主人公伊凡（Ivan）起初释放邪恶巫师的传统细节。原来，伊凡没有听从妻子玛利亚·莫雷夫纳（Marya Morevna）的命令（这个故事最初以她命名）。如果从玛利亚讲起，这个故事会提供不同的道德教训。玛利亚是战斗公主。她的丈夫伊凡在玛利亚的城堡（不是他的城堡）里苏醒过来。玛利亚已将危险的巫师安全地锁在一个房间里。当她为了出征而离开城堡时，她让伊凡保证，在她外出期间，伊凡不能打开某扇门——通往邪恶巫师房间的门。她没有告诉他原因。当伊凡做出承诺时，我们已经猜到接下来的事情——好奇心会胜过一切。果然，玛利亚一走，伊凡就打开了门，放走了巫师。接下来的故事讲述伊凡如何弥补过失。

和许多英雄故事类似，在原版故事中，伊凡在旅程刚开始时做了三件好事。这些好事没有立刻带来回报，也没有为他的"投资"做出回报承诺。在传统故事中，主人公常常在旅行初期随机做好事，并在很久以后获得意外回报，获得受助者的帮助。这些道德教训强调，为了获得未来的支持，你需要做出个人牺牲，比如分享食物，救下小鸟，为铁皮人加油。故事的寓意是随机行善有助于未来会带来回报的预期模式。许多传统故事强调因果报应主题：你善待别人，别人最终也会善待你；你对别人自私，别人最终也会对你自私。如果我们不能通过故事认识到帮助他人付出的短期不便和个人牺牲会带来积极的长期回报，我们就会觉得这些不便和牺牲是低效的甚至没有必要。

有的英雄故事帮助我们将人类斗争构造成善恶之间的复杂斗争，有的英雄故事会做出修改，删除这些情节，对复杂选项进行过度简化。编剧、电影制作人和作家反复证明，英雄故事是打造热门电影和图书的坚实结构。许多故事讲述者将英雄故事模板设计成框架，其中最著名的是《星球大战》创造者乔治·卢卡斯（George Lucas）。只要每个场景象征我们熟悉的人类困境，听众就会保持专注。

在商业领域，英雄故事的巨大优势在于，你可以将客户描述成旅程中的主人公，将你的角色定位成助手。客户喜欢这种故事。辩护律师将陪审员看作寻找真相的主人公，从而获得利益。将你的消息构造成导师对主人公的忠告可以营造师生关系的信任感。采取助手/导师视角也可以使我们避免陷入象牙塔思维。在最传统的故事中，谦虚和交往的智慧最终通常会胜过以我为尊的力量。这些故事展示了谦虚的好处，并且提醒我们，自负只会使人变得愚蠢。

英雄模板真正美妙之处在于，它可以使人感受到在有意义的人生中跨越最艰难部分的亲身经历。当故事帮助我们探索危险，测试价值观，或者在没有真实人身风险的情况下进行冒险时，我们会感受到发自内心的快乐。不过，我们应该记住，在接受比尔·莫耶（Bill Moyer）采访时，坎贝尔修正了"神话是为了提供意义"的说法，称神话尤其代表使我们感觉更有活力的对比和冲突。死亡阴影使生存变得更有意义，更加真切。

乐园在失去之后变得更加宝贵。如果你双手合十，你可以感受到左手的压力为右手带来的感觉，右手的压力为左手带来的感觉。当积极经历与消极经历对比时，我们可以更好地感觉到活力、被爱、被包容、快乐和安全。冲突和对比可以带来最有意义的戏剧效果，正如皮肤接触的强烈感觉可以提醒我们，我们并不孤独。

英雄与善良/邪恶、个人主义/集体主义、安全/自由、逻辑/爱情、规则/关系等普遍矛盾最吸引人的斗争表明，这些人生问题的解决通常是多选题，而不是单选题。坎贝尔本人的说法是："我们只需要跟随英雄的脚步。在我们认为会发现魔鬼的地方，我们会发现上帝。在我们认为会杀死别人的地方，我们会杀死自己。在我们认为会走向外部的地方，我们会来到自我存在的中心。"故事天才罗伯特·麦基（Robert McKee）的说法本质上和此相同，他建议编剧为每个场景呈现一个难题，因为容易解决的问题令人厌倦。

○ "而且，但是，所以"

对比是一切故事结构的关键。例如，拥有清晰的内心斗争的人物是最吸引人的参考点。和单一维度人物相比，你更容易想象休陪产假的总裁，结巴的主人公，或者喜欢狗的敌人。故事中的对比效果类似于绘画中红色和黄色条纹的并置。和单一元素相比，对比可以使两种元素更加生动。"而且，但是，所以"模板就是一种生动的对比方法。在这种框架中，故事讲述者不是只用"而且"进行平稳叙事，而是用"但是"和"所以"反复提及冲突和后果。例如，如果一个人物听到旅馆的火灾警报，抓起手提包，跑到户外，你对他的印象不会很深。如果他听到警报并跑到户外，但是想起装有5万美元的手提包，因此跑回浓烟滚滚的大厅，你对他的印象就会更加深刻。

"而且，但是，所以"这个良好的故事讲述建议是由《南方公园》作者特雷·帕克（Trey Parker）和马特·斯通（Matt Stone）推广的。这个模板可以提醒我们展示胜利和挫折，以强调故事的核心对比，使人更真切地感受到核心冲突。帕克和斯通建议，"每当你将'而且'换成'但是'和'所以'时，你都可以改进写作效果"。这两位作家深刻地理解如何保持系列动画片的趣味性。这条故事讲述建议很好，前提是你不能发明随机冲突。添加与故事核心冲突无关的随机"但是"只会稀释故事的现实性和连贯性，使人远离核心冲突。

优秀的故事讲述者认识到，他们寻找的"但是"和"所以"是事先存在的，只需要得到强调。玛格丽特·阿特伍德（Margaret Atwood）在《使女的故事》一书中甚至证明了"而且，但是，所以"可以存在于一个句子里："忽略不等于无知，你需要为此努力。"我认为这句话的意思是，你可以强迫我说你没有伤害我，但你的确伤害了我，所以我努力隐藏我的伤口，并且努力忍受伤痛。

当然，整本书极为详细地描述了女性对于不公保持沉默的代价。《使女的故事》生动地想象了沉默在情感和身体上的长期后果，使"所以我保持沉默"的长期后果看上去比默认替代选项"所以我发声"的短期后果更糟糕。阿特伍德证实，《使女的故事》中的所有事件和人物都是基于真实人物和真实事件。"如果我创造一座虚拟花园，我希望花园里的蟾蜍是真的。我的写作规则之一是，我不会把没有发生过的事情写进书中。"像阿特伍德这样的故事讲述者知道，确保叙事具有真实感的最佳途径就是将其建立在现实之上，而现实充满了对比。

○ 故事骨架

最佳故事模板来自艺术领域。即兴艺术家肯·亚当斯（Kenn Adams）将他所说的"故事骨架"定义为帮助儿童和成年人表演即兴戏剧的机制。根据肯的说法，他的模板来自他将艺术、创造和即兴表演带给更多人的愿望。这个模板可以指导人们创造人物和情节，生成令表演者和观众满意的自然戏剧。

皮克斯工作室用类似的模板结构在故事中展示人类的核心冲突。

从前，有一个＿＿＿。
每天，＿＿＿。
一天，＿＿＿。

所以，____。

所以，____。

最后，____。

（从此以后，____。）

面对这个模板，讲故事的新手可能会用看似合理的事件和人物填空，而不是寻找对于事实人物、真实生活事件和时空感觉的亲身经历。如果故事讲述者不记得"写我所知"，任何模板都无法解决他的问题。值得注意的是，这个模板只是皮克斯22条故事讲述规则之一。没有其他21条规则，这个模板只能创建看似可信的人物和假想的情节。加上其他21条规则，比如"对你最有趣的事情对于听众不一定是最有趣的"，这个模板会变得更加有用。

○ 故事中的因果关系

小说家E. M. 福斯特（Forster）说过一句名言，"国王死了，王后也死了"不是情节，除非你加上王后死于"悲伤"这一细节。一些人认为，这意味着故事需要建立清晰的因果关系。这种方法可以用于设计情节——爱使你自由，骄傲使人堕落等——但它可能会过度简化关系事实和相关性。爱在使你自由之前通常会使你受苦，骄傲既能导致失败，也能导致胜利。当故事讲述者用故事暗示简单的因果关系时，他可能会忽略使故事具有真实性的复杂细节。也许，国王在去世前杀死了王后的情人。此时，王后的悲伤会变得有点复杂。对此，读者可以做出自己的判断。

你可能会将故事局限于因果格式。当我们讲述的故事表明清晰的单一原因和直接结果，而事实又非常复杂时，我们就会制造不必要的问题。因果故事会使故事支持的社会规范失去信誉，比如黄金规则。例如，如果故事将"你想让别人如何对待你，你就如何对待别人"转化成因果关系，它就会单方面暗示，公平对待别人会使别人自动公平对待你。用故事将人类难题刻画成单一原因的结果会无意中鼓励人们采用在现实生活中行不通的过度简化的解决方案。即使简单的寓言暗示了因果顺序，其目标也只是强调可靠准确的相关性，而不是可以在统计学上证明的原因结果。所以，在讲故事时，你要记住，因果关系通常具有比喻性和相关性。

○ 故事中的问题-解决方案

人们很想将故事定义成问题-解决方案的简单方程。不过，问题-解决方案并不符合现实。在现实中，人们同时经历内部和外部的问题，它们常常是由自己和他人同时造成的。如果你将故事局限于问题-解决方案格式，你的叙事可能会夸大某些解决方案的有效性。例如，20世纪90年代的故事认为，不一致的标准是教育不佳的主要原因，这导致了对于标准化和共同核心课程的大规模投资。不过，标准化策略一致性的提高没有取得这些故事承诺的效果。在许多情况下，标准化反而降低了教师为适应多样化局面的天然不一致性而调整教学方法的能力。

你可以对自己进行实验，以测试将问题-解决方案作为标准格式的结果。回忆现实生活中的重要情感经历，将问题-解决方案框架加在上面，直到你亲眼看到在转化过程中丢失的东西。我举一个例子。问题是：我住在家乡不快乐。解决方案是：我搬家了。故事中缺失的元素是，我仍然热爱家乡的许多东西。我的父母健在，我在那里有好朋友。我告诉父母，我搬家是为了业务，但这不全是事实。我不想表现得无礼，但我也想生活在经济条件更好、文化更具多样性的地方。而且，我真的很想从头开始，因为这是一个创造性过程。当然，如果我只是拥有不快乐的习惯，那么我最后在新的城镇里可能也不会快乐。如果我在讲故事时暗示搬家解决了我的问题，这就是一种误导性的过度简化。

用户体验故事：作为（角色），我想（如何），以便（原因）

我还记得，21世纪初，我教导微软工程师讲故事，解释我眼中的"故事思维"。他们告诉我："不，那是设计思维！"从某种程度上说，的确如此。对我来说，故事思维总是足够灵活，可以检查、测试和响应无形的信仰、价值观、情感和可以衡量的反馈。设计思维和敏捷方法（包括频繁的再评估和适应的项目管理程序）只是将这种顺序正规化，以便实现在功能和感觉上带来回报的最佳目标。用户体验模板和方法用于提升软件设计，将设计师团队的工作结合起来，使结论可以随着局面的变化而灵活改变。他们保持灵活的一种途径是将用户的感知解释看作"用户故事"的目标。

用户体验设计师将采访（故事）和数据相结合，以便将顾客分为不同角色，为下面的句子填空："作为（角色），我想（如何），以便（原因）"，这个模板显然可以使技术对人类主观需求持续做出响应。用户故事的用户体验定义适用于特定设计目的，但伴随用户体验故事思想的设计思维过程正是我教导高管用故事与人建立联系和传递信息的方法。它引入了在现实环境中测试整个故事的原则，而不是在假设场景中评估故事的片段。敏捷过程鼓励我们花费更多时间发现（观察和倾听现有故事），去寻找当前模式，然后再确定指导原则（什么是最重要的），使我们可以反复测试新故事，直到用户点击。对于故事讲述，用户体验过程把最重要的事情放在最前面。

在我看来，用户体验哲学的唯一危险在于，它习惯于将所有情感驱动型行为描述成"认知偏差"（系统误差）。如果将所有情感指标装进一个标有"系统误差"的篮子里，你就很难强调那些短期非理性，但却代表了千百年来何时、何地、如何将长期目标置于短期补偿期望之上的情感指标。对于过度理性的人来说，道德行为似乎是判断错误。我们必须警惕那些建议我们"改变故事"的人，他们的真正目的可能是让我们改变那些轻视短期收益的道德观念。

基于情感的决策可能是错误的，但这并不意味着它永远是错误的，或者情感对于人类决策不是绝对必要的。例如，看到一个餐厅的停车场很拥挤，你可能会决定在那里吃饭，因为在情感作用下，你将社会证明相关性当成因果关系。拥挤的停车场不会使食物变得可口。你的结论是正确的，但原因是错误的。不过，如果你认为相信社会证明、根据可用性做出选择或者损失规避习惯等认知偏差是非理性的，因而是错误的，你就忽略了一个事实：这些习惯的作用得到了千百年的证明。当系统利用而非支持认知偏差时，它们可能会破坏社会信任的重要基础。例如，社会证明偏差鼓励穴居人饮用其他人试饮过的水。如果你把"社会证明"看作系统误差，你就是在回避制造社会证明的道德目标，比如购买数百万推特粉丝。这种背叛破坏社会证明的长期信任，使合作变得越来越不可能。

另一种被称为"损失规避"的偏差对于鼓励"安全胜于遗憾"模式可能也具有重要作用，这种模式可以帮助我们克制短期冲动，韬光养晦。当故事讲述者利用这种偏差，用损失威胁阻止我们延迟满足时（"现在就行动，机会失不再来！"），我们调节不明智冲动的情感系统会受到侵蚀。将不投票描述成损失规避的故事侵蚀了我们对投票的信心。虽然选举制度不完美，但它最终可以使我们避免更大的损失。

把心放在故事中

我担心,那些承诺用科学将故事内容抽离出去的人并没有进行足够长的实践,不理解线性推理会毁掉创作过程。明智的神秘主义者用故事精确完好地捕捉人生之谜,任何承诺为故事解谜的人要么需要解释如何为这些涂色游戏般的故事解谜,要么需要停止对于这一过程的过度简化。如果你同意,我相信,答案是永远将你的心放在你寻找、设计和讲述的每个故事里。不是其他人假设的心,而是你的心,是当你感觉受到鼓舞时在你胸中跳动,当你看到他人受苦时感到痛苦的那颗心。现在,故事阐述想法和建议逐渐被用于适应科技和数字媒体目标。所以,保护少数主要概念免受切割可以帮助故事讲述者保留千百年来的故事讲述智慧,这些智慧无法融入线性二元格式。小说家村上春树是这样解释的:"在许多情况下,这是因为评论家在分析时认为非常优秀的作品没能赢得读者的自然共情。"

保留矛盾

下面的错视图说明,黑白背景会使两个相同的灰色方块看上去不同。黑色背景下的灰色方块看上去通常更浅。

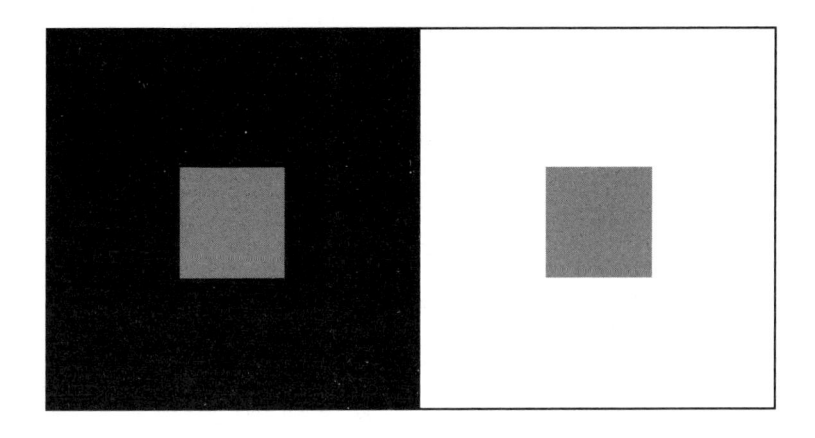

过上更有意义的生活可能仅仅意味着感觉与更大的道德关注圈相联系，找到自我利益和集体利益之间的最佳平衡点。牺牲是获得归属感的快乐的反面。詹姆斯·鲍德温（James Baldwin）引用莎士比亚的说法"在如荆棘般的危险中，我们安全地采下这朵花"，作为艺术和诗歌的定义。当我们站在对比的最佳平衡点上时，一切对我们重要的事情变得更加重要。如果我们在对抗内心的恶魔时获胜，我们就可以更好地感觉到心脏的跳动。杰克·伦敦（Jack London）在《野性的呼唤》中宣称："这就是生活的悖论，你最有生命力时会感到狂喜，而且会完全忘记你的生命。"如果杰克·伦敦没有深刻理解文明的驯养和驯化效应，他就写不出《野性的呼唤》。过度文明的故事需要一点野性，以获得真实感，反之亦然。当故事受到扭曲，将人类矛盾描述成只有一个可行的解决方案，而不是平衡我们必须管理的矛盾的两极时，故事讲述会变成黑魔法。如果所有英雄全部获胜，我们永远不会重视失败。

保留矛盾可以使你的内容贴近现实，充满对比。我们可以使用我们喜欢的任何模板，前提是我们的故事保留理智和情感、安全和自由、效率和韧性、逻辑和同情以及对与有意义的生活密切相关的其他各种真理之间的权衡。如果你的故事能够记录寻找这些最佳平衡点的过程，它们会更加有趣。

现在，在我们用极为复杂的计算机提高效率之前，矛盾甚至可能成为我们不完全理解的自然法则。以色列魏茨曼学院教授罗尼·帕兹（Rony Paz）和伊扎克·弗里德（Itzak Fried）教授的神经研究暗示，效率和稳健之间可能存在零和游戏，其中一种的收获要以另一种为代价，反之亦然。在大脑中，认知理性信号可能效率极高，使杏仁体的原始信号边缘化，这种失衡会导致功能失调和弹性的缺失。两位教授提出，这就像是由高效软件管理的洗衣机，没想到却增加洗衣机崩溃的可能性。帕兹将杏仁体比作洗衣机滚筒："它不太复杂，但它不太可能失效——这对动物的生存非常重要。"

在寻找和讲述故事时克服"效率和自然"的矛盾可以带来相同的结果。效率只是这个人类矛盾中的一极。它的反面不是混乱，而是自然的高效生存系统——是"不复杂"但稳健的杏仁体生成的道德情感。杏仁体系统几十年来被贬低为"猴子头脑"，但猴子头脑很聪明。我们的情感可能是"非理性"的，但这是出于生存原因,是为了用情感指导被我们称为道德的生存行为。

情感使我们维持生存,保持与他人的联系。我想,数据分析师和霍皮人酋长对于什么是"高效"会有完全不同的想法,其中一个聪明,另一个明智。在讲故事时,如果我们过于依赖高效模板,故事失败的可能性就会提高。如果故事讲述像组织生存情感教训的自然方法那样进化(下一章会详细讨论),那么强迫故事适应科技版本的"高效"可能会使我们协调可行生存习惯所需要的情感边缘化。

过上好生活、做出好业绩、成为好领导和讲述好故事需要艺术和科学的结合。法律、教条及其数字后代即算法永远无法一劳永逸地解决做人的矛盾。这就像是强迫一个人在吸入氧气和呼出二氧化碳之间做出选择一样。保留矛盾可以使听众相信他们的感官,用提供背景而非命令的故事从他们自己的经历中挖掘智慧。

质疑指标

在我的人生中,科技已经从实用魔法进化成令人震惊的魔法。我的大脑发育没有受到个人电脑的影响,对此我非常庆幸,但我的整个工作生涯实时经历了科技快速进步的阶段。20世纪80年代,我需要整理近13厘米厚的打印纸,上面的表格交叉引用了我们租用的原始数据库指标，这些数据库被我们称为"邮寄名单"，用于测试销售策略和假设。我们用存在严重缺陷的跟踪工具和局限于邮寄报价的对比测试方法测试某些集群分类（角色）的响应性。没有人比我更理解机器是如何通过分析无结构数据学习的。

跟踪和测量的进步提升了准确性，但这不能叫作智慧。情报是做出正确判断的资源。智慧是做出正确行为的资源。只有当你能用可以衡量的回报证明提供善意的合理性时，用于做出正确判断的系统才会做出善意响应。善良、智慧和道德决定需要花费时间和金钱，但其长期集体回报是无法衡量的。这意味着你永远无法用公司指标充分证明道德行为的合理性。这些指标将道德决定的成本视为不合理支出，而不是有价值的投资——而道德可能很昂贵。其结果是，保护人类对抗气候变化等不利事件的高昂成本永远无法在电子表格中成为盈利项。我们的生存依赖于将道德目标重新融入经济决策中。

我建议故事讲述者保留两套账簿，一套使用易于衡量的标准，一套代表无法衡量的意义。这样一来，我们可以在追求短期指标的同时，记得故事也可以生成无法用有意义指标衡量的长期结果。当我们接受只支持可衡量目标的系统时，公平、平等和人权等超越性道德目标将不会得到支持，人们就会开始感觉孤立和疏离。

保护想象

想象需要每天的练习。我们的大脑使用两种记忆形式。一种是程序记忆，支持理性科学的左脑习惯。另一种是情节记忆，跟踪和记录常常被贬低为逸事证据的经验学习片段（故事）。当我们在不同的观点之间切换，并经历复杂的现实生活时，记忆完整的片段可以练习我们的想象力。我们的想象力需要直接的感官输入。物理练习可以积累画面、声音、味道、气味和感觉的仓库。我注意到，数码原住民运用比喻的能力出现大幅下降，这也许是因为屏幕无法提供足够的真实感官经历，无法激活看上去依赖感官的能力。

科学开始表明，我们所说的洞见在很大程度上是一种感官过程。这方面仍然有待科学的进一步研究，但我们可以考虑我们用于描述直觉和洞见的所有比喻。我们闻到了胡说八道的味道；有什么东西敲响了警钟，或者触发了我们的雷达；故事传达了一种理解的闪光，发出共鸣，或者刺激了我们的内心。也许，人们所说的"超感官"感知其实应该是感官感知，即阅读我们身体对于局势的感觉。我只知道，当我努力寻找激发想象的经历，通过想象感官细节回忆这些经历时，我很容易提出具有洞察力的比喻和故事。

想象可以使我们创造比现在更加美好的崭新未来。逻辑依赖于过去基于证据的成功，而想象将现实转变成黏土，我们可以将其塑造成新的形状，然后进行测试。考虑一下为你现在屁股下面那把椅子设计图纸的人。起初，这把椅子并不存在。那个人想象它，将它画出来，甚至可能用故事表达它的思想，使陌生人将其构造成物质现实。没有强烈的想象，我们很难发明新的物质现实。

对于想象力的持续投资可以锻炼你用于探索的头脑"肌肉"，使之超越表面上的局限。保护你的故事讲述，远离想象的敌人：确定性、证明和指标限制。质疑那些限制问题定义的确定性。让真人当面向你讲述真实的故事（先分享你的故事）。在你找到故事的核心之前，不要让善意批评将你的关注点转移到次要缺陷上，导致忘记故事中最精彩的部分。超越犬儒主义，摆脱恐惧，勇敢地保持想象力，以寻找新的洞见道路。

软件设计者经常用架构、建筑和旅行的比喻加速设计思想。这些具有想象力的比喻表明，比喻会利用我们的想象力，使我们看到逻辑无法看到的联系。你可以在比喻意义上认为，想象力具有不同动物的习惯。例如，我的想象力天生和狐狸类似，因为我会追赶在我面前跳过的每只兔子。有时，我需要让我的想象力像熊一样休眠，或者像猫一样善变，在探索由内而外的问题和由外而内的问题之间摇摆。物理世界的比喻会触发新视角，可能会揭示新思想。

比喻具有改变作用。当你用新比喻描述老问题时，你会用具有想象力的洞见更新你的观点。皮克斯 22 条故事讲述规则中的一条是：列出清单，然后删去前5条想法，看一看第6条会不会使你吃惊。类似地，在列出5个好的比喻后，你可能会发现，第6条比喻可以更好地增进理解。我会用所有这些技巧激发我的想象力。

最后，想象力对于道德关注圈子比较大的人非常重要。如果我们不能清晰设想我们关注的人，包括后代、老板、家人和被我们看作家人的许多人，他们就会不再影响我们的感觉领域。扩大我们想象的人员、地点和内容范围可以使更多的人感觉我们的故事更有意义。

第 12 章　故事的寓意

看我！
现在看我！
玩耍很有趣，
但你要会玩。

——苏斯博士（Dr. Seuss）《戴帽子的猫》

苏斯博士的故事《戴帽子的猫》给所有小时候喜欢这本书的人上了一课。书中，戴帽子的猫引诱单独待在家里的两个孩子进行恶作剧，但他们的宠物金鱼警告他们提防可怕的后果。猫让孩子们不要理睬金鱼，和它一起玩闹，但它事后及时组织了大扫除，避免了孩子父母的责备。在我看来，这个故事说明，我可以玩耍，打破规则，为所欲为，前提是在父母发现之前把一切清理干净。也有的人支持金鱼的建议，认为一开始就应该遵守规则，不能制造混乱。在这类故事的帮助下，孩子们学会了如何平衡快乐和责任，这对他们以后作为成年人和故事讲述者的成功至关重要。

苏斯的故事提供规划图，跟踪制造混乱的乐趣和成本，同时明确指出，长期来看，你不能把你制造的混乱留给他人清理。学习清理我们制造的混乱是一个道德经验教训，它始于儿童故事，并且代代相传……前提是我们保护和重复故事中推荐的行为，维持下面的社会信念：我们的共同生存依赖于某些对社会有利的习惯。

如果我们消除"道德"一词中的判断意图和虚伪的消极含义，我们更容易承认道德经验教训对我们有利。我们的生活、产品、服务和家庭的情感质量直接反映了我们通过重复某些故事强化的道德经验教训的质量。关于道德好坏的大部分对话发生在科技背景下，因此我们需要共同牢记，情感目标已经影响了人类设计的所有系统。

在纯理性的利润最大化背景下，为节约资源、制造耐用产品、拒绝利用人类弱点等"道德"行为而花钱似乎没有理由，这似乎是别人的问题，而不是为我们共同未来的投资。一旦被贴上不必要和可以避免的标签，之前鼓励我们忽视某些自私利益的亲社会情感就会减弱。当我们不再感觉自我约束、共情和同情等道德行为有意义时，我们的合作性会降低，孤立性会提高。如果不用故事训练我们的想象力，使我们相信今天牺牲的时间和精力会带来回报，我们可能会失去"道德行为有回报"这一非理性但非常有用的信念，尽管我们无法精确计算回报的方式和来源。

无法用投资回报率证明合理性的道德行为会消失，除非我们不断用故事支持我们的信念：某些道德行为的无形利益超越了有保证的财务回报。如果我们不能共同努力维持对于道德故事的信念，我们就会受到武器化故事和假新闻的伤害，后者专门用于破坏意义和信任的文化基础。例如，许多颠覆故事暗示，为了增加利润而发现和取消保护无形集体利益的支出、只为直接带来利润的行为付款的做法很聪明。真相是，在商业领域，任何道德规范都会被存在动机的数据分析师破坏。在只知道可计算成本收益率的世界上，道德规范失去了意义，不再驱动人们的行为。所以，要想生活在公平而合乎道德的世界上，我们必须保留这些有意义的故事。

意义创造者

任何故事讲述者都可以训练自己，确保他的故事支持有意义的感觉。第一步是承认数字并不总能反映推迟自我利益的情感回报。第二步是做出推迟行动。这种故事讲述者主动践行有意义的个人策略，以平衡道德关注圈子的需求和个人需求。这是我们发现意义的最佳地点。支持他人是一种内在工作，它所提供的无形回报被我们共同看作人生意义。这并不是新思想。当我们感觉无意义可能达到危险程度时，我们会像前人那样大声疾呼。16 世纪诗人约翰·多恩（John Donne）在著名诗篇开头写道"没有人是孤岛"，并在结尾警告"……所以，永远不要询问丧钟为谁而鸣；丧钟为你而鸣"。

让人们感觉世界更有意义、帮助人们增进联系一直是故事讲述者的工作。人类可以通过直觉理解孤立的危险，许多文化故事教导我们避免孤立的具体方法。大多数文化经验教训都是"不要做傻瓜"这一主题的变体。莫里斯·桑达克（Maurice

Sendak)在《野兽出没的地方》一书中仅用338个词语就说明了用家庭之爱平衡个人自由的需要。没有人需要基于成本收益分析和证据的傻瓜定义。长期以来,我们分享的故事确保大多数人能在看到一个傻瓜时认出他,尤其是当他照镜子时。现在,这样的人变得稀少,这意味着更多傻瓜、更多孤独和更多孤立。

医疗科学证明,我们对孤独的本能恐惧是有依据的。当我们由科技支持的动力增强型文化创造更高程度的孤独时,我们的身体会将孤独看作致命威胁,它会引发自身免疫性疾病的炎症。将所有信心放在技术解决方案上的做法可能会暂时偷走我们对社会规范的信心,这些社会规范千百年来使大多数人通过宽容、原谅和同情保护自己远离孤独。对于科技力量的善意宣传可能无意中摧毁了我们的文化信念:保护家庭时光和保持有意义人际关系的其他仪式比我们通过丧失人际关系而获得的收益更重要。

对于道德动机内在价值的信仰如果不能通过保持这种信仰的个人经历和故事得到延续,就会自动消失。我们渴望那些证明痛苦有意义的故事,这一定是有原因的。《夏洛的网》之所以备受喜爱,是因为它讲述了一只蜘蛛将朋友威尔伯(Wilbur)的生命置于自己之上的故事。维克多·弗兰克尔(Victor Frankel)在《活出生命的意义》一书中讲述了他在集中营所承受的万般痛苦。他说,尼采的观点"拥有目的的人能够忍受一切"使他获得了活下去的动力。人类渴望那些展示爱情、信任、诚实和公平胜过自私和贪婪的故事。我们像渴望水一样渴望这些故事——它们对我们的生存可能和水一样重要。我们讲述的故事成了指引生活的地图。如果我们讲述的故事无意中传达了"钱能买到爱情"的信息，人们就会做出相应的行动。幸运的是，人们很快就会意识到，用金钱代替爱情是一个非常孤独的故事。

作为竞争优势的诚信

如果说道德需要故事，那么故事可能也需要道德。从技术上说，你讲述的故事不需要道德意图。不过，实际经验告诉我们，我们珍视的故事几乎没有一个是不涉及道德的。一个故事可能不会描述你所偏爱的道德，但所有故事都会包含道德教训，将某些行为与后果相联系，至少有趣的故事如此。如果不揭示"经济权衡永远无法取得这种主观目标"的真相，你很难讲述对于自由、公平和信任等积极结果的信仰获得回报的故事。

为了吸引我们的注意，几乎所有好莱坞大片都会描绘善恶之间的某种道德冲突。2018 年漫威电影《黑豹》讲述的道德经验教训与苏斯在《戴帽子的猫》中教导我们的事情类似，片中国王决定冒着泄露国家拥有大量资源储备机密的危险挽救全球危局。灾难电影呈现了一个又一个道德难题。一些故事中的人物不知道如何清理自己制造的混乱（谢谢你，昆汀·塔伦蒂诺），但它们也传达了把混乱留给他人会带来严重后果的道德教训。

布赖恩·博伊德（Brian Boyd）在《故事的起源》一书中

提出了有力观点：讲故事是一种生存机制。他说，人类天生喜欢信息，"尤其是模式，以及能使我们做出丰富推测的有意义的信息"。故事传递的行为信息和基因传递的信息对我们的生存同样重要。

现在，强调共赢的故事可能比过去更加重要。2000年以来，美国人的自杀率上升了30%。过去50年，全球自杀率上升了60%。根据最近的爱德曼信任晴雨表，美国出现了"令人震惊的信任损失"，这是"该晴雨表2000年创建以来测量到的最陡峭、最戏剧性的下降"。爱德曼信任晴雨表所测量的超过三分之二的市场都低于50%的信任水平。

加州大学洛杉矶分校教授史蒂夫·科尔（Steve Cole）从分子层面研究孤独的影响，他认为，"生物将孤独转变成疾病"一定是有原因的。据说，孤独会使成年人的死亡率上升25%。据美国退休者协会估计，这相当于每年67亿美元的额外医疗保险支出。"自我优先"的故事本身没有问题，但大量"自我优先"的故事开始取代"人人为我，我为人人"的故事，导致了信任的滑坡。

社交媒体系统利用社会信任取得短期经济目标，这显然减少了用于实现非经济目标的信任，比如保持对他人的信任。将社会关系的关心和维护委托给公司平台的决定揭示了这种错位信任的危险。我们不相信泄露我们秘密的朋友，但我们却暂时相信泄露和出售我们秘密的商业组织。剑桥分析公司在获取和利用数百万人的个人数据之前没有征求用户许可,他们用强迫性故事追求可疑的政治目标,但脸谱网却忽略了相关报告。消息曝光后,脸谱网的用户信任度从79%下降到了27%。

大量故事督促我们追求速度,而不是放慢速度并进行反思。所以,我们很难发现这种欺骗。当一家公司只奖励可以衡量的快速回报时,它无意中将员工的道德关注边缘化,直到将员工培训成"将发展置于信任之上"的人。像赛富时的马克·贝尼奥夫(Marc Benioff)这样的亿万富翁总裁认识到,"在不成功的经济体、不成功的环境或学校系统无法运转的地方,像我们这样的公司是不可能成功的"。贝尼奥夫将服务工作融入公司文化中,通过在现实生活中展示和建立信任的经历,确保员工能够更好地识别可能破坏信任的情况。

品牌故事:基于可靠行为的信任

耐克从20世纪90年代开始雇用公司故事讲述者。他们最近决定在展示"只管去做"的广告中邀请美国橄榄球星科林·卡佩尼克(Colin Kaepernick),让他在播放国歌时下跪,以引起人们对警察暴力和种族不公的关注。这是支持道德故事将有意义的目标和商业目标相关联的优秀案例。耐克股价暂时下跌,但在一周之内冲上新高。和2017年同期(17%)相比,耐克2018年劳动节后的销量迅速增长(31%)。有人会诋毁耐克的道德故事，称该公司的履历存在污点。不过，任何人、任何机构和任何公司在道德上都不是完美无缺的。

我们需要从现实出发。所以，我们需要别人用故事告诉我们，如何面对和原谅不完美，以便获得第二次机会，不断朝着公平这样的美德前进。吉列最近在一则两分钟的广告中质疑宣传有害的男性气质，强调他们的口号"男人最好的样子"，这是为产品价值命题增添"价值"以提升信任和知名度的另一个例子。舆论的喧嚣不仅可以提升吉列的知名度，而且可以提升为男性购买剃须刀的女性对于吉列的信任。百威 2019 年宣传风能的超级碗广告再次证明，宣传真实美德的故事可以吸引听众。

建立信任的蓝图

学习开车很有趣，直到我撞到邮箱。我哭着指责父亲："你让我不要在拐弯时刹车！"这不是我的错，因为他没有告诉我，我应该在拐弯之前踩刹车，在拐弯时松开离合器。透过指缝，我可以看到坐在 1972 年 V8 道奇战马副驾驶座上的父亲，他看着我，毛茸茸的眼眉垂了下来。我们在街区里开车时，他让我右转，我照做了。我没踩刹车，把方向盘往右转，结果车子摆尾，撞到了黑色邮箱。我停下车，哭了起来。我惧怕即将到来的道歉，不知道修理邮箱需要花费多少钱。我双手捂脸，听到父亲下车往回走时踩在石子路上嘎吱嘎吱的脚步声。他在检查损伤情况。过了好一会儿,他喊道:"下车,过来看看!"我不情愿地照做了,但我吃惊地发现,黑色邮箱仍然直立在那里,并没有受损,只是微微前后摇晃。我走近一看,发现邮箱安放在工业弹簧上,弹簧固定在混凝土上。显然,我不是第一个近距离高速通过这个拐角的司机。

讲故事至少和开车一样有力而危险。快速抵达并不总是最佳策略。我们会在路上撞到邮箱。犯错误和吸取他人教训是掌握一切艺术的本质,尤其是讲故事。我们可能正在改变完善克制贪婪的主要方法,因此我们必须在有人受伤之前发现坏习惯。我们撞到的邮箱不是都能弹回来。

千百年来,父亲一直在用故事教导孩子如何"开车"而不伤到别人。故事提供解释世界、维持人际关系和控制冲动的蓝图。根据演化心理学,这不是为了避免孩子把房子烧毁,而是为了使孩子知道,他们不能表现得像愤怒的自恋者一样,没有同情心,看不到合作的价值和为集体利益牺牲的理由。故事可以向小朋友展示不道德行为在现实生活中的长期后果,教导他们平衡付出和收获。

伊索寓言已经流传了2500多年,因为这些故事永远不过时,永远有意义,永远有趣。伊索用狼等动物角色教导我们道德经验教训。伊索提供了比喻性场景,警告我们不要相信披着羊皮的狼;果腹的同时要提防戴上家养狗项圈的风险;用喊狼来了的小男孩的故事提醒我们假警报的风险。当我们讲述这些在娱乐的同时培养重要文化习惯的故事时，我们可以保存千百年来源于人类生存经验的教训。

进化心理学家现在提出，讲故事可能是自然选择的结果。在群体里合作的人可以比没有群体保护的孤独者更好地生存发展。促使人类与邻居合作的故事可以使我们避免由于寻找纵火犯而耽误灭火的风险。如果我们的身体只为个体获胜释放引起兴奋的化学物质，我们就不会为共同利益做出太多牺牲。我们可能会囤积资源，无法建设对于人类进步至关重要的基础设施。另一方面，如果我们只能通过合作获得兴奋，我们可能就不会追求新的进步。我们必须同时追求二者，只有故事才能维持这种矛盾。为了人类的生存发展，我们的故事不能过度降低建立栅栏和建立良好人际关系的难度。

由于任何进化理论都不能得到完全证实，因此我们只能从个人经验中寻找证据，证明我们需要用文化故事宣传维持集体生存的道德。你已经知道，行善通常需要牺牲一些时间、金钱和个人目标。为了使我们持续做出这些牺牲，我们需要用生动的故事不断做出承诺：行善虽然有成本，但却是有价值的投资。我们的祖先将牺牲仪式作为新生的道路，这绝非偶然。转世、复活和凤凰浴火重生的主题将痛苦和损失解释成通往超然光明的神圣道路，而不是捡起所有玩具并离开或者通过购物忘记痛苦的理由。提醒我们相互依赖的故事可以培养付出高昂代价以维持集体生存所需要的情感勇气。这些故事可以使我们解决气候变化问题。

狮子、稻草人和铁皮人的道德难题

弗兰克·鲍姆（Frank Baum）在 1900 年《绿野仙踪》初版序言中明确指出，他感觉儿童不再需要刻板的"旧式童话"，后者"也许应该在现在的儿童图书馆中被归入历史类图书"。鲍姆宣称，我们现在需要"更新的神奇故事，保留惊奇和快乐，丢掉痛苦和噩梦"。想到电影版本给我留下的童年阴影，我想大喊："飞猴是怎么回事？"

虽然鲍姆承诺丢弃邪恶，保留善良，但他需要用恐怖的飞猴和邪恶巫师传达他所承诺的惊奇和快乐。这个故事的道德难题在改编为电影版本时被完整保留，尽管好莱坞将多萝西（Dorothy）的银拖鞋改成了红宝石拖鞋，将"满脸皱纹、头发花白、步态僵硬"的善良巫师改成了北方好巫师格林达（Glinda）。

这个拥有百年历史的故事几十年来被用于领导力课程，包括根据多萝西的狗托托（Toto）写成的个人出版的关于领导力课程的书。这是因为，《绿野仙踪》是一个多重道德故事，展示了一些矛盾的真理，比如通过离家认识到家的好处，你在外部寻找的东西就在你心中，勇敢无法离开恐惧单独存在，冒险帮助他人可以恢复人的自我意识。

我们似乎拥有专门克服极端自我利益、支持爱和人际关系的情感。如果说孤独者由于孤独而受苦是进化的缘故，那么故事可以提供各种令人愉悦的解决方案。大多数故事提供的蓝图展示了关爱他人、建立人际关系和慷慨待人比尽可能多的成功更有价值。最好的故事告诉我们如何平衡对于爱和权力等矛盾目标的欲望，而不是冒险选择一个，放弃另一个（电子表格无法反映这一矛盾）。我们可以知道如何确定现在应该建立联系还是断开联系，坚定还是灵活，关心别人还是独自前行，使用情感还是忽略情感，考虑过去、现在还是未来，控制别人还是邀请别人参与。情节和人物的虚拟现实可以使我们在矛盾而互补的策略之间来回切换。我们不是在二选一之中发现意义，而是通过接纳矛盾发现意义：通过付出和收获、跟随和领导、创造规则并用例外关照人际关系、揭示和隐藏我们的弱点，我们可以更好地发展。

讲故事的真理

当我 20 年前撰写这本书的第一版时，我最初的想法是，人们不想要更多信息。他们需要你的信心和积极意图。我从未想到，20 年后，故意破坏这种信念的故事出现了爆炸性增长。由于缺少实现这些目标的传统武器，某些群体已学会使用故事和技术的双重力量。这些武器化的故事让邻居像敌人一样相互攻击。它们破坏信任，而且常常引诱我们做出不符合自己最佳利益的事情。由于科技放大了恶意故事的频率和传播范围，恶意故事摧毁社会凝聚力的力量比过去更加明显。这些结果要求所有故事讲述者保持谨慎，确保我们讲述的故事不会侵蚀我们平衡竞争需求的能力。

好消息是，当讲述者深入挖掘，揭示那些涉及、描述和探索现实生活道德问题的重要真理时，故事只会变得更好。我认识一个现在已经去世的退休牧师，他向我抱怨说，他想撰写他们教会的历史，但他的故事平淡无味。我随口说道："这说明你没有讲述完整的真相，因为根据我的经验，讲述完整的真相会使每个故事变得更有趣。"他回应道："你是说，我应该讲述我和邻镇女牧师的风流韵事？"我目瞪口呆，只能说："这听上去已经有趣多了。"这是一个极端案例。牧师并没有把他的风流韵事写进教会历史。我之所以分享这个故事，是为了让你记住，在叙述时隐瞒事实是写作无聊故事的秘诀。有趣的故事涉及道德难题和矛盾事实，可以将事务性视角提升为超越性视角。经过美化的故事很无聊。

数字时代的故事讲述者现在似乎重新发现了这片肥沃土壤，因为他们最初机械化、加速和简化故事讲述的尝试得到了枯燥乏味的结果。我欣赏的一种策略是用个人表情符号角色展示现实生活的矛盾，我们可以将这种基于画面的故事放在现实生活照片和视频顶部，以增添意义。例如，表情符号角色鼓起勇气，踩在灼热的煤块上，然后庆祝成功，但他的脚很快燃烧起来。"做了就倒霉，不做也倒霉"的难题是我们都经历过的矛盾。如果你把这种表情符号序列放在色拉布（Snapchat，一款"阅后即焚"的照片分享应用）结婚照片或毕业照片上，记得快乐和痛苦通常形影不离，你就可以和别人拉近距离。

另一方面，聊天机器人在矛盾和普遍难题上遇到了问题。从一开始，我就对它的道德影响保持警惕，因为设计聊天机器人的目的是使人类相信机器也是人类。更令人担忧的是，为实现这一目标，设计者常常教人们像机器一样思考，使我们无法分辨二者的区别。聊天机器人往往将矛盾简化成二元选项，而不是进行探索，以免影响机器人的预定目标。自然语言处理显然可以自动化。不过，我们如何能设计出不过度简化道德矛盾的机器呢？微软起初在推特上试验的聊天机器人叫 TAY（想念你），它很快学会了发布种族歧视、性别歧视和同情纳粹的帖子，以获得最高的回复率，这并不令人吃惊。

从一开始，人类就用故事记录有机智慧，以指导现实生活中的个人选择。今天，对于有机智慧甚至偏僻道路的寻找受到了阻碍，因为越来越多的算法斜坡和梯子正在引导我们走上为设计者带来利润的道路（公元前 2000 年的原版蛇梯棋用梯子表示善行，用下滑的蛇表示恶行，以表示因果报应）。这种算法扭曲意味着当你在互联网上搜索慢性病的治疗建议时，你找到的解决方案通常是被那些最能从你的不幸中获利的群体控制的。

有创意的人正在越来越多地为自己保留没有屏幕的个人时光，去体验自然，用冥想和仪式培养超越性视角，这绝非偶然。这些人并不讨厌科技。他们只是认识到，确保自己的头脑在发明理性方程的同时"感知"超越性真理可以带来明确的优势。用故事探索现实生活难题的厄休拉·勒古恩说过:"商品化的奇幻故事不承担风险:它不做发明,只会模仿和简化。它剥夺老故事的智慧和道德复杂性……深刻的令人极为不安的道德选择得到处理,变得可爱而安全。伟大的故事家充满热情的思想被复制、固化,简化成玩具,装进色彩鲜艳的塑料模子里,被宣传、出售、损坏和丢弃,成为可以替换和交换的事物。"

在古代阿拉姆语的妖怪故事中,拥有超自然力量的魔法师可以满足人们不同寻常的愿望,但他却告诉某人如何了解自己的愿望。现在,我们发明超自然的科技,可以拥有巨大的受众,通过按键满足人们不同寻常的愿望,但我们却要通过教训重新学会提防我们的愿望。

当然,有人会说,讲述道德故事不是企业的责任。不过,根据我在企业界 20 多年传授故事的经验,我深深知道,和回避问题相比,面对道德冲突并采取立场可以更快地建立信任。为了脱颖而出,你需要在故事中展示立场。

是情感,而非数字,可以吸引我们,促使我们保护弱势群体,资助慈善事业,追求公正、平等和意义。道德行为的长期回报无法量化,但这并不意味着这种投资是不值得的。你希望赚取利润,但这并不意味着你需要为此而不择手段。

故事讲述者的魔法学校

在 J.K. 罗琳（Rowling）创造哈利·波特（Harry Potter）的 30 年之前，厄休拉·勒古恩已经在《地海传说》系列中想象了一座魔法学校，魔法师学徒在那里学习如何避免滥用魔法。勒古恩在这个系列的早期指出，"即使是点蜡烛也会投下影子……"，她说得很有道理。大多数故事讲述者拥有良好意图（点蜡烛），但在使用讲故事的魔法时，只有善意是不够的，因为潜在陷阱（影子）有很多。高超的魔法师和高超的故事讲述者都需要指导原则，以免滥用自己的力量。下面是一些来自魔法学校的指导原则：

○ 了解你自己的心，以及你感觉有意义的事情

没有心灵的故事走不远。勒古恩的魔法学校拒绝招收无法说出自己真实姓名的学生。当然，同不知道自己是谁和自己代表什么的人相比，知道自己名字和内心的人拥有更强大的魔法。在勒古恩的第一部《地海传说》小说中，年轻巫师在炫耀时不小心召唤出了自己的影子，后者试图毁灭他。到了这本书的结尾，年轻巫师了解到，他永远无法摆脱自己的影子，因此他与影子合并，以便安全地限制影子。我们不需要做到完美，但我们需要理解自己的弱点。如果你不了解自己的内心，你就无法用心讲故事。

○ 通过克制证明可靠性

你能做某事并不意味着你应该做这件事。故事讲述者和魔法师类似,可以制造幻觉,将普通人转变成英雄(或敌人),像魔法师一样塑造感知。J. K. 罗琳笔下的校长邓布利多(Dumbledore)指出:"我们的选择远比能力更能证明我们的真实身份。"他的建议同样适用于讲故事。罗琳的魔法学校不仅教导学生使用魔法,而且注重教导未来的巫师避免用魔法造成伤害,并且告诉他们这很困难。哈利·波特系列的成功证明通过合作避免伤害极具魅力。在商业环境里,人们评价故事讲述者时只看他们取得成功的速度。此时,你需要勇敢地克制自己,不去触碰某些"机遇"。没有克制,就没有可靠性证据。只有当你在故事中指出你能做某件事但选择不去做时,你才能证明自己的可靠性。

○ 讲述证明双方价值的故事

有些事情是初学者无法知道的。我花了 20 年时间才意识到,将故事看成工具而非资源存在危险性。故事讲述者的最高艺术是用故事使对立双方建立联系,帮助他们实现沟通,找到合作的意义。通过丑化对方不惜一切代价获胜、让弱者闭嘴或者美化强者的恶行要更容易,但它缺少智慧,几乎不需要技巧,会使你的工作失去意义。你应该努力寻找使双方共赢的故事,以提升你的能力。你应该帮助对立的双方扩大视野,使他们发现之前无法发现的解决方案。

阿巴拉契亚著名故事讲述者雷·希克斯（Ray Hicks）曾告诉我，在他年轻时，在一个特别困难的时期，他站在悬崖边，听到了魔鬼的声音。这个快速而急迫的声音试图使他逃避问题。他站在山顶一块突出的岩石上，想要跳下去。这时，"魔鬼的声音"让他"结束吧，向前走，摆脱一切"。雷看着我的眼睛说："接着，我听到了上帝的声音，那是镇静平和的声音，和魔鬼的声音不同。他对我说，雷，你不会有事的。事情没有那么糟糕。一切都会过去的。"接着，雷告诉我，我需要走向户外，倾听上帝平静的声音。

所以，我现在要向你传达雷对我说过的话。"我们需要更多地倾听镇静平和的声音，因为这个声音会使我们渡过难关。"

讲故事大行动

你想对世界产生什么影响？

故事是社会、政治和个人活动的强大工具。你可以对故事的力量进行实验，以追求你的目标。

在你的组织里，教导人们讲述"我是谁 / 我为什么会在这里"的故事。你会帮助他们找回内心的力量。你也可以帮助群体记录和讨论他们的组织和社区故事，使他们发现故事的统一或差异，创造集体行动的力量。

如果你希望做出改变，并且想要寻求我的帮助，请向我发送电子邮件：annette@annettesimmons.com。

致 谢

我非常感谢道格·李普曼教给我如此多有关讲故事的知识。他担任我讲故事的教练和导师很多年,如果没有李普曼老师,我就完成不了这本书。

感谢所有其他在我的学习过程中帮助过我的好人:珍妮·阿姆斯特朗、谢莉尔·德·赛昂迪斯、吉姆·法尔(Jim Farr)、辛迪·富兰克林、史蒂夫·吉利根、雷·希克斯、肯顿·怀亚特、帕姆·麦格拉斯、杰·奥卡拉汉、埃德·斯蒂文德等。

感谢为本书慷慨分享自己故事的人:罗伯特·库伯、约翰·克里斯多夫、辛迪·富兰克林、戴维·芬奇、迪克·穆勒、马蒂·斯迈、史蒂夫·沃斯,和所有允许我分享他们故事的研讨会参与者。

感谢帕姆·威廉斯,敢于冒风险将"讲故事"作为一项领导技能传授;感谢阿兰·唐斯坚持让我写这本书。

我也很感激我永远的朋友雪莉·德克尔(Sherry Decker),

以最善解人意的方式编辑本书。谢谢你，雪莉。

本书的许多故事来自一些非常特别的书，其中最重要的两部是希瑟·福利斯特的《世界智慧故事合集》和玛格丽特·里德·麦当娜的《和平故事集》。同时，我强烈推荐这两本书。《讲故事》杂志也是一个不错的资源。

自本书首次出版以来，我要感谢更多人。除了以上列出的，还有米尔布雷·伯奇、卡连·狄耶奇、伊丽莎白·埃利斯、戴维·赫琴斯（David Hutchens）、米莉·杰克逊、洛伦·尼米（Loren Niemi）、德拉纳·里德、乔·雷德那、劳拉·西姆斯（Laura Simms）、基兰·辛格·西拉（Kiran Singh Sirah）、布莱恩·施蒂姆、杰米·尼尔·史密斯（Jimmy Neil Smith）、约瑟夫·索博尔——所有人都是讲故事圈子里的重要贡献者。我要永远感谢编辑雪莉·德克尔、斯蒂芬·布鲁尔（Stephen Brewer）、利亚·施特歇尔（Leah Stecher）和克莱尔·波特（Claire Potter）。

我还要感谢所有鼓励我顺利完成第三版的人：S. 马克斯·布朗（S. Max Brown）、丽莎·布卢姆（Lisa Bloom）、米歇尔·卡特（Michele Carter）、罗宾·克劳森（Robin Clawson）、克里斯蒂娜·科伦坡（Christina Columbo）、彼得·弗鲁曼（Peter Fruhmann）、玛格丽特·古达克（Margaret Goodacre）、劳拉·盖耶（Laura Guyer）、迈克尔·古舒（Michael Gushue）、弗朗西丝·凯利（Frances Kelley）、

凯西·克洛茨-格斯特（Kathy Klotz-Guest）、瓦莱丽·洛里丹斯（Valerie Loridans）、吉姆·梅（Jim May）、迈克尔·麦卡蒂（Michael McCarty）、凯西·麦克丹尼尔（Cassie McDaniel）、朱莉·芒迪-泰勒（Julie Mundy-Taylor）、泰德·帕克赫斯特（Ted Parkhurst）、吉姆·佩卡尔（Jim Pekar）、塞勒·佩卡尔（Thaler Pekar）、凯·T.米勒（Kay T. Miller）、尼尔·斯托克利（Neil Stockley）、兰德尔·特雷尼（Randall Trani）等。谢谢你们。

安妮特·西蒙斯
Annette@annettesimmons.com

图书在版编目（CIP）数据

故事思维 / (美) 安妮特·西蒙斯著；俞沈彧, 独孤轻云译. -- 北京：九州出版社, 2024.2
ISBN 978-7-5225-2441-2

Ⅰ.①故… Ⅱ.①安… ②俞… ③独… Ⅲ.①企业管理—市场营销学 Ⅳ.①F274

中国国家版本馆CIP数据核字(2023)第232303号

THE STORY FACTOR, 3rd Revised Edition by Annette Simmons
Copyright © 2000 by Annette Simmons
Revised edition copyright © 2019 by Annette Simmons
Simplified Chinese translation copyright © 2024 by Ginkgo (Shanghai) Book Co.,Ltd.
Published by arrangement with Basic Books, an imprint of Perseus Books, LLC, a subsidiary of Hachette Book Group, Inc., New York, USA.
through Bardon-Chinese Media Agency
ALL RIGHTS RESERVED

著作权合同登记号：01-2023-5312

故事思维

作　　者	［美］安妮特·西蒙斯　著　俞沈彧　独孤轻云　译
责任编辑	王　佶
出版发行	九州出版社
地　　址	北京市西城区阜外大街甲35号（100037）
发行电话	（010）68992190/3/5/6
网　　址	www.jiuzhoupress.com
印　　刷	天津中印联印务有限公司
开　　本	889 毫米×1194 毫米　　32开
印　　张	11.5
字　　数	228 千字
版　　次	2024 年 4 月第 1 版
印　　次	2024 年 4 月第 1 次印刷
书　　号	ISBN 978-7-5225-2441-2
定　　价	62.00元

★ 版权所有 侵权必究 ★